# León XIV

Sombras bajo la cúpula

Vicens Lozano

# León XIV

## Sombras bajo la cúpula

Traducción de Librada Piñero

Rocaeditorial

Título original: *Lleó XIV, ombres sota la cúpula*

Primera edición: marzo de 2026



*Printed in Spain* – Impreso en España

ISBN: 979-13-87905-02-6
Depósito legal: B-1.239-2026

Compuesto en Fotoletra, S. L.

Impreso en Black Print CPI Ibérica
Sant Andreu de la Barca (Barcelona)

RE 0 5 0 2 6

Aquello que se decide en el momento clave es siempre lo que permanece oculto.

Hans Urs von Balthasar, teólogo suizo,
*Cordula oder der Ernstfall*, 1966

Todos ven aquello que pareces; pocos perciben aquello que eres.

Nicolás Maquiavelo,
*El príncipe*, cap. xviii, 1513

# Índice

# INTRODUCCIÓN

## La operación secreta que ha cambiado la historia

Un personaje bastante alto, corpulento, medio calvo y vestido con elegancia, pero sin excesos, cruzó la plaza de San Pedro del Vaticano, desde la puerta de Santa Marta pasando por la columnata de Bernini. Al llegar al otro extremo, apagó el cigarro en un cenicero de la entrada del Palacio Apostólico. La pareja de guardias suizos lo saludaron y le franquearon el paso. Era finales de abril de 2025. Llevaba bajo el brazo una carpeta con un nombre: el del cardenal estadounidense Robert Francis Prevost.

El papa Francisco había expirado a los ochenta y ocho años, hacía solo tres días, el 21, y en los palacios de la Santa Sede se respiraba un clima de nerviosismo y expectación. Quienes hacía años que incluso rezaban para que Bergoglio desapareciera, así como sus seguidores incondicionales, decían en público palabras de duelo, pero al mismo tiempo aceleraban los contactos y organizaban comidas, cenas y encuentros más o menos formales con la intención de posicionarse. Las reuniones se celebraban en los pisos de algunos cardenales y en los reservados de restaurantes y hoteles. No había tiempo que perder, aunque todavía faltaban dos días para el solemne funeral del pontífice argentino.

Todo se hacía con cierta cautela. Los teléfonos móviles y las aplicaciones de mensajería Telegram o Signal, aparentemente mejor encriptadas y más seguras que WhatsApp, echaban humo. Los miembros más indiscretos y bocazas de la curia quedaban vetados. El momento era grave y los reunidos no podían permitirse filtraciones ni errores que resultaran catastróficos. Sobre la mesa había perfiles y nombres de posibles sucesores del papa argentino. Tanto los tradicionalistas conservadores como los reformistas y continuistas del legado de Bergoglio eran conscientes de que había llegado el momento de medir sus fuerzas, elaborar estrategias y aplicar los cálculos matemáticos de cara al inminente cónclave.

Aquella mañana, en el Palacio Apostólico, el señor alto y discreto había de reunirse con un cardenal latinoamericano que tenía buenas conexiones con la Secretaría de Estado. Lo haría, como siempre, en un salón privado, lejos de cualquiera que pudiera verlos juntos, menos aún oírlos. Se trataba de un empresario de éxito, profundamente católico, que actuaba como asesor de cardenales y de otras figuras de dentro y fuera de la curia vaticana.

Al conocerle, hacía ya más de doce años, me había sorprendido lo mucho que sabía de las intrigas de la

Santa Sede, de las claves que esconde la institución de la Iglesia católica y de las personas que actúan en su nombre. Recordaré siempre una frase de aquel primer encuentro en un café del Boulevard Saint Michel de París.

—La Iglesia —me dijo— tiene una vertiente espiritual indudable, pero nunca olvides que sus representantes son humanos y, como tales, actúan con todo lo que puede ser positivo, pero también con las miserias, ambiciones, secretos y pecados que nos son atribuibles.

Era tan cauto como decidido está a que una figura conservadora radical no salga de la Capilla Sixtina investida como nuevo jefe de la Iglesia. Admiraba demasiado al papa argentino como para permitir que su legado quede diluido en la nada. Esa era su lucha y su desafío.

Con los años habíamos ido adquiriendo una sólida confianza mutua y las confidencias que nos hacíamos cuando nos encontrábamos permitían decir que ya éramos buenos amigos. Me dijo que mucha gente le llamaba *monsignore*, aunque no lo fuera, pero que la mayoría lo saludaba como *dottore*, un apelativo que los italianos suelen utilizar con cualquier personaje de buen aspecto, culto y educado, aunque, por lo general, ignoren si cuenta con doctorado alguno o no. Nosotros lo conocemos como il Dottore. De su mano, destaparemos en este libro numerosas incógnitas sobre cómo el cardenal Robert Francis Prevost llegó al pontificado, cómo actúa y quién le ayuda o le pone palos en las ruedas. Enigmas vaticanos que muchas veces son un misterio, movimientos de personajes que actúan en la sombra conspirando y velando por sus intereses, episodios que parecen sacados de una novela o del guion de una película trepidante llena de acción, escándalos, traiciones e intrigas, pero que, en definitiva, son reales.

Como me advirtió hace ya unos años un monseñor del Dicasterio de las Causas de los Santos, con voz grave y cansada: «Aquí, más que en cualquier otra institución, la realidad no solo supera la ficción: la devora. Nos encontramos en un escenario sin contornos, donde las reglas se difuminan y los límites simplemente no existen».

A nuestro personaje, aquella mañana le preocupaba, y mucho, el protagonismo que podía alcanzar el cardenal italiano Pietro Parolin en las misas y el funeral de Estado por el alma del papa Francisco. Era consciente, y así me lo hizo saber, del poder y la rentabilidad que podía sacar el secretario de Estado, segunda autoridad de la Santa Sede, de cara al consenso necesario para que lo eligieran. Controlaba la maquinaria vaticana como nadie y también contaba con lealtades inamovibles en los salones religiosos y civiles. Confiaba, eso sí, en el hándicap que suponía la falta de carisma y empatía de Parolin como sucesor de Francisco, si bien temía la sagacidad que siempre demostraba como buen diplomático y, sobre todo, las maniobras que probablemente llevaría a cabo desde una posición de privilegio. De hecho, la figura del cardenal italiano ya había despertado alboroto en todos los medios de comunicación y redes sociales que, sin excepción, lo situaban aquellos días en la primera línea de la carrera entre los candidatos a la elección.

Después de todo, Parolin había conseguido engañarnos a todos los periodistas a la vez que a muchos cardenales. Aparecía como el candidato más firme para conseguir un necesario consenso entre las dos almas de la Iglesia: la reformista y la tradicionalista conservadora. En las primeras entrevistas y tertulias de aquellas semanas frenéticas de abril y mayo de 2025 —ya fuera en periódicos, radios, televisiones o plataformas digitales—, me apresuré, como tantos otros vaticanistas, a señalar que podría ser el elegido. Fue un error mayúsculo. Un error que, afortunadamente, pude rectificar justo dos días antes de empezar el cónclave, cuando ya tenía conocimiento de la operación que estaba en marcha. En el fondo, el secretario de Estado, cesado entonces, como establece el protocolo de la sede vacante tras la muerte de un papa, no era lo que parecía desde fuera.

Aquel día, nuestro asesor se inclinó ligeramente hacia su interlocutor con un hilo de voz:

—Parolin tendrá ventaja. Es hábil, sabe moverse en la penumbra de los pasillos. Pero no es el hombre de consenso que quiere hacer creer.

El tiempo acabaría confirmando aquellas palabras,

porque, día tras día, casi sin darse cuenta, él mismo iría descubriendo el verdadero juego del cardenal italiano: un juego tejido con serenidad, gestos calculados y movimientos que solo se rebelaban cuando ya era demasiado tarde.

Como algunos elementos exteriores al Vaticano, il Dottore había ingresado desde hacía casi dos décadas en lo que se podría llamar la élite, el club exclusivo de los conocedores de los mecanismos de poder de la Iglesia y de las claves que desde la sombra mueven los hilos de las intrigas vaticanas. Tenía buenos contactos y, en tanto que asesor extraoficial en aquellos momentos de un cardenal europeo del sector «progresista», se había mostrado siempre bastante capaz de desenmascarar maniobras de los ultraconservadores destinadas a hacer fracasar el proyecto reformista de Francisco o, como mínimo, a desacreditar y debilitar su liderazgo. En ese terreno, contaba en su haber con más batallas ganadas que perdidas, aunque para él algunos fracasos eran inadmisibles y ciertamente dolorosos. En aquellas ocasiones, hombres muy poderosos e influyentes como el exasesor de Donald Trump, Steve Bannon, o los cardenales Müller, Sarah o Burke, sin olvidar a los elementos más ultraconservadores de la seguridad vaticana, le habían acabado ganando la partida.

—Yo solo hago lo que creo que necesita la Iglesia. Avanzar, luchar, proteger a los más débiles y difundir el mensaje del Evangelio, que exige humanismo, diálogo, respeto y justicia social —me decía en la terraza de un bar situado en el barrio del Borgo, a tan solo unos pocos metros de la muralla de la Ciudad del Vaticano—. Hice lo que pude por el papa Francisco y he hecho lo que he podido para que fuera elegido el cardenal Prevost, que continuará con sus reformas y tiene el perfil que hace falta en el mundo actual ante el alud de autoritarismo que se nos viene encima.

Este personaje que nos conducirá por todo el relato, como es natural, rechaza los focos mediáticos y todo tipo de reconocimiento público. Se quiere mantener en un discreto anonimato, consciente de que solo así puede seguir haciendo su trabajo con la eficacia que siempre ha demostrado.

Pero había alguien más. Un referente sin el cual esta historia quedaría incompleta. Su cometido era parecido al de il Dottore, pero su alma respiraba en otro registro. Era clérigo. Era un muro. No creía en las reformas ni en las concesiones.

—Lo que es eterno, y la Iglesia lo es, no se doblega ante las modas del momento —me dijo la primera vez que nos encontramos, con una sonrisa fría y unos ojos que no parpadeaban.

Aquella frase, tan contundente como cortante, me hizo entender enseguida que aquel sacerdote era la otra cara del tablero. El antagonista. La sombra inevitable que marcaría el pulso de este relato.

Me hablaron de él mucho antes de conocerlo. Fue en 2021, poco después de que se levantasen las restricciones por la pandemia del covid-19. «Si quieres entender el Vaticano profundo, has de hablar con Monseñor C.», me repetían diversas voces, de compañeros periodistas italianos y de otras nacionalidades, como si conjugaran una oración secreta. El nombre —o, mejor dicho, la inicial— circulaba entre los pasillos y cafés fuera del horario oficial. Sin embargo, nadie me ofrecía su número de teléfono. Ni siquiera alguna referencia de por dónde se movía. Solo serias advertencias: «No le busques. No le gusta que le busquen. Te encontrará él a ti. Haz correr la voz de que necesitas verlo». Eso sí, un compañero se atrevería a enseñarme en la pantalla de su móvil una fotografía que le había hecho en un acto público. Tenía que guardar su cara en mi memoria, no podía olvidarla, y no lo hice.

Le reconocí la primavera de 2024. Salía de una capilla lateral de la basílica de Santa Maria Sopra Minerva, el único templo gótico de Roma, junto al Campo de Marte. No sé a ciencia cierta por qué me fijé en él. Puede que por aquella mirada que me lanzó: algo socarrona, irónica si se quiere, pero sin un atisbo de desafío.

¿Qué hacía yo en aquel lugar? Había ido para ver el *Cristo Redentor*, de Miguel Ángel: ese cuerpo desnudo, majestuoso, sujetando la cruz, al cual durante el siglo XVI le habían colocado un taparrabos para cubrir lo que molestaba. En aquel momento, tal mutilación dictada por la intolerancia me pareció una metáfora de todo lo que acontecería después.

Aquella mañana, Monseñor C. llevaba en la mano

una carpeta azul y caminaba a paso ligero, pero con aire de quien ha aprendido a ocupar espacio sin hacer ruido. Un fraile dominico de los que regentan el templo me confirmó que era él. Al cabo de dos días recibí una nota manuscrita con la caligrafía elegante de quien todavía sabe escribir como Dios manda. Le habían hablado de mí y me citaba en una pequeña *trattoria* del Trastevere a las 13.00.

Llegó antes que yo. Bajo la sotana negra, zapatos impolutos. Delante de él, un vaso de agua y un plato vacío. Y una sonrisa tan breve como calculada. No me ofreció titulares. Ni uno. Me brindó algo tal vez más valioso...: contexto, matices, silencios. Y una frase que todavía resuena en mi cabeza:

—Dentro del Vaticano, estimado amigo periodista, nada es lo que parece. Y lo que parece... tampoco.

Desde aquel día, Monseñor C. no ha sido una fuente. Ha sido un contrapunto. Una voz que habla cuando el ruido tapa la verdad. Conservador, sí, y mucho, pero nunca banal. Austero en las formas, pero afilado como un bisturí cuando hay que interpretar movimientos. No te dice qué pensar: te hace pensar. Todavía me parece imposible, y no puedo creer que no lo hubiera conocido antes, en las cuatro décadas que llevo trabajando en la Santa Sede. Pero más vale tarde que nunca. Mis dos libros anteriores sobre los misterios y las intrigas vaticanas más recientes a buen seguro contribuyeron bastante a que decidiera contactar conmigo.

Llegados a este punto, he de citar también a una tercera figura de altísimo nivel que me ha guiado indirectamente en este trabajo. Le llamaremos el Director de Orquesta, como me sugirió il Dottore.

Pasé meses de angustia y sobresaltos intentando conseguir que colaborara conmigo. Cada puerta que abría se cerraba enseguida, como si una mano invisible fuera girando el pomo. Nos conocemos desde hace años y quizá por eso su ausencia me afectó más de lo que querría admitir. Ignoró todas mis peticiones de entrevista, pero su silencio no me sorprendió: es un hombre que sabe que una sola palabra puede abrir puertas... y a la vez condenar vidas.

Sin embargo, su testimonio no se ha perdido. Ha llegado hasta aquí como llegan las verdades incómodas al Vaticano: filtradas, desmenuzadas, cosidas con paciencia por personas tan cercanas a él que conocen el ritmo de su respiración. Gracias a ellas, el relato que sigue no se ha deshilachado del todo; al contrario, ha tomado forma con una precisión inquietante.

Fue él quien lo dirigió todo. Coordinó la operación del cónclave desde primerísima línea, con una elegancia que recordaba los movimientos discretos de la diplomacia vaticana y con una discreción tan afinada que ni las paredes más viejas del Palacio Apostólico no percibieron el murmullo. Fue él, y solo él, quien escribió la partitura para que Robert Francis Prevost llegara al pontificado. Y aún ahora su presencia continúa siendo decisiva, aunque nunca aparezca en ninguna fotografía.

Es el Director de Orquesta: el hombre que mueve hilos invisibles y que hace que los demás crean que la música surge sola. Sabe demasiado. Puede decir demasiado poco. Es el custodio de todas las claves de las maniobras que nunca figuran en los archivos, y quizá por eso es también el único que no se puede permitir hablar.

Tal vez su nombre nunca salga a la luz. Puede que él mismo haya trabajado para que así sea. Pero tampoco le importa. Su obra ya está hecha. Y en este mundo el poder auténtico es siempre el que opera desde la sombra, lejos de los titulares, pero siempre junto a los espacios donde se toman las decisiones que mueven el mundo.

Con la ayuda imprescindible de il Dottore, de Monseñor C. y de las reacciones que me han revelado las personas del círculo más íntimo del verdadero Director de Orquesta —juntamente con muchos otros testimonios, algunos escondidos en el anonimato y otros con nombres y apellidos bien definidos—, he conseguido recomponer el rompecabezas de una historia que destapa intriga y movimientos que hasta ahora nadie había osado narrar. El resultado es la radiografía no solo de una de las operaciones más ocultas del siglo XXI, sino también de la hoja de ruta que León XIV prepara para los próximos años. Por la magnitud de lo que he podido documentar, estoy convencido de que estos episodios acabarán marcando no solo el futuro de la Iglesia, sino también el de este mundo convulso e imprevisible que nos espera.

De entre todos los personajes que se mueven en ella, algunos —los más abiertos, los más decididos, los más reformistas— acabaron confluyendo hasta formar un núcleo discreto pero sólido: un *grupo operativo* capaz de desafiar lo que parecía inevitable, el retorno de la Iglesia católica a un conservadurismo radical que concuerda demasiado bien con los tiempos convulsos que vivimos. Eran solo media docena de personas con un objetivo claro: asegurar la continuidad reformista del papa argentino. De todos modos, ante ellos se alzaba un muro en teoría infranqueable..., una maquinaria inmensa, poderosa y paciente, con recursos que parecían no tener límite. Sin embargo, la partida continúa abierta: las amenazas y las maniobras de involución no han cesado. Ni lo harán.

Con la información que todos estos interlocutores me han confiado, y con una investigación que siempre he querido rigurosa y fiel a los hechos, les invito a recorrer conmigo los salones del Vaticano y las sombras que se esconden bajo la cúpula, pero también muchos otros escenarios, dentro y fuera de sus muros. En Roma, Lima, Bogotá, Washington, Nueva York, Berlín, París, Madrid y Barcelona hay personas que custodian carpetas, historias y secretos que contienen las claves de este enigma. He conversado largamente con ellas, he escuchado confidencias que me han conmocionado y he recogido testimonios que han iluminado zonas que hasta ahora eran solo oscuridad.

Vayamos por partes. Bienvenidos a una realidad que, finalmente, se deja ver. Un territorio donde, a veces, el poder más inescrutable muestra su cara más oculta.

# 1

# «Morto un papa se ne fa un altro»

Como dice el viejo proverbio romano: «Morto un papa se ne fa un altro». Un dicho que reduce la muerte de un pontífice a un mero trámite de sustitución. Sin embargo, yo sentí la desaparición de Francisco como un terremoto íntimo y colectivo.

Francisco no era uno más. Era el último de una escasa línea de papas que habían osado desafiar el inmovilismo: Juan XXIII, Juan Pablo I... y él. Plantó semillas de cambio en un jardín infestado de malas hierbas. Semillas frágiles, pero vivas.

Mi formación en un centro educativo jesuita me había permitido captar en el pontífice argentino matices que otros no habían ni intuido: gestos, impulsos, sutilezas. Sabía que su estilo era irrepetible. Sustituirlo no sería fácil. No era tan solo la cabeza visible de la Iglesia, sino una de las pocas voces éticas y morales respetadas de este siglo convulso.

Su sonrisa amplia y desarmante contrastaba con las sombras que la asediaban. Los enemigos lo fustigaron sin descanso, pero nunca consiguieron aguarle el alma ni romperle la cercanía y el buen humor. Todavía le recuerdo haciendo cola en el autoservicio de Santa Marta, bandeja en mano, esperando su turno pacientemente. Un papa que transpiraba humildad entre los muros de mármol.

Cuando hablaba, no necesitaba discursos pomposos. Sus palabras, sencillas y espontáneas, escondían una fuerza que traspasaba la piel y se adentraba en la conciencia. Parecían frases menores, intrascendentes, pero llevaban dentro el eco del Evangelio y la gravedad de un tiempo nuevo. Visto así, la expresión «Morto un papa se ne fa un altro» me parece casi una obscenidad.

Con la muerte de Bergoglio, el Vaticano quedó suspendido en una extraña serenidad. El vacío era real, y la sensación de final de época, palpable. En las estancias de poder se reabría la vieja partida, llena de maniobras y sombras, donde nada no es lo que parece y donde incluso la alegría del Evangelio que Francisco convirtió en encíclica y que León XIV hace suya puede percibirse como una amenaza.

Sin embargo, Francisco ya era historia y la tierra continuaba girando. En el Vaticano, el recuerdo del papa que acababa de morir recogía elogios públicos y multitud de opiniones y análisis en privado, muchos de ellos críticos con su gestión. Los ultraconservadores respiraban satisfechos, ya que dejaban atrás su pesadilla de los doce años del argentino al frente de la institución, y apostaban por un futuro que devolviera la Iglesia a la ortodoxia más radical. Por su parte, los más progresistas tampoco ahorraban leves críticas a un papa al que a menudo veían demasiado impulsivo en las decisiones importantes, demasiado hablador, demasiado amante de la improvisación; decidido muchas veces, sobre todo en los últimos años de pontificado, a sacar adelante reformas que quizá necesitaran un periodo de reflexión y casi siempre planteamientos jurídicos que las hicieran legales y de obligada aplicación. Sin embargo, ellos mantenían la esperanza de que aquel pontificado rompedor y visionario no se convirtiera en un sueño efímero.

«Cuando se juega al juego del poder, vale casi todo», me soltó como un tiro en la cabeza, durante una larga entrevista en los años ochenta, Giulio Andreotti, el enigmático democristiano amigo de todos los papas y que dominó durante décadas las bambalinas de la política italiana. Por imposible que parezca, a lo largo de mi carrera profesional he visto que también en la Iglesia, como en otros estamentos, existen, como tuvo a bien aclararme un cardenal italiano: «... unas reglas comunes (extorsión, espionaje, presiones, amenazas, dosieres...), y también otras que, por si no bastara con todo eso, sobrepasan de largo los límites éticos y morales. Se trata de actuaciones de por sí aberrantes incluso para lo que es la praxis en esas luchas de poder. Nunca como en esos casos la finalidad justifica los medios empleados, y cuando se trata de la Santa Madre Iglesia, aún es menos injustificable».

El enigmático personaje protagonista de este libro era consciente de todo eso. Una tarde, en una larga conversación tras una comida en un buen restaurante de la parte alta de Barcelona, me explicaba que nadie le saludaba por su nombre. Algunos le llamaban *dottore*, otros simplemente *monsignore*, aunque no lo fuera. Nosotros, como hemos dicho en la introducción, le llamaremos il Dottore.

Llevaba americanas siempre bien cortadas y zapatos discretamente brillantes. Caminaba como si no quisiera hacer ruido, luchando contra una altura y corpulencia que le ponían difícil pasar desapercibido. Siempre he pensado que, en realidad, lo conseguía, pero no me pregunten cómo, ya que, por más vueltas que le he dado, lo cierto es que no lo sé.

Si bien era conocido en círculos muy concretos, pocos sabían exactamente a qué se dedicaba. Básicamente, ahora il Dottore trabajaba para un cardenal de los que Francisco había ascendido al club más exclusivo de la Iglesia. Uno de aquellos que no se sienten nada especial, que sonríen poco, pero saben leer el mundo. En aquellos momentos, su tarea era muy delicada y la ejercía aún no sé si por convicción personal o por encargo de alguien muy poderoso. No figuraba en ninguna agenda ni documento oficial, pero se encargaba de una de las misiones más comprometidas antes de un cónclave: tejer consensos, neutralizar candidaturas extremas y articular una opción viable. Todo lo hacía desde una posición externa, fuera de los medios de comunicación y de las redes sociales que controlaba sin participar en ellas; por lo general, lejos de San Pedro, fuera también de todos los canales habituales y conocidos.

Desde hacía unos años contaba, al igual que su antagonista Monseñor C., con una agenda de contactos impresionante en la que figuraban autoridades eclesiásticas, agentes de la seguridad, políticos, periodistas, otros colegas asesores..., así como con un archivo que actualizaba casi a diario con fichas de todos y cada uno de los miembros del Colegio de Cardenales. En él constaban los electores que, por ser menores de ochenta años, podían entrar en la Capilla Sixtina para los debates y las votaciones, así como los que directamente no podían participar en ellos, pero que sí podían influir, y mucho, desde fuera. La ficha se acababa de completar con datos de contacto personales y también de los círculos de confianza que los rodeaban.

## Se empieza a sembrar un nombre

El funeral por el pontífice argentino se había convocado para el sábado 26 de abril y la reunión de il Dottore con el cardenal cercano a la Secretaría de Estado no había salido como él esperaba. Había mucha desconfianza que tenía que ir reduciéndose con pericia y mano izquierda.

Hacía más de tres meses que nuestro Dottore dormía poco y viajaba mucho. Marsella, Lausana, Viena, Bogotá, Lima, Berlín, Washington, Madrid, Barcelona, Nairobi... Entre los meses de febrero y abril se especulaba con una posible renuncia de Francisco, al que ingresaron en el Policlinico Gemelli de Roma con neumonía bilateral; una renuncia o un empeoramiento dramático de su salud podía llevarle a la muerte, como acabó ocurriendo.

Los diversos viajes tenían todos como objetivo reunirse con un cardenal, un obispo influyente o un secretario de origen discreto. Entonces el papa argentino todavía estaba vivo y hablar de un futuro cónclave podía verse como una actitud poco respetuosa y osada.

—Iba con mucho cuidado de no herir sensibilidades y siempre remarcaba lo que siento, que el santo padre Francisco era una figura irrepetible..., que costaría mucho encontrarle sucesor.

De hecho, en los últimos meses había aumentado la frecuencia de aquellas reuniones que llevaba celebrando por todo el mundo desde hacía casi un año y que, llegado el momento, habrían de dar su fruto. Contaba con personajes influyentes intramuros vaticanos, como el que acabaría siendo, como él mismo lo definió: el «director de orquesta» que pondría en marcha y coordinaría todo el entramado para una sucesión del pontífice argentino que no significara la desaparición de su legado. De forma meticulosa, sin dejar al margen ningún detalle por pequeño que fuera, aquella figura esencial había estudiado los perfiles de muchos cardenales y su apuesta indiscutible era un único nombre: Robert Francis Prevost.

—Él nos convenció a todos los que confluíamos desde diversos ámbitos profesionales y geográficos con un mismo interés para que remásemos juntos para hacer posible que llegara al pontificado. En primera instancia, su objetivo no era sumar todavía votos, sino evitar que los otros los sumaran antes de tiempo.

En uno de sus encuentros, un cardenal sudamericano le dijo a il Dottore:

—Parolin es demasiado sistema.

—Es leal al Vaticano, pero no al pueblo de Dios —añadió otro con aire más dramático.

—El cardenal Tagle sería una buena elección, pero ha quedado muy tocado por las irregularidades en la gestión de Cáritas Internacional y en el Dicasterio para la Evangelización de los Pueblos que dirigió —afirmó un último interlocutor.

Il Dottore no discutía. Solo asentía, callaba un momento y soltaba otro nombre, Robert Francis Prevost, y añadía:

—Misionero. Pastoral. Capaz de aguantar presiones. Conoce la curia, pero hace muy poco que forma parte de ella. Y sabe escuchar.

El nombre del cardenal Prevost no despertaba entusiasmo, pero tampoco resistencia, y eso nuestro buen amigo y el grupo operativo lo valoraban como algo positivo porque abría la esperanza de que fuera realmente viable. En cada encuentro se aseguraba de que los interlocutores salieran de allí teniendo claro que el cardenal estadounidense figuraba como una hipótesis posible. Un nombre pensado, calculado…, un nombre justo.

## Prevost nunca intervino en la operación

Antes de continuar con las confidencias, il Dottore quiso poner las cosas en su sitio sobre un aspecto fundamental de todo lo que estaba ocurriendo y que iremos descubriendo. Lo hizo en tono grave que remarcaba que lo que iba a decirme era de gran relevancia:

—Te puedo asegurar al cien por cien que el cardenal Prevost nunca se postuló como papa. No fue consciente de ninguno de aquellos movimientos que iré comentando. Nunca participó en ninguna reunión de las que organizábamos yo y otros asesores con el Director de Orquesta, que lo coordinaba todo. Nunca movió un dedo para conseguir ser el nuevo jefe de la Iglesia.

Todos los interlocutores que he conocido, asesores, periodistas, cardenales y demás cargos de la Iglesia que trabajaron en aquella operación, coincidieron en decirme lo mismo. «Tal y como es él, no lo habría tolerado», me dirían más o menos con las mismas palabras diversos implicados en aquella actividad que llevaba el sello del más estricto *top secret*.

El cardenal estadounidense no intervino en nada y ni tan solo conocía ninguna de las discretas maniobras a su alrededor que le empujaban hacia el pontificado. Sin embargo, las reuniones que el grupo operativo convocaba ya hacía tiempo y que hasta entonces habían tenido como objetivo principal recabar impresiones se habían convertido cada vez más en largas e intensas veladas para intentar perfilar una estrategia ganadora.

Casi todos los cardenales de todo el mundo habían llegado ya a Roma y nuestro amigo asesor y sus aliados se movían por hoteles y restaurantes con entrada discreta, así como por apartamentos cedidos por amigos o sedes de congregaciones de confianza convocando también a grupos de cardenales y/o a sus asesores. Ocasionalmente, las convocatorias se realizaban en via dei Gracchi, o bien en el Gianicolo. Il Dottore casi siempre llegaba a pie, no en coche alquilado con chófer. Alguna vez pedía un taxi que le dejara cerca del lugar de la cita. No quería levantar sospechas; así evitaba que le siguieran agentes del espionaje vaticano o internacional que pudieran estar interesados en saber quién se reunía, dónde y para qué.

En cada reunión desplegaba su tono firme y pausado.

—No vengo a imponer. Vengo a escuchar —solía decir, y después sugería el nombre. Con matices. Con paciencia.

Por lo general, tras intervenir se iba y dejaba a los

reunidos solos, demostrando así que no quería interferir, que respetaba lo que se decidiera. Eso sí, astuto como era, entre los invitados siempre había escogido previamente un «espía», algún clérigo amigo y confidente que le informaría de todo lo que se hubiera hablado, de cada detalle y de la actitud de los cardenales o monseñores reunidos. Notas imprescindibles para su fichero, para, cuando hiciera falta, poder mover las piezas con criterio en el tablero de ajedrez.

## Los días de murmullos en las Congregaciones

Durante aquellas jornadas, antes de que la llave de la Capilla Sixtina cerrara las puertas al mundo, el Vaticano vivió un tiempo suspendido, ritual y calculado, que los vaticanistas conocemos bien, pero raramente podemos explicar con matices. Son las llamadas Congregaciones Generales, las reuniones previas al cónclave donde los cardenales electores, y también los mayores de ochenta años, se conocen, toman la palabra, escuchan, se observan y mantienen un combate dialéctico más o menos tempestuoso. Oficialmente, lo que pasa en esas sesiones es confidencial. La Sala Stampa, la oficina de prensa vaticana, se limita a difundir comunicados bastante genéricos sin especificar ninguna discusión ni, por supuesto, matiz orientativo alguno sobre en qué dirección van las cosas. Pero, como siempre en Roma, hay miradas que hablan, confidencias indiscretas que lo explican todo y silencios que dicen más que cualquier nota oficial.

—Estas Congregaciones no son solo para preparar el cónclave, sino para marcar territorio —me decía il Dottore—. Los primeros días, quien habla no busca responder ninguna pregunta. Busca dominar el relato.

Y así fue.

El lunes 21 de abril de 2025, la Sala del Sínodo se llenó de cardenales del mundo entero para la primera sesión. Detrás de cada rostro había una curia, una conferencia episcopal, una tradición de cultura y pensamiento. En este caso, los primeros en mover ficha fueron quienes ya lo tenían todo preparado desde hacía años.

Los tres primeros días, los cardenales más vinculados al sector conservador-tradicionalista, procedentes en su mayoría de Norteamérica, Europa del Este y algunas zonas de África, monopolizaron el turno de intervenciones. Discursos largos, articulados, leídos de folios cuidadosamente redactados. Denuncias encubiertas sobre el relativismo doctrinal, preocupación por la confusión litúrgica, la nueva moral sexual, el «wokismo» que se impone. También hubo muchas apelaciones a la necesidad de recuperar el sentido de lo que es sagrado..., la traición a lo que se denomina el depósito de la fe. *Depositum fidei* o *fidei depositum* es el conjunto de la verdad revelada en las Escrituras y en la sagrada tradición.

—Eran mensajes pensados no para la sala, sino

para los oyentes invisibles. Estaban construyendo una narrativa: la Iglesia ha perdido el rumbo y hay que recuperar el orden, ser más proactivos en la batalla cultural —explicó Monseñor C., que seguía el proceso desde su discreto despacho.

No se mencionaban nombres, pero todo el mundo sabía de quiénes hablaban. Cuando un cardenal africano advirtió que «los documentos sinodales parecen hechos por sociólogos más que por teólogos», se vieron asentimientos en las sillas ocupadas por los prelados estadounidenses. El debate sobre una Iglesia más participativa y abierta (más sinodal) genera una fuerte polémica entre conservadores y reformistas desde el Concilio Vaticano II.

Cuando un cardenal europeo exigió «una reforma de la reforma litúrgica», las miradas se volvieron hacia determinados obispos alemanes.

—Los conservadores habían entendido muy bien la lección de las últimas décadas: en las Congregaciones no hace falta tener razón, hay que ocupar espacio. Y durante tres días fueron los únicos que lo hicieron —comentaba il Dottore mientras removía un café cerca de la piazza della Città Leonina.

La estrategia de ese sector sería intentar demostrar quién tenía el poder y la autoridad en un Colegio Cardenalicio donde la mayoría no se conocían entre sí.

Pero aquel no decir nada de los progresistas y moderados no estaba motivado por la sorpresa del discurso dominado por el pensamiento único, ni tampoco por la inocencia. Estaba calculado. Esperaban, observaban. Ya llegaría el momento.

A partir del cuarto día empezaron a hablar otras voces. La de Fridolin Ambongo, arzobispo de Kinsasa, que relató la situación de injusticia estructural en África central, sin demasiadas teorías, pero con una contundencia que incomodó a más de uno. La voz del filipino Luis Antonio Tagle, que tuvo una intervención breve, pero emocionalmente poderosa, sobre «la misericordia como única autoridad que el mundo todavía reconoce a la Iglesia». La del portugués José Tolentino de Mendonça, que habló de cultura, escucha y vulnerabilidad.

—Los reformistas no llevaban papeles. Portaban experiencias. Y eso, para algunos cardenales, fue como recibir una bofetada en cámara lenta —señaló Monseñor C.

También se empezaron a detectar movimientos transversales, de aquellos que no se pueden rastrear, pero que existen: cafés compartidos, conversaciones entre delegaciones de países lejanos, primeros rumores de nombres con posibilidades reales o ficticias, referencias a personajes que podían ser figuras de consenso. Ya nadie parecía creer en un cónclave que algunos habían pronosticado que desencadenaría una guerra frontal. Se intuía otra cosa: la búsqueda de una salida, un hombre que pudiera ser elegido sin que ningún bando tuviera que rendirse.

Los observadores esperaban que de las Congregaciones salieran nombres fuertes, pero, conforme iban pasando los días, los personajes más repetidos y citados por los medios de comunicación parecían deshincharse. Parolin se veía elegante y diplomático, pero no entusiasmado. Zuppi generaba simpatías, pero no conformidades. Sarah, Burke y Erdo polarizaban, pero no sumaban. Tagle era demasiado querido para que lo eligieran, decían algunos. Ambongo gustaba, pero era desconocido fuera de África. Tolentino inspiraba, pero no articulaba.

## Teatro *alla'italiana*

En aquellas Congregaciones Generales previas al cónclave (en total se celebraron doce), ocurrió un hecho destacable que no pasó desapercibido. Parolin llevaba la voz cantante sin disponer de ninguna atribución para hacerlo. Sabemos que contaba con el apoyo del cardenal Giovanni Battista Re, que presidía las Congregaciones (es un dato nada baladí). Un buen amigo, bien conectado con varios cardenales, definió el papel de Parolin como un «teatro a la italiana donde él interpretaba todos los papeles. Habló cada día para mostrar quién era el protagonista, quién interpretaba el papel principal de cara sobre todo a los cardenales nuevos, muchos de los cuales no entendían nada y se limitaban a ser simples espectadores. Piensa que hay cardenales como el de Madagascar, Désiré Tsarahazana, que solo habla un mal francés y el malgache. No domina el italiano, ni el inglés, ni siquiera el latín. Como él había un 30 por ciento de cardenales, incapaces de entender qué se hablaba. Esos cardenales vulnerables en aquel entorno para ellos desconocido, y por tanto muy manipulables, solo entendían el lenguaje gestual. Parolin les transmitía la sensación de que era quien ostentaba el poder..., el control. Sabía lo que se hacía. Pero el golpe de efecto definitivo, la escena central de aquella función escénica, todavía estaba por llegar».

Cuando el cardenal Becciu —marcado por el escándalo del inmueble de Londres, aquel edificio adquirido en una oscura operación financiera que había salpicado al mismo corazón de la curia— apareció el 22 de abril en la primera sesión de las Congregaciones con la intención de participar e incluso cruzar el umbral de la Capilla Sixtina para votar, se heló el ambiente. Todo el mundo sabía que Francisco le había retirado los derechos cardenalicios para participar en un cónclave, aunque nunca se había dictado orden oficial alguno que lo hiciera efectivo. El decano del Colegio de Cardenales, Giovanni Battista Re, le dejó entrar, pues no disponía de documento alguno que lo impidiera.

Parolin, que estaba al tanto de los temores y las fragilidades de algunos de los electores, vio entonces la ocasión para desplegar un ardid calculado. Esperó dos días para hacerlo. Todo empezó con un simple movimiento, una secuencia aparentemente banal de protocolos y miradas que sirvió para enviar un mensaje nítido a los cardenales más atemorizados. No hicieron falta palabras: el primer efecto estaba conseguido. La maniobra recordaba a los reunidos que, en aquel terreno, el poder podía moverse en silencio y las verdades se transmitían mediante gestos que solo los iniciados sabían leer, pero que impactaban en los neófitos.

La disputa enfrentaba a dos hombres que habían compartido camino durante años. Becciu, que hasta el cese había ostentado el cargo de sustituto en la Secretaría de Estado, había sido uno de los principales apoyos de Parolin. Tenía el honor de ser «número 3» dentro del organigrama vaticano. Sin embargo, la marca de la corrupción en la compra del edificio de Sloan Street en Londres había fracturado aquella alianza y los había situado en bandos opuestos, hasta el punto de convertirlos en enemigos declarados. Había quien incluso especulaba con que podrían acabar midiendo sus fuerzas en el cónclave.

La sesión de las Congregaciones Generales del 25 de abril había empezado como tantas otras: una serie de discursos previos, algún comentario sobre la agenda y el revuelo constante de hojas que se desplegaban sobre las mesas. Sin embargo, aquella mañana el aire tenía una densidad extraña, como si todo el mundo intuyera que iba a pasar algo.

De repente, Parolin se levantó. Su figura alta y rígida llevaba una carpeta de cuero negro bajo el brazo. Sin introducción alguna, sacó dos cartas mecanografiadas y las sostuvo en el aire para que los allí presentes pudieran ver aquella «F» mayúscula que todo el mundo reconoció inmediatamente como la firma de Francisco.

Empezó a leer la primera: databa de 2023, y en ella el papa retiraba a Becciu todo derecho a participar en un cónclave. El tono de Parolin todavía era contenido, casi neutro, pero la sala ya se había quedado helada. Después desplegó la segunda carta: marzo de 2025, escrita por el argentino en la cama del hospital Agostino Gemelli, con el tono de un pontífice físicamente debilitado pero firme: «Prohibición tajante e irrevocable de participar en cualquier elección papal».

Fue entonces cuando la voz de Parolin subió de volumen y rompió la calma aparente. Según diversos testigos, aquel tono se convirtió en una bronca humillante dirigida directamente a Becciu, que permanecía sentado con la mirada gacha. No había en ella ningún término que se pudiera calificar de insulto, pero cada frase era un golpe calculado. Dos fuentes me han llegado a puntualizar que incluso llegó a decir «aquí se hace lo que digo yo».

Becciu no replicó. No había nada que decir, aunque para ser legal la expulsión se tendría que haber publicado como decreto formal. Los cardenales se abstuvieron de hacer cualquier gesto o comentario, pero la mayoría estalló inmediatamente en un fuerte aplauso dirigido a Parolin. Una ovación que parecía, en realidad, una condena para su rival.

La maniobra se había completado: no solo quedaba claro que el cardenal sardo no podía entrar en la Capilla Sixtina, sino que su autoridad moral quedaba hecha añicos delante de todos. Se acabó retirando. En paralelo, Parolin había ganado la fuerza y la autoridad que buscaba.

Yo no estaba allí, ni tampoco il Dottore. Sin embargo, días después, en una cita discreta en un café cerca de la piazza della Cancellaria, mi confidente me lo narró con aquella mezcla de sorna y lucidez que le caracterizaba:

—Parolin esperó el momento oportuno como un cazador que deja que la presa se acerque lo bastante para no errar el tiro —me comentó, dejando la taza sobre el platillo con un ruido leve—. ¿Las cartas? Las tenía desde hacía tiempo. Pero en este juego el arma solo sirve si sabes cuándo disparar.

Hizo una pausa para encender un cigarro. El humo se mezcló con el olor a lluvia reciente que subía por las calles adoquinadas.

—Cuando sacó la segunda carta y levantó la voz... —continuó—, los más desconcertados entendieron que, si podía hacer aquello con Becciu, lo podría hacer con cualquiera que intentara sacar la cabeza y saltarse las reglas que él imponía.

Le pregunté qué había oído decir tras el incidente. Se inclinó hacia mí y bajó el tono:

—Había un grupo de cardenales latinoamericanos que me dijeron que habían comentado entre ellos: «Este hombre no es solo el secretario de Estado, es el guardián de la puerta. Nadie puede pasar sin su consentimiento». Un italiano, cuya identidad no te revelaré, soltó: «Con eso, Parolin ya ha votado sin tocar una papeleta». —Il Dottore sonrió, aunque sin alegría—. En un cónclave, las palabras son solo el decorado. El poder real está en los gestos que dejan marca..., y esa marca, Vicens, la llevarán hasta la tumba. —Apuró el café y añadió, casi para sí mismo—: En la curia, la memoria es larga. Pero la memoria de la humillación... es eterna.

Si, por una parte, como hemos visto, Parolin actuó con un protagonismo desmesurado en las Congregaciones, Robert Prevost no habló mucho. Intervino con precisión en contadas ocasiones, sin querer destacar. Nadie recuerda que hiciera un discurso brillante ni estimulante como el que el cardenal Bergoglio pronunciara en 2013 y que resultaría capital para que lo eligieran como jefe de la Iglesia católica. Pero hubo quienes empezaron a buscarle fuera de la sala. Querían saber más, escucharle, mirarle a los ojos. Iba ganando influencia a través del contacto de proximidad, mostrando una actitud accesible y humilde. Según declaró el cardenal Wilton Gregory: «No recuerdo ninguna intervención en particular de Prevost..., pero sí que participó con mucha eficacia en conversaciones de grupos más reducidos».

En aquel momento, muy pocos lo podían contemplar como un candidato con opciones. Todavía estaba fuera del radar de los considerados papables, pero algunos empezaban a sentirle cercano y, por encima de todo, pensaban que era de fiar.

—Yo estaba bastante tranquilo. No era un nombre de poder, sino de equilibrio. Y, en un Vaticano exhausto, eso era oro —me explicó il Dottore justo antes de que empezara el cónclave—. Nuestra estrategia es esperar, no entrar a saco desde el primer momento.

Las Congregaciones acabaron con una última jornada marcada por el temor al futuro y la tensión contenida. Algunos cardenales habían optado por dejar de hablar; se limitaban a escuchar. El ritual de las sesiones había hecho su trabajo: no había revelado quién sería el elegido, pero sí quién no lo sería.

—Estas reuniones no deciden un papa. Deciden el contexto. Y, en este contexto, gana quien escucha más que habla —concluyó Monseñor C. al saber de las intervenciones de la última sesión.

La carpeta con listados de cardenales que miraba y remiraba estaba llena de nombres que ya no servían. Habían quedado obsoletos en la papelera de la historia.

Cuando, días después, Robert Francis Prevost se convirtiera en León XIV, muchos fingieron sorpresa. Pero quienes habían vivido aquellas Congregaciones sabían que el cónclave no había empezado en la Sixtina, sino mucho antes. Con palabras, muchos movimientos y un alud de silencios.

## Unidos *ma non troppo*

En un primer momento, il Dottore pensaba que poco podía hacer con el todavía muy influyente grupo de italianos de la curia que movía ficha para imponer a Parolin.

—Tienen muy asumido que ganan —me dijo una noche por teléfono, sin señal alguna de resignación.

Intentarían por todos los medios, hasta prácticamente el último momento, que el pontificado, tras cuarenta y siete años, volviera a ser de titularidad italiana. El último papa italiano había sido el efímero Juan Pablo; murió en 1978 a los treinta y tres días de iniciarse su pontificado, en un caso lleno de interrogantes del que hablo con detalles novedosos y una exclusiva aclaradora en *Intrigas y poder en el Vaticano* (Roca Editorial, 2021). Demasiados años esperando, viendo a un polaco, un alemán y un argentino al frente de la Iglesia. Demasiadas décadas con los italianos relegados de lo que históricamente consideraban su centro de poder más influyente.

El grupo italiano tenía estructura, relaciones, apoyo implícito de sectores diplomáticos. Pero ningún nombre, ni Parolin, ni el patriarca de Jerusalén, Pierbattista Pizzaballa, ni el presidente de los obispos italianos, Matteo Zuppi, y aún menos el diplomático Fernando Filoni, sumaban adeptos fuera de Europa. Eso tranquilizaba al asesor.

—Los medios italianos —me decía aquellos días, escandalizado— están ejerciendo una presión espectacular promoviendo a los candidatos nacionales. Es casi ridículo, si sopesamos las posibilidades reales. La mayoría de los que suenan, exceptuando a Parolin, recibirán un número de votos bastante irrelevante.

Conforme iban avanzando las jornadas, justo después del funeral, los contactos secretos, las reuniones y las comidas se irían multiplicando.

Los cardenales italianos en el cónclave de 2025 eran diecisiete, once menos que en el de 2013, y cabe decir que, pese a las tendencias y divisiones entre sí, consiguieron estar bastante unidos en el momento de entrar en el cónclave. Las intenciones de los grupos pequeños que apostaban por los cardenales Zuppi o Pizzaballa se iban esfumando para decantarse hacia un candidato único. Quien encabezaba la lista era Pietro Parolin.

Los italianos jugaban en casa, y esta vez creían que no podían fracasar. En 2013 habían vuelto a fallar con Angelo Scola, ampliamente sobrepasado por Bergoglio. Ahora bien, conocían cada pasillo, cada costura de la curia, por donde siempre se habían movido como en casa. En Parolin tenían una oportunidad única, un personaje discreto pero eficiente, astuto y firme, secretario de Estado durante una década. El hombre que lo había visto todo y había sobrevivido a todo. Su nombre circulaba con naturalidad entre los cardenales.

«Pietro es una opción de prestigio, con experiencia, sin riesgos», me apuntó un cardenal del norte de Italia, siempre amable y dispuesto a ayudar a cambio de las recomendaciones de restaurantes que yo le daba cuando el hombre andaba con intención de ir a Barcelona. Un monseñor de la curia añadiría: «Combina el aplomo diplomático con la capacidad de gobernar». Cabe decir que, en eso, estos dos clérigos más bien reformistas acabarían coincidiendo con otros colegas italianos «progresistas» como ellos, así como con todos los demás del sector conservador.

Nuestro Dottore sabía que no se puede derrotar una candidatura italiana atacándola de frente. Hay que utilizar otro método. Hay que agrietarla desde dentro, hacer que parezca inviable sin que nadie pierda la cara.

Un episodio de guerra sucia sacudió entonces el ambiente precónclave y puso en alerta a la Iglesia, a los medios y a todos los conspiradores que colocaban piezas clave a favor de sus intereses. No fue el amigo asesor quien ideó ni hizo correr el rumor de que Parolin sufría una enfermedad que presuntamente ocultaba. Pese a utilizar a veces armas y astucias poco modélicas, il Dottore jamás había entrado en el juego sucio de las noticias falsas. Su código ético, muy condescendiente con determinadas maniobras, tiene líneas rojas que, conforme a su moral cristiana, siempre le han parecido aberrantes.

—Conozco a varios asesores de cardenales como yo que no han dudado en utilizar informes falsos y hacer correr difamaciones contra rivales para desprestigiarlos o apartarlos de la candidatura a cargos a los que aspiraban sus representados. Yo puedo filtrar informes y documentos, y confieso que lo he hecho, pero siempre procuro que sean hechos verídicos y comprobables —me dice mirándome a los ojos, en los que capto que es sincero—. Hace ya unos años —continúa—, a principios del pontificado del santo padre Francisco, supe del caso de un cardenal que era bastante conocido por ser un depredador sexual. Aquel individuo hizo que su asesor filtrara un documento, previamente falseado por él, en el que se exponía que un rival suyo que aspiraba como él a un cargo en la Secretaría de Estado había violado a una monja y había acosado a tres más en un convento de Alemania. Según aquellos papeles, el caso estaba bajo investigación del Dicasterio para la Doctrina de la Fe y, por lo tanto, el cardenal no podía ser candidato a nada. Por suerte, los servicios secretos vaticanos interceptaron el informe y constataron que era rotundamente falso, por lo que la investigación se volvió en contra del inspirador de aquella insidia, que finalmente fue investigado a fondo y apartado discretamente del Vaticano a la espera de medidas disciplinarias severas.

Sea como sea, no nos desviemos y volvamos al caso de «la enfermedad de Parolin». El 30 de abril, según la web conservadora estadounidense Catholicvote.org, que lanzó la noticia, que enseguida multiplicaron un alud de cuentas en las redes sociales y después periódicos de todo el mundo, se produjo un episodio que podía descartar al italiano de la carrera por el pontificado. Se afirmaba con rotundidad que, según fuentes de la Santa Sede, cuando la Congregación General vespertina en el Vaticano estaba acabando, el cardenal Parolin se había desmayado. Médicos y enfermeras lo habían atendido. Poco después se detalló que algunos funcionarios del Vaticano habían aclarado que Parolin había sufrido un episodio de hipertensión.

Las alarmas se encendieron hasta que el portavoz del Vaticano, Matteo Bruni, desmintió la noticia. Cada vez con más frecuencia, la Sala Stampa tenía que desmentir rumores y falsedades. En momentos de posverdad, parece ser el trabajo prioritario de las oficinas de prensa de muchas instituciones. «No hay enfermedad, ni enfermeras, ni mucho menos médicos», dijo Bruni con firmeza. La noticia había surgido del campo más ultraconservador de Estados Unidos, donde se consideraba que Parolin se mostraba demasiado abierto a las demandas progresistas. Aunque, por el contrario, muchos partidarios de las reformas lo consideraban excesivamente conservador.

Il Dottore no concedió mucha importancia a aquel episodio. Parolin, con el desmentido del Ufficio Stampa del Vaticano (el departamento de prensa de la institución), aún había salido beneficiado y probablemente conservaría el mismo índice de votos de antes de la polémica. El «divide y vencerás» de manual, aplicado a los cardenales italianos, era más imprescindible que nunca.

Así pues, il Dottore ideó tres cosas que resultarían vitales.

En primer lugar, en una reunión informal en Lausana, sugirió a los cardenales germánicos y escandinavos que lo último que necesitaba la Iglesia era volver a tener un papa europeo, y menos aún italiano: «Los jóvenes de todo el mundo no se identificarán con una figura que representa el retorno al centro. Necesitamos una Iglesia descentralizada, no vaticanocéntrica».

Funcionó. Los alemanes y los belgas dejaron de contemplar a Parolin como opción de consenso.

El segundo paso de la estrategia diseñada era recordar «el estigma del sistema». Dejó circular, sin llegar a afirmarlo abiertamente, la idea de que un papa italiano, y encima secretario de Estado, era sinónimo de continuismo institucional, y quizá de inmovilismo. Lo hizo a través de conversaciones con cardenales sudamericanos y africanos que desconfiaban del poder central. Il Dottore dejó que ellos mismo dijeran la frase: «Parolin no es malo, pero representa demasiado al poder». Por su parte, él se limitaba a asentir, sin decir esta boca es mía.

En tercer lugar, nuestro astuto asesor era consciente de que no todos los cardenales italianos estaban con Parolin. Los había que eran más próximos a la comunidad de Sant'Egidio, como Zuppi, y otros a movimientos sociales o al modelo Bergoglio. Ya hemos visto cuál sería su táctica: los haría dudar. No resultó fácil convencerlos de que, si Parolin no sumaba rápidamente una mayoría clara, se convertirían en el bloque perdedor.

—Nadie quiere ser del bando que frena el futuro —diría una tarde mientras hablaba con un asesor toscano cercano a Zuppi.

¿El resultado? Algunos italianos se desmarcaron discretamente. Unos lo hicieron por convicción; otros, por mero cálculo. Cuando tuvo bien claro que Parolin se estancaría y que Prevost empezaba a sumar, il Dottore dejó de intervenir. Bastaba con limitarse a observar.

Al día siguiente de la elección en el cónclave, una periodista italiana me escribió un wasap: «La candidatura Parolin era perfecta..., pero demasiado evidente. Y, en un cónclave, la perfección demasiado visible suele caer».

Nuestro Dottore no leyó el mensaje de la amiga de la Rai TV, ni falta que le hacía; en realidad, eso él ya lo sabía mucho antes.

## Restaurantes y hoteles que guardan secretos

Hace ya muchos años, tomándome un café cerca del Duomo de Milán con el cardenal Carlo Maria Martini, la gran figura progresista del pontificado ultraconservador de Juan Pablo II, este me soltó una frase que nunca ha dejado de hacerme gracia: «A los cardenales les puede dividir la teología, la política o incluso el Espíritu Santo..., pero nunca la mesa. Ante una buena comida, su unidad resulta milagrosa».

Antes de que se cierre la Capilla Sixtina, los cardenales aprovechan los últimos días de libertad para evaluar, en un gran número de discretas reuniones, perfiles y nombres de candidatos. Oficialmente, las discusiones se hacen en las Congregaciones Generales, las reuniones previas al cónclave que se celebran en el Vaticano, en las que muchos se conocen por primera vez y donde se escuchan con mucha atención las intenciones y opiniones de los responsables de elegir al nuevo jefe de la Iglesia católica. Aun así, sin menospreciar la importancia de tales Congregaciones, donde las intervenciones pueden ser clave (como lo fue la de Bergoglio en 2013), conviene no ignorar los importantes, secretos y muy discretos encuentros que se mantienen en pisos privados y reservados de restaurantes y hoteles.

«Son reuniones con afinidades ideológicas o geográficas, que en algunos casos comportan promesas de ofrecimientos de cargos u obsequios bastante lucrativos. Esos encuentros formales o informales resultan determinantes para muchos cuando llega la hora de escribir un nombre en la papeleta de la Capilla Sixtina», me aclaró un viejo cardenal que murió pocos meses antes que el papa argentino. Un cardenal italiano muy simpático, también muerto hace ya más de una década, me había dicho en 2013 una frase más lapidaria: «El Espíritu Santo inspira, pero no vota».

Los conservadores ya hacía tiempo que estaban muy organizados, sobre todo los más radicales. Algunos vaticanistas sabíamos de las cenas que el cardenal alemán Gerhard Müller, exprefecto para la Doctrina de la Fe y calificado por algunos como el enemigo número uno del papa Francisco en los últimos años, organizaba en los últimos años en su piso de la piazza Lenonina. En la preparación del cónclave, destacaban entre los comensales ultratradicionalistas como los cardenales Raymond Burke, Robert Sarah y Beniamino Stella.

Nuestro asesor organizó, también sigilosamente, algunas de esas reuniones, con un objetivo claramente opuesto. Solo pudo asistir a tres de ellas. No se trataba de intimidar a los cardenales, que podían sentirse amenazados por la presencia de un laico, pero sí que elaboraba y proponía estrategias para ir sumando consensos. El Director de Orquesta básicamente escuchaba, pero llevaba la batuta y coordinaba.

Il Dottore actuaba con astucia y determinación. Batalló para que se incluyera en grupos de WhatsApp, creados por cardenales con afinidades de amistad o ideología, a personalidades reformistas que así podrían ser convocadas a reuniones y tener conocimiento de cómo iban las conversaciones. En los encuentros programados por los rivales del sector conservador, a veces conseguía infiltrar a ciertos cardenales de perfil bajo, sobre todo sin demasiada opinión. Eran ojos y oídos que le facilitarían toda la información con el objetivo de conocer las intrigas que maquinaban los rivales.

—Pronto me di cuenta de que en el sector tradicionalista se encontraban los cardenales más radicales como Burke o Müller (los que habían tildado de hereje y nefasto al papa Francisco), a los que algunos de sus acólitos más moderados observaban con cierta incredulidad. Sus colegas veían a los rigoristas como viejos dinosaurios cegados por la soberbia y anclados en el pasado. Muchos de aquellos conservadores moderados que se distanciaban del radicalismo ultramontano eran africanos y asiáticos, también estadounidenses y latinos, además de un buen número de europeos, sobre todo españoles e italianos.

Era evidente que solo con los votos de los reformistas no bastaba: no sumaban suficiente. Había que encontrar resortes imprescindibles para activar las posibilidades de la candidatura de Prevost. La estrategia estaba en marcha y era necesario hacerla más sofisticada, encontrar los argumentos adecuados, hacerlos creíbles e ir disipando así los posibles recelos.

Había que convencer a un buen número de conservadores moderados de que Prevost era el hombre idóneo para una unidad difícil y deseada, para construir puentes de diálogo y acuerdos. No fue tarea fácil. Con el papa estadounidense se recuperarían la liturgia y las convenciones rituales tradicionales del pontificado que Bergoglio había rechazado. Ese argumento por sí solo ya podía convencer. Los más ultras, aunque también otros menos radicales, habían hecho de la prohibición de Francisco de la misa tradicional en latín un campo de batalla. Alguien decidido a recuperar lo que vetaba la *Traditionis Custodes* promulgada por el pontífice argentino era todo un consuelo para ese sector.

Por otra parte —siempre según nuestro asesor—, al margen de la liturgia, había muchos recelos que no eran solo patrimonio de los conservadores.

—También había que disipar las reticencias de muchos reformistas que ahora criticaban los excesos de gesticulación y las supuestas imprudencias y precipitaciones del pontífice argentino en algunos temas, sobre todo relacionados con la moral sexual y la sinodalidad. Un buen número que apostaba por otros candidatos como Tagle o Zuppi temía que se entrara en una parálisis que no permitiera avanzar en aquello de necesario e ilusionante que había sembrado Bergoglio. Para ellos, se hacía imprescindible despejar dudas y asegurar que Prevost tenía espíritu continuista, eso sí, con un talante diferente al de su predecesor.

Varios contactos me aseguraron que el Regis Hotel, un cuatro estrellas situado en el barrio de Prati, fue el escenario de reuniones con los cardenales Dolan, Santos Abril, Omella o Scherer. El Alimandi Vaticano, cerca de la muralla, otro establecimiento de cuatro estrellas, acogería encuentros entre prelados españoles y latinoamericanos. En el hotel de la Conciliazione se reunían fundamentalmente representantes de delegaciones diplomáticas con los cardenales de sus respectivos países. Otros hoteles, también de gama alta, como el Eden, en el Trastevere, y el Cavalieri, en Monte Mario, alojaban en sus salones privados a delegaciones latinoamericanas de alto rango.

Muchos príncipes de la Iglesia temían los menús frugales que se servían en la Domus Santa Marta durante el cónclave. Una frase corta y punzante de il Dottore me lo resumió a la perfección:

—Un cardenal puede ayunar de fe, pero nunca de tenedor.

La mayoría habían desarrollado un paladar muy exigente. A algunos les preocupaba que la elección se alargara demasiados días y viniera acompañada de una cocina sencilla, de estilo casero y bastante conventual. «En el Vaticano, comiendo en los restaurantes, puede pasar que te entre dolor de barriga. Imaginaos lo que sería durante el cónclave —explicó al *Corriere della Sera* el cardenal Mauro Piacenza, de ochenta años, que ya había estado presente en la elección del papa Francisco. Por suerte, añadió—: La cocina de las monjas de Santa Marta es fiable: recuerdo la sopa de verduras, y después, para cenar, el escalope». Sinceramente, creo que el elogio está muy por debajo de las expectativas que tiene la mayoría de lo que es un buen ágape.

«En el Vaticano hay cardenales que no se ponen de acuerdo ni para rezar un avemaría..., pero delante de un buen *risotto* o de una botella de Brunello todos acaban hablando casi el mismo idioma», suele comentar un periodista siciliano amigo mío.

Como decíamos, pues, los cardenales tenían que darse un homenaje en *trattorie* y restaurantes con fama de servir buenos platos de cocina romana. Los que frecuentaban son casi todos establecimientos cercanos a la Santa Sede que confidentes míos conocen bastante bien; de hecho, en algunos de ellos he compartido platos excelentes con buenos amigos del entorno del Vaticano.

En ocasiones se producen anécdotas divertidas, como la que según la revista gastronómica italiana *Gambero Rosso* sucedió una tarde de abril de 2025 en la histórica Latteria Giuliani del Borgo, cuando dos cardenales que entraban a tomar un helado a media tarde se encontraron de repente rodeados de clientes arrodillados que querían que los bendijeran. Todo acabó con unas sonrisas y unos apetitosos helados de pistacho y nata. Hablando de postres, también está Il Mozzicone (Borgo Pio, 180), que básicamente tiene prestigio por su sublime tiramisú y que frecuentaban durante el precónclave muchos cardenales estadounidenses después de comer, para seguir departiendo y especulando.

No obstante, si hablamos de tomar una buena comida, quizá el más frecuentado aquellos días fuera Al Passetto del Borgo (via del Borgo Pio, 62), a unos doscientos metros de la muralla vaticana. En ese local, uno de los preferidos de Benedicto XVI, fueron vistos juntos los cardenales Donald Wuerl y Sean O'Malley disfrutando de unos *rigatoni alla norcina*. Los estadounidenses solían mantener allí reuniones estratégicas antes del cónclave.

La *trattoria* Marcoantonio (via Borgo Pio, 146), con su ya mítica carbonara, fue escenario de reuniones entre cardenales europeos, a muchos de los cuales se les oyó también discutir opciones de voto.

Un amigo, periodista gráfico, fotografió en Tre Pupazzi (Borgo Pio, 183) al cardenal Gerhard Müller (Alemania) tomándose un vino blanco y comiendo bacalao; estaba rodeado de prelados conservadores. En La Taverna, en la esquina entre via Candia y via Tunisi, pudo verse disfrutando de un plato de magníficos *carciofi alla romana* a ciertos cardenales italianos preocupados por la candidatura de Parolin.

Otro lugar de reunión era el restaurante Arlù (Borgo Pio, 135), donde, según la agencia France-Presse, los cardenales que suelen congregarse allí se sienten «como de la familia». En ese restaurante se reunió un buen número de ellos, procedentes de los cinco continentes.

Conservadores y también reformistas. Todos deseaban disfrutar de platos romanos como la *saltimbocca* y de una sublime carbonara, que ocupa un lugar de honor. Según me explicó un camarero cierto mediodía, todavía hoy la carbonara se prepara siguiendo las recetas más tradicionales que el establecimiento sigue desde 1959.

De manera más informal, pero mucho más discreta, para evitar los focos mediáticos, hay cardenales menos gourmets que eligen el Caffè dei Papi, de la via Vespasiano, entre los Museos Vaticanos y la plaza de San Pedro, optando por «un panino e una birretta». Y, finalmente, en el apartado de los informales, destacaremos La Rustichella (via Angelo Emo, 1), que, con una amplia terraza, aquellos días acogía a algunos cardenales europeos y latinoamericanos dispuestos a tomar un plato de pasta a muy buen precio.

## Filtraciones, dosieres e intimidación

El Director de Orquesta es tajante al hablar de la guerra sucia que suele desencadenarse cuando se acerca un cónclave. En 2024, cuando empezó a trabajar sin hacer ruido y a pleno rendimiento en la futura sucesión de Bergoglio, era consciente de que, cuando llegara la hora, se enfrentaría no solo a personajes y fuerzas ocultas y siniestras, sino a documentos elaborados por un sector tradicionalista que no tendría ningún reparo en disponer de lo que hiciera falta para asegurarse un futuro en el liderazgo de la Iglesia católica. Pues bien: ¡había llegado la hora!

No hay cónclave que, pese a las medidas que toman las autoridades vaticanas (vigilancia extrema, inhibidores de señal de teléfonos móviles y drones, juramento de hermetismo para todo el personal que asiste a los cardenales...), no sufra filtraciones, que, al fin y al cabo, son violaciones tangibles del secreto que se impone y que tienen toda la pinta de campañas electorales encubiertas.

En las semanas previas al cónclave de 2025, entre los cardenales circularon como nunca informes anónimos y dosieres elaborados sobre cuyo origen, autoría e intencionalidad se generó gran confusión.

Uno de los más difundidos fue el proyecto estadounidense Red Hat Report, del que hablo ampliamente en mi libro *Vaticangate* (Roca Editorial, 2023), que, por cierto, tenía un sugerente subtítulo: «El complot ultra contra el papa Francisco y la manipulación del próximo cónclave».

Así pues, había llegado el momento en que los responsables debían sacar a la luz aquellos documentos, muy discretamente, pero también de forma masiva a ojos de los cardenales. Se trataba de informes confidenciales sobre la vida pública, y también la privada (sin obviar intimidades), de los cardenales considerados «papables».

El Red Hat Report (iniciado en 2018 por un grupo denominado Better Church Governance) era un proyecto laico que tenía como objetivo recopilar perfiles detallados de los cardenales electores —incluido su historial en el caso de abusos, redes financieras y orientación teológica, pero también sexual— con la intención de «puntuarlos» antes del cónclave. En su confección participaron a título personal agentes del FBI y la CIA estadounidenses, pero también contó con la ayuda de elementos de otras agencias de espionaje internacional como el CNI español, el SISMI italiano, el Mossad israelí o el MI6 británico. Cierta tarde, Monseñor C. me confesó que él también había colaborado.

El proyecto estaba inspirado en técnicas de *opposition research* —como si se tratara de una campaña política— y su objetivo era promover una votación «informada» y «evitar la confusión». Aunque la iniciativa afirmaba no contar con una agenda ideológica, la presión sobre los cardenales identificados como «moderados», reformistas o vinculados al sistema parroquial fue significativa. El redactado, que, según me aseguraron mis contactos, estaba «lleno de noticias falsas y manipulaciones», obviamente se centraba en los cardenales que representaban la continuidad con el papa Francisco. Un dato significativo es que los promotores del informe jamás se escondieron de decir que, si en 2013 hubieran contado con el Red Hat Report, Bergoglio nunca habría sido elegido.

Nuestro asesor, que tuvo que desplegar todos sus recursos para aplacar los efectos de aquellos papeles, me comentó que jamás se había visto una ofensiva tan grande para manipular el voto en un cónclave. Todos los que estábamos al corriente de lo que ocurriría tras la muerte del papa Francisco conocíamos lo que podía pasar en un escenario como ese.

Según me contó, paralelamente se difundió el proyecto de los periodistas católicos Edward Pentin y Diane Montagna, conocido como *The College of Cardinals Report*, un informe de ciento ochenta y siete páginas que fue impulsado por el Sophia Institute Press y el *Cardinalis Magazine*. Se trataba de una iniciativa que presentaba perfiles públicos de unos cuarenta cardenales electores teóricamente basados en información contrastada y accesible, a partir de fuentes públicas, entrevistas y discursos. El proyecto se basaba en parte en el libro de Edward Pentin, *The Next Pope* (2020), y no participaba de ninguna estrategia de oposición estructurada, a diferencia del Red Hat Report. No obstante, críticos como Christopher Lamb afirmaron que, pese a parecer técnico, funcionaba como una herramienta de campaña inteligente, con un objetivo claramente ideológico; la agencia Reuter informó de que Pentin y Montagna habían distribuido el documento en lugares donde la intención, más allá de informar, era promocionar a los conservadores.

Muchos electores recibieron también el libro *The St. Gallen Mafia*, cuyo subtítulo era: «Exponer los secretos del grupo reformista interno de la Iglesia». Y finalmente, aunque sin tanta repercusión, se constató la distribución de dosieres elaborados por el grupo conocido como «la red de los dubia», integrado por prelados que habían mostrado abiertamente su rechazo a la herencia del papa Francisco. Ese grupo incluía a figuras como el cardenal Raymond Burke, exnuncio de Estados Unidos, defenestrado por Francisco, pero todavía muy activo; el cardenal Gerhard Ludwig Müller; el también cardenal Robert Sarah, un guineano retirado, pero con gran influencia en ambientes litúrgicos tradicionalistas; y finalmente el arzobispo Carlo Maria Viganò, de la ultraderecha religiosa, actualmente exiliado y objeto de investigación canónica.

Toda esta documentación destinada a manipular el voto causó malestar en muchos electores, pero un buen número de ellos lo leyó todo con máxima atención. El trabajo del grupo operativo de asesores pro-Prevost consiguió amortiguar el impacto de esos dosieres utilizando informaciones verídicas y que podían ser fácilmente contrastadas. No fue tarea fácil. Es mucho más sencillo hacer creer una mentira repetida que deshacerla cuando ya se ha instalado como verdad.

## La bomba envenenada contra Prevost

El lujoso hotel St. Regis tenía una discreción antigua. Tapices rojos, cortinas gruesas, pasillos donde los zapatos no hacían ruido. Lo había escogido porque estaba relativamente lejos del Vaticano y parecía un lugar seguro ante ojos y oídos indiscretos. Aquella tarde, ningún trabajador llamó a la puerta de la habitación 312. Ya sabían que aquel huésped no era un ejecutivo ni un peregrino de paso. Hacía días que entraba y salía sin decir gran cosa, siempre con una carpeta bajo el brazo y unos ojos que parecían ver a través de las paredes.

Al margen de las tres iniciativas en forma de dosieres, nuestro Dottore perdió los nervios cuando se supo de una posible bomba que en concreto podía acabar con todos los esfuerzos puestos hasta entonces en la elección del cardenal Prevost. Desde dos días antes del 7 de mayo, fecha del *extra omnes* («todo el mundo fuera») en la Sixtina, por las manos de los electores y también de los cardenales de más de ochenta años, que por ley no podían acceder a la votación, circulaba un informe demoledor contra el cardenal estadounidense. Il Dottore lo entendió enseguida: se enfrentaba a una ofensiva preventiva y él se la conocía de memoria.

Fue uno de los informes más comentados en la guerra sucia de dosieres. Se trataba de lo que los periodistas bautizaron informalmente como «la sombra peruana». Resumía dos casos de encubrimientos de abusos sexuales que hacía un año ya habían circulado para desacreditar a Prevost como responsable en el Vaticano del nombramiento de los obispos. Ahora, en el momento clave, sin ningún elemento nuevo, se reactivaba la campaña para generar dudas entre los votantes, comprometer a Prevost y, en última instancia, evitar que fuera claro candidato a ser el 267 pontífice de la Iglesia católica.

El amigo asesor llegó a temer lo peor. Todo podía venirse abajo. El trabajo de meses, todo el proyecto, las previsiones... Ya imaginaba a quienes le habían asegurado el voto desentendiéndose de su compromiso.

Se sentó ante el espejo y el reflejo que le devolvió fue un rostro cansado, congestionado, unos ojos hundidos y los hombros caídos. Y, entonces, casi sin querer, susurró: «¿Y si tienen razón? ¿Y si es demasiado pronto para él? ¿Y si le estamos forzando hacia un puesto que le hace añicos?».

No eran dudas. Más bien eran conciencia del peso que soportaba. Si Robert Francis Prevost salía elegido, parte del mundo diría que había sido por las gestiones invisibles de gente como él. Pero, si no era así, si la sombra de aquel informe colaba como verdad, acabaría siendo todo una pérdida de tiempo y esfuerzos. ¡El retroceso a un pasado penoso! Miró por la ventana. Roma continuaba con su vida. Motos, turistas, curas. Pero dentro del Vaticano, a la mañana siguiente, en la Capilla Sixtina, las miradas cruzadas y las papeletas dobladas escribirían sin tinta una página de la historia.

Entonces sonó una llamada inesperada. En la pantalla del móvil apareció un nombre: monseñor Bellarmino. Muy viejo, ya retirado, ya olvidado, pero con una memoria prodigiosa y una voz que aún inspiraba respeto. Hacía años que le conocía y desde el primer día le había respetado y admirado por su sabiduría, su experiencia, fruto de mil y una batallas (en su mayoría perdidas), su sagacidad y el aplomo que desprendían sus reflexiones, siempre justas.

—¿Puedo hablar contigo un momento?

—Claro, monseñor. Adelante.

—Sé que eres inquieto y que tienes miedo, pero recuerda una cosa: la Iglesia ha sobrevivido siempre porque hay alguien que decide cuándo ha de ceder y cuándo ha de resistir. Ahora no es momento de luchar con los de siempre. Es momento de asegurar con otros lo que no pueden arrebatarnos.

—Pero ¿no es injusto que se utilicen rumores para condicionar un cónclave?

—Sí, lo es. Pero más injusto es que nos lo quedemos mirando sin hacer nada.

—¿Qué sugerís?

—Que te actives y actúes. Que aproveches las últimas horas que quedan antes del cónclave para hablar con quien todavía dude. Que no presiones, pero que expliques. Lo valioso de Prevost no es que sea perfecto, sino que sabe qué significa caer y volver a levantarse. Eso no lo pueden decir todos.

Para el asesor, aquella breve conversación fue como una luz tenue en una sala bien oscura.

—Llevaba un buen rato temblando, y después me vino una migraña fortísima. Poco a poco me fui calmando e intenté encontrar soluciones rápidas. No podía permitirme continuar paralizado. Tenía que activar una contraofensiva contundente y urgente. Era ahora o nunca. No tenía ni un minuto que perder. Después, ya menos angustiado, una vez acabada una breve llamada motivadora con el Director de Orquesta, me puse a buscar puntos positivos en aquella burda y asquerosa maniobra del sector más conservador. Solo encontré un argumento al que me aferraría hasta el último minuto. Los contrarios al cardenal temían, y mucho, que pudiera alcanzar a consensos. Probablemente, ya tuviera más votos en el saco de los que yo mismo creía.

En el texto del dosier se insinuaban malas praxis en la etapa de Prevost como provincial de los agustinos en Perú, entre 1999 y 2014. El documento no aportaba pruebas concretas, pero utilizaba un lenguaje calculadamente ambiguo. Se les presentó discretamente a varios cardenales conservadores y también reformistas para generar dudas. Según el periodista y director editorial del Dicasterio para la Comunicación Andrea Tornielli, era un «caso clásico de intoxicación moral disfrazada de celo doctrinal».

Se trataba de un informe de dieciocho páginas que acusaba al cardenal (ahora papa León XIV) Robert Francis Prevost de posibles encubrimientos de casos de abusos sexuales en Perú y Chicago. El dosier se filtró justo antes del cónclave y llegó a los medios internacionales el 8 de mayo, cuando ya todo el mundo lo conocía como León XIV.

En el documento se difundían presuntas irregularidades en su gestión de casos de abusos sexuales durante su etapa en Perú. La acusación principal hacía referencia a un caso de supuesto encubrimiento. Según algunos informes, en 2022, Prevost habría tenido conocimiento de hechos graves ocurridos en su diócesis en 2004 y no habría actuado con la diligencia exigible. En aquel momento, él ejercía de obispo titular de Sufar y de administrador apostólico de Chiclayo, en el norte del país.

El dosier que alimentaba estas acusaciones, difundido sobre todo por portales digitales de muy poca solvencia, afirmaba que en abril de 2022 tres hermanas se habrían reunido con Prevost para denunciar que, cuando eran unas niñas de entre nueve y catorce años, dos presbíteros las habrían agredido sexualmente. La versión que se ofrece en el dosier dice que Prevost les habría dicho que, dada la antigüedad de los hechos, la Iglesia no disponía de medios para investigarlo internamente, pero que las animaba a presentar una denuncia formal ante las autoridades civiles. Según ese relato, solo a partir de una actuación judicial externa podría iniciarse el protocolo canónico.

También se afirma que Prevost derivó a las víctimas al Centro de Escucha, un espacio para el acompañamiento y la atención de víctimas que el mismo obispo había creado poco antes. El dosier añade que las denunciantes se personaron posteriormente en la comisaría para formalizar la denuncia, pero que se les habría comunicado que desde un punto de vista legal los hechos ya habían prescrito.

Además, el documento recogía un segundo caso, esta vez en Chicago, en el que se acusaba a Prevost de haber encubierto a un sacerdote supuestamente implicado en abusos durante el periodo en que él era superior provincial de los agustinos en Estados Unidos. También en ese caso, según fuentes de la Santa Sede, se habían llevado a cabo verificaciones internas y no se había encontrado ningún indicio de culpabilidad.

Nuestro asesor movió con rapidez todos los contactos posibles en la administración vaticana y también en Perú para que hiciesen llegar desde Chiclayo y Chicago copias de todos los documentos que demostraban la falsedad de los hechos expuestos.

Caminaba por la habitación como un león encerrado en una jaula con moqueta. Sobre la cama había desplegado sus fichas: tarjetas escritas a mano con el nombre de cada cardenal, su edad, país, dicasterio, posibles fidelidades, actitud durante los sínodos y las más recientes congregaciones precónclave, y comentarios hechos —o callados— durante los últimos años. Ahora todo aquello no tenía ningún sentido. Contaba con un pequeño portátil de última generación abierto al lado solo para recibir los documentos que les podían salvar.

La recepción de los informes tardó casi dos horas, un tiempo que se le hizo eterno. Las copias recibidas desde Perú y Estados Unidos contaban con el valor de ratificar que Prevost había actuado con rigor y siguiendo el protocolo establecido por el Vaticano para casos de abusos. Inmediatamente, en Nueva York, un periodista amigo y colaborador habitual de il Dottore ordenó los documentos para confeccionar deprisa y corriendo una carpeta con la información disponible, que se hizo llegar de inmediato a todo el Colegio de Cardenales. Se empezaba a desactivar la bomba, pero aún faltaba una declaración oficial de la Santa Sede.

El dosier manipulador no tenía ningún valor canónico ni fundamento real, pero sí una carga tóxica suficiente para dinamitar la votación. El Vaticano debía pronunciarse. Las gestiones de il Dottore no tardaron en dar su fruto. Al cabo de pocas horas, la Sala Stampa respondió públicamente asegurando que la congregación (ahora dicasterio) para la Doctrina de la Fe, una vez alertada de que circulaban aquellas sospechas, había analizado los hechos a fondo y había concluido que la conducta del que sería el futuro papa había sido correcta e irreprochable.

Con todo, los responsables vaticanos advertían de que la publicación de aquellas informaciones coincidía oportunamente con el debate entre los electores y se interpretaba como un intento de desgastar la candidatura de un cardenal que en el pasado había obrado, tanto en Estados Unidos como en Perú, de forma escrupulosa de acuerdo con lo que marcaban las directrices sobre casos de abusos.

Esta operación de guerra sucia contra Prevost, ya frenada en seco, había sido orquestada por los de siempre. Numerosas voces indicaban que se trataba de la venganza del Sodalicio. Hablaremos de ello más adelante.

# 2

# La llave escondida para satisfacer a todo el mundo

Il Dottore lo sabía de sobra. Tras casi dos décadas de vida romana, de reuniones en el Palacio Apostólico y cenas en reservados de restaurantes más o menos reputados, como hombre de fe había aprendido a pensar que el Espíritu Santo es esencial en un cónclave, pero nunca es el único actor. Siempre hay una llave escondida: un discreto giro de guion, una conversación inesperada, un dato ignorado que de repente encaja como un engranaje abierto dentro de un reloj suizo. Y lo que él buscaba era esa llave. Un elemento que pudiera convencer a una necesaria amplia mayoría de reformistas y conservadores moderados.

Aquella tarde de abril, poco antes de que empezara la cuenta atrás definitiva del cónclave, il Dottore decidió salir a caminar. Ya había escuchado bastante la voz de sus confidentes: todas las informaciones de las que disponía de las sesiones que habían empezado de las Congregaciones Generales eran básicamente una sucesión de discursos previsibles que no contribuían en absoluto a desbloquear el camino. Circulaban nombres, crecían rumores, pero ninguna candidatura conseguía agrupar a más de dos familias. Todo era tacticismo y recelos. Empezaba a oler a bloqueo. O a repetición de escenarios anteriores.

## El paseo más provechoso

Atravesó el puente de Sant'Angelo y saludó con la mirada, por costumbre, a las estatuas que le vigilaban desde las columnas. Bajaba por la orilla del Lungotevere Tor di Nona, uno de sus rincones preferidos, casi fuera de tiempo. Era una tarde gris, con un viento suave que agitaba las aguas del Tíber como si fueran pensamientos en movimiento. Allí, a la orilla del río, Roma dejaba de ser solemne y volvía a ser antigua.

«Si todo está empantanado... —se preguntaba mientras observaba el reflejo de los plataneros sobre el agua—, ¿qué puede hacer decantar la balanza?».

Le parecía que el obstáculo ya no eran solo las ideologías. Hacía días que circulaban en boca de todos palabras como sinodalidad, tradición, centralismo, unidad o reforma. Pero, de tanto repetirlas, se había agotado la fuerza de cada una de ellas. Ya nadie escuchaba. Todo el mundo hacía cálculos.

Se sentó en un banco de madera que había junto a la orilla y empezó a repasar mentalmente lo que había visto y oído aquellos días. Le resonaba una palabra:

bloqueo. Pero no solo bloqueo electoral, doctrinal o litúrgico. Un bloqueo más profundo, más material. Más peligroso.

Recordó una conversación que había mantenido con un viejo conocido de la APSA (la Administración del Patrimonio de la Sede Apostólica) hacía tres días: la previsión de déficit de la Santa Sede para el 2025 superaba los cincuenta millones de euros, con el *Obolo di San Pietro* (las donaciones que hacen los feligreses de todo el mundo) en caída libre y varios convenios internacionales suspendidos por falta de liquidez.

También le vino a la cabeza otro comentario lanzado con desgana por un cardenal latinoamericano durante una comida: «Sin dinero, no hay Iglesia sinodal que aguante. Ni reformas. Ni nada».

Y entonces lo vio. No fue una inspiración divina, sino una conclusión inevitable. La clave escondida era la economía. La tesorería vaticana, con un agujero de unos cien mil millones de dólares, era el verdadero cónclave. «El papa que elijamos —se dijo il Dottore mientras se reincorporaba lentamente— ha de llevar una llave en el bolsillo. Una llave para abrir la caja fuerte y volver a llenarla. Para seguir asegurando las pensiones de los funcionarios que trabajan en el Vaticano, que peligran de forma alarmante. Y solo hay uno que pueda hacerlo».

Un papa de origen estadounidense. Alguien que pudiera romper el bloqueo económico de los obispos de Estados Unidos, que se habían apartado del Vaticano como quien castiga a un hijo rebelde. Un papa que hablara inglés, que conociera las reglas de aquel mundo episcopal y que, al mismo tiempo, no les diera la razón. Un papa estadounidense, pero no conservador. Reconciliador, pero no cándido. Familiar, pero no cercano. De hecho, ¡era el candidato que proponía el grupo operativo!

En su cabeza siempre estaba Robert Francis Prevost. Para él se había puesto en marcha la operación más secreta de los últimos tiempos. Sopesó que el hecho de que hubiera crecido en los suburbios de Míchigan, hubiera sido misionero en Perú, fiel a Francisco y discreto en la curia, no eran elementos decisivos por sí solos, al menos para muchos de los electores. Sobre todo había que poner en valor que era un matemático muy racional, como todos los matemáticos, que era buen gestor y que tenía un pasaporte que valía más que cualquier discurso: el estadounidense.

«Si, en estos momentos, el problema más grave de la administración de la Santa Sede es el cierre del flujo económico —pensaba il Dottore mientras regresaba por la via della Conciliazione—, el papa ha de ser un puente. Pero también una llave».

El agua del Tíber seguía corriendo, indiferente, gris y serena. Pero él lo intuía: allí, en aquel paseo sin prisa, el cónclave había empezado a decantarse. Y nadie de quienes se reunían para planificarlo todo con el fin de promover la figura de Prevost se había dado cuenta aún. Así se lo comentó por teléfono al Director de Orquesta, que le compró sus argumentos con entusiasmo.

En efecto, hay una realidad más callada e incómoda que todas las líneas de pensamiento y convicciones más arraigadas, pero igualmente determinante: la economía vaticana. Y esta vez la crisis venía de lejos y pegaba fuerte. En 2025, la situación financiera de la Santa Sede era la peor desde hacía décadas.

—No se puede elegir un papa con la tesorería en números rojos, sin poder pagar las pensiones de los funcionarios y sin dinero para nada —afirmó il Dottore en un encuentro discreto que ya había organizado para aquella misma noche, tras la sesión de día de las Congregaciones, en un piso que un monseñor de la curia tenía en la via dei Corridori. Estaban presentes cardenales reformistas y también conservadores moderados. En un principio, les quería hablar de unidad, de reformas pensadas y repensadas, de respeto a la tradición litúrgica..., pero acabó improvisando. Su intención era probar si la llave tenía tanto sentido para todo el mundo como para él—. No se puede continuar un camino sinodal ni tampoco recuperar ciertas tradiciones sin recursos que lo sostengan. ¿No se han dado cuenta?

Desde hacía años, la Iglesia católica de Estados Unidos, el país que hasta hacía poco había sido principal financiador de las estructuras vaticanas, había reducido drásticamente sus aportaciones. Lo había hecho por diversos motivos, todos ellos interconectados:

malestar doctrinal con el papa Francisco, quejas sobre la línea litúrgica y pastoral, presión de sectores ultraconservadores y escándalos internos de corrupción y abusos que habían derivado en una retirada de fondos.

«En Estados Unidos, las donaciones tienen un sistema propio —me aclara un amigo economista de Denver—. Los donantes dispuestos a colaborar hacen un fondo. Digamos que dispones de diez millones de dólares y los pones en el fondo, pero ese dinero continúa siendo tuyo. ¿Qué cedes a la Iglesia? Pues la gestión de los intereses de tu fondo, de tus diez millones. Eso es el donante estadounidense. Un concepto muy diferente del que hay en el resto del mundo».

Entre 2015 y 2022, el *Obolo di San Pietro* había menguado un 30 por ciento. Según fuentes oficiales, el Vaticano había pasado de recaudar unos setenta millones de euros anuales a poco más de cuarenta y cinco. Y gran parte de esa caída estaba directamente relacionada con la disminución de las transferencias procedentes de diócesis, empresas y fundaciones católicas estadounidenses. La mayoría de los feligreses de Estados Unidos eran muy críticos con un papa que muchos de ellos tildaban de comunista. «Durante el pontificado de Francisco, muchos obispos de Estados Unidos dejaron de sentirse parte del proyecto, cosa que se tradujo en colapso financiero», analizaría al cabo de unos días Gerard O'Connell, periodista de *America Magazine*.

## Un bloqueo que hacía daño

En el Vaticano, la situación era bien conocida, muy crítica y comentada en voz baja. En las frecuentes reuniones entre los responsables de la APSA y del Dicasterio para la Economía desde 2023, se ponía de manifiesto la urgencia para afrontar lo que ya se definía como «asfixia operativa»: proyectos misioneros paralizados, personal con la nómina recortada o congelada, programas de ayuda suspendidos. Durante el mes de marzo, desde la cama del Policlinico Gemelli, el propio papa argentino había expresado su preocupación al respecto y ordenado buscar soluciones. Sin embargo, el dinero no llegaba; y, del que había en la caja, mucho estaba comprometido en litigios o en operaciones opacas del pasado.

A la disminución de donaciones y aportaciones de la Iglesia estadounidense se unía la de Alemania, los dos principales colaboradores económicos, que disponían de las diócesis más ricas del mundo. El caso alemán es diferente. Hay mucha riqueza, pero disminuye al mismo ritmo que lo hacen los fieles, decepcionados por la deriva progresista del episcopado alemán, que ejecuta reformas que van mucho más allá de las propuestas por el papa Francisco.

El Vaticano ya ha vendido muchos inmuebles, congelado contrataciones e incluso revisado convenios con universidades y fundaciones católicas. Pero todo tenía un límite, y ya se había llegado a él. Por tal motivo, el cónclave de 2025 no solo tenía que buscar un pastor: urgía encontrar la llave mágica que desbloqueara la economía. Y eso debían saberlo tanto los cardenales como sus asesores. Nuestro amigo había empezado su trabajo para transmitir como desafío este grave problema en el cónclave y desencallar la trágica contingencia, y no tenía demasiado tiempo para llevarlo a cabo.

«La cuestión económica no se debate en la Capilla Sixtina, pero pesa en cada votación. Es el ruido que no se oye, pero que hace que toda la estructura se tambalee», había apuntado en su bloc de notas il Dottore.

## El poder de una frase

La tarde del séptimo día de Congregaciones, en un pasillo entre el Sínodo y la Sala de Prensa, il Dottore se encontró con un cardenal brasileño y otro de Ghana. No les habló de teología, precisamente, sino que les hizo una pregunta concreta: «¿Y si tuviéramos un papa que pudiera volver a llamar al presidente de la Conferencia Episcopal de Estados Unidos y que este le contestara al momento? ¿No serían ya cincuenta millones de euros menos de problemas al año?».

Los dos cardenales se miraron y no contestaron. Sin embargo, al día siguiente, ambos hicieron una intervención, con lenguaje mesurado, sobre la necesidad de «reconstruir puentes con las conferencias episcopales nacionales que han perdido confianza en la Santa Sede».

Dos noches antes de que acabaran las Congregaciones Generales, il Dottore había organizado, a través de un viejo amigo jesuita, un discreto encuentro en la Biblioteca de la Gregoriana. Asistieron a él un cardenal italiano, otro francés y otro latinoamericano, y los acompañaron un arzobispo canadiense y un obispo africano, todos ellos bastante influyentes. La reunión duró cuarenta minutos.

Allí argumentó lo que nadie decía en público: el Vaticano necesitaba un puente económico y solo un papa estadounidense podría tenderlo sin escándalo. Pero era necesario que este gesto no se percibiera como una vuelta al poder conservador estadounidense. Prevost encajaba como un guante: nacido en Estados Unidos, pero también peruano…; curial, pero no del todo; sinodal, pero discreto.

Uno de los presentes preguntó si no parecería una concesión a los sectores que habían bloqueado a Francisco. Il Dottore respondió con una frase que después repetiría más de un elector: «A veces, para salvar la reforma, es necesario que el rostro no parezca reformista, pero que los gestos sí lo sean».

Y aquí es donde empieza el relato oculto pero real

de las alianzas invisibles, de las fidelidades que se vuelven frágiles. Cardenales italianos moderados, que hasta entonces solo habían contemplado a Parolin como opción segura, empezaron a pedir más información sobre Prevost. ¿Quién era exactamente? ¿Cuál podría ser su estilo de gobierno? ¿A quién escuchaba? ¿Qué peso tenía dentro de la curia?

Después de tres encuentros más, siempre discretos y con cardenales ya muy ancianos, de los que pese a no ser papables basan su poder en la influencia, durante aquellos días de las Congregaciones, algunos cardenales de origen italiano y africano empezaron a expresar, de forma implícita, la necesidad imperiosa de «restablecer puentes con las grandes conferencias episcopales», una expresión suave que, interpretada con acierto, se refería sobre todo a la de Estados Unidos. La dinámica de la evidencia comenzaba a funcionar de acuerdo con la estrategia de il Dottore.

Fue entonces cuando empezó a circular poco a poco el nombre de Robert Francis Prevost. No como representante de los obispos estadounidenses —Prevost nunca había ejercido en su país natal—, sino como figura bisagra entre norte y sur, con experiencia de gobierno y gestión económica, así como con una cualidad que ninguno de los papables podía acreditar entonces: el pasaporte estadounidense.

—El cálculo estaba claro: si el papa es de Estados Unidos, el boicot financiero desaparece. No porque compartan su teología, sino porque no podrán seguir justificando la retirada de fondos —razonaba nuestro asesor en una última reunión con dos cardenales de la región africana, dos europeos y otro latinoamericano de mucho peso.

Fuentes cercanas a la Conferencia Episcopal de Estados Unidos (USCCB) —filtradas a *The Pillar* y *Crux Now* en días posteriores al cónclave— confirmaron que varios obispos influyentes de California, Nueva York y Texas veían con buenos ojos la elección de un «papa estadounidense», no tanto por su trayectoria como por las implicaciones simbólicas, políticas y también económicas, obviamente. «Podemos volver a invertir sin que parezca que cedemos», decían fuentes episcopales.

## El giro decisivo

Cuando las votaciones dentro de la Sixtina se empezaron a inclinar con fuerza hacia Prevost, muchos creyeron que era una simple candidatura de consenso. Sin embargo, para los que conocían bien los equilibrios subterráneos, sería también una jugada estratégica en clave económica. Para los conservadores moderados, votar a un estadounidense permitía mostrar abertura sin traicionar su resistencia ante ciertas reformas. Para los progresistas, Prevost representaba el camino sinodal con rostro latinoamericano. Para los hombres de finanzas, era el único nombre capaz de volver a conectar el circuito del dinero, entonces estancado. En la curia, algunos añoraban los tiempos en que, casi sin necesidad de justificarlo, se podía meter la mano en la caja sin consecuencias, y quizá calcularan erróneamente que todo volvería a ser como antes.

«Roma no puede sobrevivir a base de liturgias, necesita operatividad. Y eso, hoy en día, pasa por el reconocimiento económico. Prevost era el nombre que abría el circuito bloqueado», concluía il Dottore.

Al día siguiente de la *fumata bianca*, algunos medios financieros reaccionaron antes que los religiosos. *The Wall Street Journal* tituló: «Un papa estadounidense puede cambiar la relación financiera entre Roma y Washington». A su vez, *La Croix* hablaba de «posibles nuevos canales de diálogo institucional entre el Vaticano y los episcopados más reticentes».

Y *America Magazine*, de los jesuitas de Estados Unidos, destacaba el 10 de junio de 2025 que la designación de Prevost «representa el comienzo de una nueva etapa con los obispos estadounidenses, que ya estudian cómo retomar el apoyo estructural a la Santa Sede» y titulaba: «¿Qué puede ayudar al papa León a enderezar las finanzas vaticanas? El hecho de ser estadounidense». En el artículo se valoraba la buena gestión de transparencia que había hecho como superior de los agustinos y la necesidad de que se rompiera «... la cultura financiera "medieval" del Vaticano, que no había cambiado del todo».

Obviamente, León XIV no fue elegido por el dinero, pero el dinero pesó en la decisión, y todo el mundo lo sabía.

«Ningún pontífice gobierna solo con espiritualidad. Los grandes papas también han sabido dónde está el tesoro y cómo hacerlo volver», había dejado escrito il Dottore en su bloc la noche en que la necesidad de dinero, y por tanto de Prevost, empezó a cuajar entre los electores. En el dietario que me mostró en señal inequívoca de confianza, había añadido: «Hoy no he movido fichas. Solo he aportado luz. El resto lo hará el miedo al colapso».

Y tenía razón. Dos días después, las primeras votaciones en la Sixtina mostraban un nombre que nadie había puesto en primer lugar, pero que ya no podía obviarse. Muchos empezaron a plantearse que podía ser el contrincante que se confrontaría a Pietro Parolin.

Los progresistas, que aún tenían esperanzas en Zuppi o Tagle, tardaron un día más en aceptarlo. Sin embargo, cuando un asesor europeo les hizo ver que un papa asiático o italiano no revertiría el bloqueo económico estadounidense y que eso podría ahogar cualquier proyecto sinodal, empezaron a hacer números. No de doctrina: de gobernabilidad.

Y así, a medida que avanzaban las votaciones, el nombre de Prevost fue apareciendo no como estrategia, sino como salvavidas. Para unos desbloqueaba la caja fuerte. Para otros evitaba la victoria de los inmovilistas. Para todos era alguien que no despertaba oposición directa. En un cónclave dividido, eso es lo más parecido a una victoria.

«Vi caras de resignación en algunos de los contactos que habíamos hecho, pero también de cierto alivio. Quizá no fuera el papa que deseaban, pero sí el que podía evitar el colapso», había escrito il Dottore en su bloc la noche antes del momento transcendente del *extra omnes*.

Y, tras la elección de León XIV, el colapso se empieza a paliar. El dinero procedente de Estados Unidos ya se ha puesto en movimiento. «El procedente de Alemania depende de las gestiones y concesiones que Prevost pueda hacer en un futuro en el episcopado alemán. No creo que encuentre una solución fácil», me dijo en octubre de 2025 un alto funcionario del Dicasterio de Economía. Por si acaso el papa utiliza su teléfono móvil para estudiar el idioma alemán con Duolingo cuando encuentra unos minutos en su desbordada agenda.

# 3

# Descubrimos el cónclave más intrigante

Las semanas previas a que los cardenales se encerraran en la Capilla Sixtina para participar en la elección del nuevo papa, me invitaron a una especie de cinefórum en varias salas de Cataluña en las que se proyectó la película británico-estadounidense *Cónclave*, del director Edward Berger, estrenada en 2024. Al final del pase, cuando se abría el debate con los espectadores, siempre decía lo mismo: me parecía una buena película, con un guion extraordinario basado en la novela de Robert Harris y unas interpretaciones merecedoras de Oscar por parte de los actores Ralph Fiennes, Stanley Tucci e Isabella Rossellini. Ahora bien, solo reflejaba lo que sucede dentro del Vaticano, e ignora el papel de los lobbies, de las presiones externas y las intrigas que ya avancé detenidamente en *Vaticangate* y que ahora comentaré en relación con el último cónclave. El laberíntico juego de poder no se limitaba a los ciento treinta y tres cardenales que en esta ocasión se reunían en la Capilla Sixtina. Dos más con derecho a voto, el español Antonio Cañizares y el keniata John Njue, se habían excusado por problemas de salud. Cada voto, cada gesto, cada mirada formaba parte de una trama mucho más compleja de lo que el mundo podía imaginar.

En aquel momento, la incertidumbre no era solo política o ideológica, sino también estructural: «El Colegio Cardenalicio —me decía un monseñor del Dicasterio para la Evangelización— ha cambiado tanto que las reglas del juego ya no son las mismas. El mapa global de la Iglesia se impondrá de alguna manera dentro de la Capilla Sixtina».

Este es uno de los puntos clave que, para muchos, explican la complejidad e imprevisibilidad del cónclave de 2025: la composición de los cardenales electores presentaba una realidad inédita para la Iglesia católica. Este factor explica por qué ni las predicciones de los vaticanistas ni las maniobras de los sectores conservadores pudieron controlar el resultado. La pluralidad real y la discreción de quien iba dos o tres pasos por delante en la estrategia hicieron inviable apuntar un nombre con solidez y esas circunstancias abrían la puerta a una sorpresa: León XIV.

## Una exclusiva que lo avanzaba todo

¿De nuevo la elección de un papa imprevisto? Para la mayoría, sí: lo parecía, porque no tenían acceso a los últimos movimientos entre bastidores, a las jugadas de última hora en aquel tablero de ajedrez que solo unos pocos conocían. Pero para quienes seguíamos de cerca el pulso de las fuerzas y estrategias la sorpresa era relativa. Las quinielas de los medios y los nombres mejor situados en las casas de apuestas tenían poco que ver con la realidad que se estaba escribiendo dentro de las murallas del Vaticano.

La tarde del 5 de mayo, solo dos días antes de que se iniciara el cónclave de 2025, mantuve dos conversaciones telefónicas decisivas: una con il Dottore, la otra con un asesor del frente conservador. Ambos, desde posiciones diferentes, coincidían en el mismo nombre: Robert Francis Prevost, el tapado.

—No lo dudes —me dijo il Dottore, con ese tono que no admite réplica—. El estadounidense, y a la vez peruano, es el hombre que ahora le conviene a la Iglesia. Eso ya lo ven la mayoría de los cardenales.

El asesor conservador fue todavía más explícito:

—Sé de muy buena tinta que el cardenal Prevost sumará el consenso. No tardarás en verlo.

Al día siguiente, el 6 de mayo, transmití la exclusiva. Lo repetí en varios medios y, finalmente, en un tuit que publiqué en X. Confiaba plenamente en aquellos hombres acostumbrados a moverse entre las sombras de la cúpula. Y no me fallaron. A las pocas horas, el 7 de mayo, los cardenales se encerraron en la Sixtina.

Es cierto que ya hacía días que había descartado a Pietro Parolin, y que otros nombres me parecían fuertes y con opciones reales. Pero todavía me equivocaba. Aquellas conversaciones me harían ver claramente lo que hasta entonces parecía improbable. Les agradecí la exclusiva a mis confidentes, aproveché la poca información que me habían ofrecido y la traduje en un relato sólido. Así, en cada entrevista y tertulia de TV3, TVE, La Sexta y diversos canales latinoamericanos, pude advertir que, con toda probabilidad, el sucesor de Francisco sería Robert Francis Prevost.

La reacción fue de incredulidad, y era normal: no aparecía en ningún radar. Muchos debían de pensar que me había vuelto loco. Un estadounidense podía parecer incluso una quimera. Pero el 8 de mayo por la tarde, cuando comenté la *fumata bianca* en el programa *La selva* de Xavier Graset, en TV3, volví a dar el nombre. Después lo repetí en directo en *La ventana* de Carles Francino, en la cadena SER, pocos minutos antes de que llegara el momento decisivo: cuando el protodiácono reveló la identidad del nuevo papa, Robert Francis Prevost, León XIV. Confieso que al oírlo di un respingo espontáneo, tal vez exagerado. ¡Suerte que estaba en la radio! Aquella era la primera vez, salvo en el caso ya cantado de Ratzinger en 2005, que había avanzado la identidad correcta del cardenal elegido.

Recibí felicitaciones en directo de todos los medios donde había anunciado el nombre de Prevost. Sin haber podido pisar Roma aquellos días por culpa de un problema familiar grave que me retenía en Barcelona, había conseguido una exclusiva de primer orden. La cosa bien podría haber fallado a última hora. En el Vaticano, las previsiones tienen fecha de caducidad inmediata: hoy parecen dogma y mañana no son más que una anécdota. Pero esta vez no fue así.

Los buenos contactos profesionales facilitan el trabajo, y la confianza en ellos siempre acaba dando su fruto. Con el paso de los días, gracias a las confidencias murmuradas a media voz, fui tejiendo el relato oculto que se despliega aquí: operaciones secretas, pasillos, silencios y piezas invisibles que se movían con paciencia hasta conducir al desenlace final. El nombre de Robert Francis Prevost, aquel «tapado», iría emergiendo como inevitable. Lo que parecía una apuesta imposible, la intriga vaticana lo había convertido en destino.

## El sur global entra en juego

«Este cónclave ya no es Roma: es la ONU con sotana», me dijo por teléfono en aquellos días, desde Roma, un colega enviado por un medio francés. Y tenía razón.

Por primera vez en la historia de los cónclaves, la mayoría de los cardenales electores no procedían de Europa ni de América del Norte. Gracias a los consistorios de Francisco, en los que fue incorporando nuevos cardenales, se consolidó una presencia creciente de los cuatro continentes tradicionalmente menos representados: África (Nigeria, Congo, Sudán del Sur, Mozambique), Asia (la India, Filipinas, Mongolia, Corea del Sur), América Latina (Brasil, México, Perú, Argentina, Bolivia) y también Oceanía (Nueva Guinea, Fiyi). Esta diversificación geográfica, alejada del eurocentrismo histórico, alteró profundamente las previsiones de los bloques tradicionales. Ninguna facción podía controlar el colegio cardenalicio sin articular una alianza intercultural y transversal.

Además, del total de ciento treinta y siete cardenales con derecho a voto, ciento ocho, alrededor del 80 por ciento, habían sido creados por Francisco. Muchos no estaban vinculados a los equilibrios tradicionales de poder vaticano (ni italianizados ni eurocentrados). Eso implicaba que una inmensa mayoría no se conocieran entre sí (sobre todo los procedentes de países periféricos). Por tal motivo se estableció que todos lucieran a la vista una acreditación con su nombre y su país de origen. También contribuía a la confusión que los bloques ideológicos fueran difusos. Un grupo numeroso mostraba posiciones híbridas, teológicamente moderadas, pero radicales pastoralmente. El vaticanista Massimo Faggioli escribió en *Commonweal* el 10 de mayo: «Este cónclave no puede leerse con las gafas del siglo XX. La globalización ha llegado a la Capilla Sixtina».

## La ausencia de coaliciones previsibles

Históricamente, los cardenales italianos habían actuado como grupo organizado, el llamado «partido italiano», que siempre se permitía orientar, vetar o impulsar candidaturas. En 2025 eran menos de un 15 por ciento y estaban divididos entre los partidarios de Pietro Parolin, los cercanos a Zuppi, reformistas pero con perfil bajo, y un pequeño sector tradicionalista desconectado del conjunto. La desarticulación diseñada por el grupo operativo de progresistas fuera de los muros vaticanos desactivó cualquier capacidad de bloqueo y las intenciones de imponer un papa italiano.

Cardenales como Jean-Marc Aveline (Francia), Stephen Brislin (Sudáfrica), William Goh (Singapur) o Emilio Rocha (Chile) representaban una nueva manera de entender el liderazgo pastoral: más atentos al diálogo intercultural, con recorridos fuera de la curia romana y también capacitados para buscar soluciones colegiadas.

Este pluralismo y esta fragmentación obligaron a buscar un candidato puente capaz de integrar sensibilidades muy diversas. En cónclaves anteriores (2005, 2013) se podían ver grupos más o menos definidos que apoyaban a candidatos como Ratzinger o Bergoglio. En 2025, en cambio, no había un líder claro.

Se preveía un cónclave largo, pero, al tiempo, corto. Para todo el mundo era evidente que ni reformistas ni conservadores sumaban la mayoría necesaria de dos tercios. Todo hacía presagiar jornadas interminables, con negociaciones pesadas y pactos tejidos en la penumbra. O, como ya había pasado otras veces, también estaba la opción de cerrar rápidamente la elección para no dejar en evidencia ante el mundo la fractura interna que sufría la Iglesia. En esos casos, el recurso había sido siempre el mismo: buscar un papa de consenso, a menudo un hombre mayor o alguien que pareciera fácil de dirigir, un nombre que no ilusionara a nadie, pero que tampoco provocara una revuelta. Sin embargo, esta vez se alteró el guion. Muy al final del proceso emergía una figura inesperada: Robert Francis Prevost. Un «tapado» al que muchos todavía ignoraban, pero que ya empezaba a acumular voluntades. Nadie sabía con seguridad hasta dónde podía llegar.

## El pacto Trump-Macron-Meloni

El multitudinario funeral de Estado del papa Francisco reunió a la élite de los mandatarios políticos internacionales. Encuentros y reuniones bilaterales como la que sorprendió al mundo entre Zelensky y Trump sentados en sendas sillas en una nave lateral de la mismísima basílica de San Pedro. Pero de lo que no se ha hablado en absoluto es de una cumbre muy secreta (algunos dicen que presencial, otros que telemática) que varias fuentes me aseguran que se produjo en

Roma. Los protagonistas fueron los máximos representantes de Estados Unidos, Italia y Francia: Donald Trump, Giorgia Meloni y Emmanuel Macron.

En la época contemporánea, jamás cónclave alguno había movilizado a líderes políticos internacionales de tan alto nivel. Solo en marzo de 1939, cuando Hitler y Mussolini hicieron una apuesta clara por Eugenio Pacelli, elegido como Pío XII, había sucedido algo similar. Era evidente que ahora todo el mundo tenía en mente que en esta ocasión el mundo se jugaba mucho.

El objetivo de aquel acuerdo era ayudarse entre los tres para hacer prosperar la elección del futuro jefe de la Iglesia católica. Daban por hecho que cada uno de ellos podría influir en los cardenales de sus respectivos países. Macron lo intentó ya el mismo día del funeral de Francisco, el sábado 26 de abril, en Roma, en una comida con cuatro cardenales franceses, y el resultado fue más bien discreto.

El pacto consistía en que, llegado el caso, los tres mandatarios apoyarían al cardenal mejor situado, fuera italiano, francés o estadounidense.

—Meloni —me dice il Dottore— pidió ayuda a Francia y a Estados Unidos para sumar votos para el italiano Pietro Parolin, que encabezaba todas las previsiones. Los franceses aceptaron siempre y cuando, si Jean-Marc Aveline superaba al italiano, ellos votaran por él. Cabe añadir que Aveline tenía muy asumido que podía ser el elegido, y así lo había expresado a su entorno. Los estadounidenses aceptaron hacer lo propio. Nadie daba ni un euro por Prevost.

En un principio, el acuerdo tripartito fortalecía la candidatura de Parolin, el mejor situado, pero los diferentes movimientos, tanto discretos como efectivos del grupo operativo reformista, lo irían desinflando. La figura de Aveline, en contra de lo que él creía, no sumaba demasiados adeptos, como tampoco lo hacía el candidato conservador de Trump, el arzobispo de Nueva York, Timothy Dolan. Prevost ni siquiera aparecía en los cálculos de ninguno de los tres líderes políticos.

Ignoro si aquel compromiso en clave nacionalista tuvo alguna trascendencia en la elección del cardenal Prevost. Conociendo el talante de Trump, no lo veo nada claro. Lo ha disimulado muy bien, pero estoy seguro de que habría deseado que el nuevo papa fuera cualquier otro cardenal, por muy estadounidense que sea. El actual pontífice es un rival demasiado inteligente, calculador y racional, como buen matemático que es, por un Trump impulsivo y poco dotado de habilidad delante de un rival al que no puede presionar ni hacer chantaje subiéndole los aranceles.

## El recuento envenenado

Aquel 7 de mayo, dentro de la Capilla Sixtina, las votaciones se iniciaron en un silencio denso, casi litúrgico. Las miradas de los cardenales se cruzaban en una atmósfera creciente tanto de certezas como de sospechas, mientras fuera la máxima expectación internacional convertía la plaza de San Pedro en un escenario de ojos, teléfonos móviles y cámaras pendientes de cualquier *fumata*. El mundo contenía la respiración a la espera de una señal. Pero él, nuestro hombre, il Dottore, desde una esquina discreta del Borgo Santo Spirito, ya estaba al caso de movimientos que los periodistas ignoraban, de mensajes que corrían por pasillos invisibles y de gestos que anticipaban el destino antes de que fuera proclamado.

La información sobre los votos exactos de cada ronda y los nombres de los cardenales en los escrutinios del cónclave de 2025 es, como siempre, escasa y fragmentada. Aun así, algunas filtraciones y sobre todo los testimonios de confianza —nunca las papeletas, sino murmullos y confidencias arriesgadas— permiten esbozar un panorama verosímil. Los relatos, detalles y opiniones del Director de Orquesta, de il Dottore y de Monseñor C., sumados a las confidencias de un reducido círculo de cardenales que al hablar se arriesgaban a la excomunión, me han ayudado a reconstruir con una precisión sorprendente lo que sucedió dentro de la Capilla Sixtina. Un mundo de secretos que ahora ponemos al descubierto.

La parsimoniosa procesión de los cardenales después de la misa *Pro eligendo Romano Pontifice* en la basílica de San Pedro cerraba el espectacular y cinematográfico recorrido por los pasillos y salones del Palacio Apostólico justo ante la entrada de la Capilla Sixtina. Los ciento treinta y tres cardenales electores, de dos en dos, ingresaban en el histórico recinto para situarse en los sitios asignados. Después, cada uno de los electores pronunciaba en latín y ante los Evangelios el juramento que exige guardar el secreto del cónclave so pena de excomunión. Muchos lo hacían con dificultad, ya que no dominaban la lengua clásica. Cuando acababa esta formalidad, que se alarga una hora y media, el maestro de celebraciones litúrgicas pronunciaba el tradicional *Extra omnes!* (¡fuera todos!) y las puertas se cerraban solemnemente con un golpe seco y dramático que parecía hecho expresamente para solemnizar aquel instante para la transmisión televisiva, que ponía así punto final.

La meditación posterior arrancaba tras un curioso incidente con un cardenal de los de más edad. Se había olvidado el teléfono móvil en el bolsillo (una señal inequívoca que captaban los sofisticados sistemas de seguridad), y él mismo, aturdido y confuso, se dio cuenta.

Las plegarias y reflexiones para invocar al Espíritu Santo iniciaban un ritual ancestral que empezaba como un murmullo contenido dentro de un corazón de piedra. Las enormes figuras de los frescos del gran maestro Miguel Ángel observaban desde la altura, inmóviles, como testigos mudos de una ceremonia antigua e implacable. Mientras tanto, el mundo contenía la respiración. En la sala de prensa, los periodistas especulaban, y todo el universo católico bullía de expectación; sin embargo, él, il Dottore, ya conocía e intuía detalles. No por intuición, sino por inteligencia, sabía lo que podía pasar. Una sabiduría nada divina, sino del todo humana. Y muy afinada.

## Primera ronda de votación
## Capilla Sixtina, 7 de mayo de 2025, tarde

Las escenas de Adán extendiendo la mano hacia Dios, de los condenados arrastrados hacia el infierno y de los ángeles haciendo estallar las trompetas del juicio final cobraban una fuerza casi insoportable bajo la mirada de los cardenales. Ningún otro escenario podía condensar con tanta intensidad el peso de la eternidad.

La primera sesión empezaba con una quietud reverencial, tan densa que parecía detener el aire. Uno a uno, los cardenales se fueron sentando en su sitio, con expresión tensa y contenida, como soldados que se preparasen para una batalla de la cual nadie conociera el alcance ni el final. Las miradas eran cautelosas, no sobraba ningún gesto. Los más viejos sostenían la papeleta de voto con dedos temblorosos; los más jóvenes respiraban hondo, como si necesitaran convencerse de que formaban parte de una historia que aún no controlaban.

Nadie hablaba, pero todos sabían que aquella vuelta no sería más que un campo de pruebas. Los nombres circularían en dispersión: algunas fidelidades firmes, mensajes codificados y también votos que servirían de simples advertencias a los rivales. Era un juego de sombras en fase inicial de tanteo.

Solo el sonido seco de cada papeleta al ser depositada sobre la urna de plata y bronce rompía el aire cargado del recinto. Fuera, la ciudad respiraba incertidumbre. Pero él, il Dottore, era de los pocos que no se habían dejado engañar por las apuestas de los medios. Hacía muchas jornadas que lo seguía todo sin descanso. Me aseguraba que aquellas últimas noches se había despertado haciendo números…, sumando y restando apoyos.

A las nueve de la noche, justo después de aquella primera *fumata nera* que se hizo esperar mucho, recibió el primer mensaje discreto a través del canal que solo utilizaba en momentos críticos: «Parolin no lidera. Lo hace Erdö, con unos treinta sufragios. Tenemos sorpresa. Los ultraconservadores están muy unidos y los italianos han hecho piña, pero no sumarán sin más apoyos».

Il Dottore asintió sin decir nada desde la terraza de un pequeño y discreto café del Trastevere. Bebió un sorbo de Campari sin mirar a nadie.

—Previsible —murmuró—, pero débil. Ningún liderazgo sólido empieza con un voto significativo, sino con un voto transversal.

Las votaciones iniciales mostraban una fragmentación extrema, con tres candidatos que sumaban entre veinte y treinta votos. Los nombres de Erdö, Prevost y Parolin, con un voto menos que el estadounidense, estaban en el podio por ese orden. Pero todavía estaban en posición de espera..., con números bastante escasos. Los otros candidatos muy citados por los medios, Tagle, Zuppi o Aveline, no superaban los diez sufragios. Silencio estratégico. Todavía era la fase de observación, y él ya intuía quién sabría esperar, quién tenía el carácter y la personalidad para hacerlo.

Durante la cena en Santa Marta de aquella primera jornada del cónclave, a duras penas se disiparon los nervios. «Se hablaba de la personalidad de los candidatos. Eso es lo que tenemos que hacer», dijo el cardenal Vincent Gerard Nichols, arzobispo de Westminster. Prevost evitaba entrar en aquellas conversaciones, en las que los comentarios giraban en torno a la política o las maquinaciones, revelaron varios cardenales días después. Una vez más, su actitud callada lo decía prácticamente todo.

Muchos cardenales reformistas, en vista de los resultados que sorprendentemente situaban al conservador Erdö con una ligera ventaja, se desanimaron. Entonces, aquel día, un cardenal se movió mucho por grupos pequeños para intentar cambiar la tendencia derrotista. Tuvo un papel decisivo. Previamente, en las Congregaciones, había intervenido y también se había movido por los pasillos para ir generando conocimientos y confianza. Era el arzobispo de Lima, Carlos Gustavo Castillo Mattasoglio, a quien Francisco había nombrado para enderezar la diócesis de la capital peruana y a quien después premiaría con el cardenalato.

—Aparte de dar un discurso bastante comprensible en la Capilla Sixtina —le contó al grupo operativo el Director de Orquesta—, aquella tarde en Santa Marta, el peruano dio el paso y habló con tres de sus colegas europeos, el principal de los cuales era el francés Aveline, que en los medios tenía posibilidades como papable. Los otros dos eran un cardenal asiático y un sudamericano. Con los latinoamericanos ya había hablado previamente, y la mayoría de ellos empezaban a pensar en Prevost como una alternativa. Al igual que Castillo, otros cardenales que habían asistido a las reuniones donde se definía la estrategia hablaron con mucha discreción con cuatro o cinco colegas que tenían un perfil de influencia contrastada. Finalmente, esos cuatro o cinco conversaron también con su círculo de amigos o conocidos más cercanos, y así, en una reacción en cadena, se fue ampliando la red interna de electores que, cuando menos, tenían en mente al cardenal Prevost.

### Segunda ronda de votación
### Capilla Sixtina, 8 de mayo, mañana

La segunda ronda de votación empezó aquella mañana con un aire más pesado, que casi se podía palpar.

Ya no era la primera puesta en escena del día anterior, la votación «de cortesía» donde cada bloque había marcado territorio. Ahora, dentro de la Capilla Sixtina, el juego se estrechaba y empezaban a dibujarse las primeras líneas de fuerza.

Los cardenales caminaban hacia el altar con el paso más firme que el día anterior. Algunos habían participado en las conversaciones o habían recibido mensajes discretos durante la cena de la primera jornada. En la cama, durante la noche, fueron madurando una idea. Otros habían cambiado de estrategia. La sonrisa, las miradas e incluso la forma de sostener la papeleta se convertían en signos que los observadores más perspicaces habrían sabido leer, de haber podido estar presentes.

La *fumata nera* del día antes no había sorprendido a nadie. Ahora no habría *fumata* hasta que acabaran las dos votaciones previstas por la mañana, a no ser que en la primera se impusiera un nombre. Lo que revelaban las filtraciones, que él recibía en forma de notas de voz distorsionadas por IA, ya apuntaba a un cambio importante. Prevost se situaba en primer lugar, seguido muy de cerca por Parolin. Erdö y Aveline perdían votos.

«Prevost, a la cabeza. Ya roza los cuarenta. Tiene votos de africanos y latinos. Parolin, estancado». Il Dottore leyó la notificación delante del Palazzo della Cancelleria. Sabía que era momento de mirar más allá de lo que se veía. Envió un único mensaje a uno de sus contactos dentro de un dicasterio menor: «Avísame si Cupich se mueve». Al cabo de unos minutos, llegó la respuesta: «Cupich y Dolan se han mirado esta mañana durante el desayuno. Con asentimiento. Los dos».

Sonrisa fría. Si dos prelados estadounidenses ideológicamente distantes como Blase Cupich y Timothy Dolan estaban de acuerdo en una candidatura, quería decir que era probable que se fuera forjando una mayoría real.

## Tercera ronda de votación
## Capilla Sixtina, 8 de mayo, todavía por la mañana

En la tercera ronda, minutos antes de mediodía, todo se aceleró. Cuando los escrutadores empezaron a leer los votos, el patrón era evidente:

—Prevost, Robertus Franciscus.

—Prevost.

—Parolin.

—Prevost.

—Prevost.

—Parolin.

El nombre de Prevost se repetía con más y más frecuencia, como una ola que se extendía, imparable. Los italianos y una parte del aparato diplomático sostenían aún a Parolin, pero su techo empezaba a ser visible. Algunos cardenales miraban discretamente de reojo y contemplaban cómo se deshinchaba la apuesta italiana. No conseguía levantar demasiado el vuelo, al menos más allá de los cardenales transalpinos. Aveline había caído hasta el tercer puesto, a mucha distancia.

Los más indecisos, aquellos que en la primera y segunda vuelta habían votado nombres testimoniales, empezaban a ceder. Era el reflejo natural de la dinámica conclavista: nadie quiere quedarse al margen cuando la corriente se acelera. Prevost y Parolin ya eran los finalistas, acompañados de nombres con resultados muy residuales.

El mensaje más breve, y más revelador, llegaba al móvil de il Dottore a las 11.17: «Él, 52. Su nombre ya se repite en los pasillos, con respeto. Está madurando».

Il Dottore sonrió para sus adentros. Era la metáfora preferida del Vaticano: una candidatura «madura» es cuando ya nadie la discute; entra en la fase de consideración. Sabía lo que quería decir: Prevost había roto el techo de cristal. Había conseguido cincuenta y dos votos en la tercera ronda. Y Parolin, el italiano preferido, el político hábil de los pasillos vaticanos, se quedaba donde estaba: en unos cuarenta sufragios. Sin avanzar. Sin convencer. Estancado. Todo iba más rápido de lo que había previsto.

—Los bloques ya son de piedra —murmuró—. El miedo y la esperanza empiezan a surtir efecto. El tiempo juega a favor del cambio.

Muchos sabían que aquello había dejado de ser

una partida dispersa. La carrera real empezaba entonces y su desenlace no podía tardar mucho en llegar. Il Dottore se encontraba cerca del Tíber y susurró:

—Cincuenta y dos. La corriente es imparable. Los que dudan, esta tarde, se sumarán. Cuando el río coge carrerilla..., nadie puede pararlo.

No se permitía celebrarlo. Todavía no. La charla por teléfono con el Director de Orquesta le transmitió una euforia prematura de la que no se quería contagiar. Il Dottore era prudente, y así se lo dijo. Cualquier nombre, hasta el más prometedor, podía caer como un castillo de naipes por una palabra mal dicha en un pasillo, por una frase ambigua escrita en una nota o por una mirada mal interpretada. Lo había visto tantas veces...

Empezó a caminar despacio, como quien no tiene prisa porque lo sabe todo. Cruzó la via dei Penitenzieri y se paró a comer un plato de pasta en una terraza junto al Borgo Santo Spirito. Sacó un cigarro y se lo acercó a los labios, pero no lo encendió. No hacía falta. Poco a poco, sin prisas pero sin pausa, estaba dejando de fumar; ahora ya no lo necesitaba. Se repetía que el movimiento ya era autónomo, que la fuerza de la inercia política ya actuaba sola. Las votaciones habían adquirido vida propia.

Los africanos, hasta entonces prudentes, empezaban a pivotar hacia Prevost. Los latinoamericanos, profundamente marcados por el legado de Francisco, ya veían en él una síntesis aceptable: reformista y gestor discreto pero eficaz. Y en Estados Unidos, Cupich, Dolan y otros —habitualmente enfrentados— habían coincidido, por insólito que pareciese, en su persona. El movimiento había cristalizado.

Según recogía *The New York Times*, el cardenal Pablo Virgilio Siongco David, de Filipinas, había hecho una simpática broma: «Empiezas a ver un rumbo y dices: Dios mío, no voy a utilizar toda la ropa que he traído para cinco días... Esto va a resolverse muy rápido».

En una de las estrechas calles del Borgo, il Dottore encendió, con el automatismo que mueve a los fumadores, otro cigarrillo..., pero este tampoco se lo fumó. Solo había que esperar. Dio unos pasos hacia un portal antiguo y se quedó allí, como un centinela de la historia. Recibía frases cortas, contundentes: «Los italianos se fragmentan. Algunos reniegan de Parolin. No ven que pueda sumar». «Tagle se repliega. Erdo también. No ven salida».

Il Dottore no hablaba. Observaba. Ya no hacía falta empujar nada. Parecía que el movimiento ya no podía detenerse. Prevost emergía con fuerza. Su nombre sonaba con una insistencia que empezaba a incomodar a los sectores más conservadores.

Según relató el cardenal Luis Antonio Tagle, que ocupaba el asiento de al lado de Prevost, uno de los momentos más humanos de aquellas dos votaciones de la mañana se dio cuando vio al estadounidense respirar hondo entre votación y votación. «Le ofrecí un caramelo. Me pareció que lo necesitaba», dijo con una sonrisa contenida.

Tras la segunda *fumata nera*, a las 11.51, a mediodía, en la Casa de Santa Marta, los cardenales electores se reunieron para comer; lógicamente, también para especular y ejecutar los últimos movimientos antes de la votación de la tarde. Las cosas habían cambiado, y mucho, aquella mañana entre la segunda y la tercera votación. Algunos iban de mesa en mesa. «Durante la comida, las cosas se fueron aclarando», reveló el cardenal estadounidense Blase Cupich.

En las mesas, donde se sirvió pasta y un bistec, solo faltaba un comensal que se había refugiado en su habitación y que llegó mucho más tarde. Prevost se había retirado a rezar un buen rato, hasta que se sentó ante el pequeño escritorio. De repente, había decidido escribir el discurso que tal vez habría de pronunciar en cuestión de unas pocas horas. No quería improvisar. Casi nunca lo hace. Sabía que preparar aquel texto con tanta antelación era una osadía e incluso él mismo podía interpretarlo como un pecado de soberbia. Pero también le parecía aún más temerario que durante la comida, respondiendo a alguna pregunta incómoda, sufriera un descuido mínimo que pudiera echarlo todo a perder. Hacía bien, pensó, llegando tarde a la comida, cuando muchos ya se retiraban a descansar, y no corriendo así un riesgo tan alto.

Todavía no contaba con los ochenta y nueve votos necesarios, pero intuía que estaba cerca de ellos. Con un temblor que supo controlar, dejó escrito lo que quería decir por si necesitaba pronunciar el discurso de su vida. Un texto sencillo, sin excesos ni barroquismos, con la simplicidad necesaria, pero al mismo tiempo con un fuerte mensaje espiritual en sus palabras. Pensó en Chiclayo, la tierra que siempre estaba en su pensamiento, y empezó a escribir en castellano..., el resto ya fue en inglés.

Repasó y rehízo el escrito tres o cuatro veces, añadiendo algunas cosas y eliminando otras después de comer con prisas. Era consciente de que, más que nunca, tenía que ir con pies de plomo tanto en el continente como en el contenido, y más aún en aquella primera declaración donde todo el mundo diseccionaría cada palabra, cada gesto..., cada pausa silenciosa.

Mientras tanto, el grupo operativo, cohesionado con precisión por su discreto Director de Orquesta, se mostraba satisfecho con las semillas que había ido diseminando durante los últimos días. Todo parecía madurar. En la reunión que el grupo que formaba el núcleo de la operación celebró aquella noche, il Dottore, con el rostro tenso y la voz más baja que de costumbre, soltó su última advertencia. No era pesimismo, era precaución:

—La verdadera incógnita es otra... ¿Qué pasará si los conservadores moderados, aquellos a quien con tanto sudor hemos conseguido comprometer en favor de Prevost, deciden dar marcha atrás a última hora? Todo lo que hemos tejido podría hundirse como un castillo de naipes y desencadenar una catastrófica reacción en cadena.

Hizo una pausa, encendió despacio un cigarrillo que esta vez sí necesitaba fumar y añadió con una expresión inquieta en los ojos:

—Y todavía hay otro peligro, que algunos de los reformistas, los más volubles, lo reconsideren. Si eso pasa, el equilibrio que hemos conseguido desaparecerá en un suspiro.

Intramuros vaticanos, nunca se podía dar nada por seguro, ya que las alianzas cambiaban sin hacer ruido, y la sonrisa más afable podía esconder la daga más afilada. Una palabra dicha en el momento justo podía abrir puertas; la corruptela de alguien que ofrecía cargos para comprar voluntades o sencillamente una mirada esquiva podía cerrarlas para siempre.

## Cuarta y definitiva ronda de votación
## Capilla Sixtina, 8 de mayo, tarde

La cuarta votación empezó con aire de final. No había que ser adivino para saber que aquella tarde se jugaba la partida decisiva. La Capilla Sixtina parecía contener el aliento de los siglos.

Algunos cardenales caminaban hacia el altar a depositar su voto con gesto más lento, casi resignado. Ya no había lugar para nombres testimoniales, ni para maniobras de distracción. Solo quedaban dos opciones: Parolin y Prevost. Los demás habían sido engullidos por la inercia conclavista, aquella fuerza invisible que en cada cónclave acababa empujando a los dudosos hacia la corriente mayoritaria.

El ritual se repitió con la misma solemnidad de siempre: papeleta en mano, fórmula de juramento, depósito en el cáliz de plata y bronce que hacía las veces de urna. Pero detrás de cada paso había un pensamiento calculado, un cálculo de futuro, una decisión que condicionaría el destino de la Iglesia y, en cierto modo, del mundo.

La sorpresa llegó a la hora del recuento: había ciento treinta y cuatro papeletas, en lugar de las ciento treinta y tres que correspondían al número de electores. El cardenal español Carlos Osoro había entregado por error su papeleta pegada a otra en blanco. Había que repetir la votación.

Cuando los escrutadores por fin empezaron a leer los nombres, la dinámica se hizo evidente enseguida:

—Prevost, Robertus Franciscus.

—Prevost.

—Parolin, Pietro.

—Prevost.

—Prevost.

La repetición del mismo nombre era un martilleo. Cada Prevost era un duro golpe a las esperanzas de los más ultras y del puñado de italianos y europeos, sobre todo curiales, que sostenían a Parolin. Algunos cardenales bajaban la vista; otros intercambiaban miradas rápidas, como buscando complicidad en la ya del todo previsible derrota.

El recuento avanzaba como una maquinaria inexorable, imparable, que pesaba sobre todos los presentes. El nombre de Parolin aún se repetía, fiel y digno, pero con la sensación amarga de que había un techo que ya no podía romper. Cada vez que sonaba, parecía perder fuerza, como un eco que se apaga dentro de una nave inmensa.

De repente, una voz firme y clara anunció la cifra necesaria:

—*Octoginta novem*... Robertus Franciscus Prevost.

Por unos instantes, el escenario histórico y artístico más monumental del Vaticano se llenó de una pesada quietud. Solo un suspiro colectivo, largo y denso rompió la solemnidad del momento: un suspiro compuesto de alivio y desconcierto a partes iguales. El cardenal Parolin, con la dignidad estoica de los viejos diplomáticos, cerró los ojos y se santiguó. A su alrededor, algunos de sus aliados se removían incómodos en sus asientos, sabiéndose ya derrotados y en minoría. Los semblantes de los más rigoristas también eran todo un poema. Se inició entonces un largo aplauso, espontáneo en la mayoría y más forzado en unos cuantos que cumplían con el ritual a regañadientes.

Sin embargo, él, el cardenal del silencio, continuaba sentado, inmóvil, como si el tiempo se hubiera detenido en su rostro. Y, mientras todavía resonaba el nombre de Prevost en boca de los escrutadores, la contundencia de la mayoría que se iba ampliando era cada vez más impresionante, casi insoportable. El cardenal Sean Patrick David, con la voz rota, explicaría después que alguien tuvo que ayudarle a levantarse, pues por sí solo no reaccionaba:

—Todos teníamos los ojos llenos de lágrimas.

A las 18.07, la definitiva *fumata*, ahora ya *bianca*, se alzó desde la pequeña chimenea de la Sixtina. Inmaculada. Indiscutible. Los gritos de la plaza estallaron como un alud. Se iba disipando el tiempo de hacer cábalas, a la vez que se abría, como siempre pasa, un compás de espera que para la mayoría se haría insoportable, casi eterno. Il Dottore formaba parte de una selecta minoría que conocía el secreto mejor guardado desde hacía muy poco rato. Un último mensaje, el que soñaba en las noches de insomnio, confirmaba la evidencia: «108. Nadie decía nada. Después, una gran ovación. Casi todos han entendido».

Más tarde, el cardenal Désiré Tsarahazana, de Madagascar, confirmaba indiscretamente a los medios que Prevost había «recibido una mayoría muy muy amplia de votos». Sabemos que, con ciento ocho votos, superó de sobra los ochenta y nueve necesarios. Un consenso imprevisible, insólito y del todo indiscutible. Había nacido León XIV. Los últimos indecisos habían optado por no quedarse descolgados. Se habían apuntado al «caballo ganador». El apoyo a Parolin había menguado hasta un extremo muy doloroso. No hay detalles contrastados sobre el resto de los votos, pero se puede afirmar que el italiano, que quedó segundo, perdió todos sus apoyos en el tramo final. Las previsiones hechas por il Dottore, otros asesores y el Director de Orquesta se habían confirmado con creces. Los reformistas, con la suma de los conservadores moderados, habían acabado consolidando la inapelable victoria de Prevost. Al mismo tiempo, los más ultras sufrían un estrepitoso fracaso. Sarah, Burke, Pizzaballa o el propio Erdo se habían quedado en nada.

El cardenal Joseph Tobin, de Nueva Jersey, reveló al día siguiente un momento íntimo y conmovedor. Días antes de la votación, había advertido a Prevost de que tenía opciones reales de salir elegido. Durante el cónclave, en el transcurso de una de las votaciones decisivas, justo después de depositar su papeleta, vio a su amigo sentado con la cabeza entre las manos. Aquel hombre cargaba sobre sus hombros todo el peso del mundo. Como recordaba Tobin: «Rezaba por él, porque no podía imaginar qué le pasa a una persona cuando se enfrenta a algo así».

Cuando finalmente aceptó su elección, Tobin lo describió con una sonrisa: «Parecía hecho para esto».

El propio Pietro Parolin, en un artículo encargado por *Il Giornale di Vicenza*, afirmaba: «Creo que no revelo ningún secreto si escribo que a aquel "acepto" que le convirtió en el papa número 267 de la Iglesia católica le siguió un aplauso muy largo y cálido. Lo que más me impresionó de él fue la serenidad que brillaba en su rostro en unos momentos tan intensos, y en cierto modo dramáticos, porque cambian completamente la vida de un hombre. Nunca perdió su dulce sonrisa, aunque imagino que era muy consciente de los problemas numerosos y nada sencillos a los que la Iglesia ha de enfrentarse hoy en día».

A aquellas horas, poco le importaban ya a il Dottore los porcentajes de votos que circulaban y le llegaban en mensajes al móvil. Él lo sabía con todo detalle. Lo había preparado minuciosamente y había sabido leer con muchos días de antelación lo que hacía falta para llegar a aquel momento. Se giró de espaldas a la basílica, sin mirar el balcón donde se esperaba con gran expectación que pronto apareciera el nuevo jefe de la Iglesia católica. La muchedumbre iba llegando de todos los rincones de Roma y gritaba eufórica con la mirada puesta en las puertas del balcón de la Logia de las Bendiciones de la basílica de San Pedro, donde se revelaría al mundo el rostro del que ya era nuevo líder del mundo católico.

Dio media vuelta sin esperar a disfrutar ni un instante del que era su triunfo. Mientras la plaza desbordaba expectación, nuestro amigo asesor escribía mentalmente el informe para los suyos: «Ha empezado una nueva etapa. Y la hemos intuido antes que nadie».

Moderado como siempre, pero esta vez con cierta euforia contenida, ahora ya sí, hablaba con el coordinador, el Director de Orquesta, que había conseguido que todos los músicos interpretaran magistralmente la partitura:

—Ha sido elegido porque no impone, sino que suma. Un jesuita no jesuita. Un reformista con cara de prefecto. Ha ganado quien sabía esperar.

Después añadía una frase que ratificaba el éxito de la estrategia elegida, el triunfo de la operación más secreta que ya forma parte de la historia del siglo XXI.

—El cónclave es como una partida de go: no gana quien ocupa más espacio, sino quien cierra mejor las zonas de futuro.

La presentación del nuevo papa al mundo se hizo esperar casi una hora y tres cuartos. El cardenal protodiácono Dominique Mamberti anunció al mundo con el *habemus papam* el nombre del cardenal Robert Francis Prevost y también el que este había escogido como pontífice: León XIV. Hacia las 19.23 se abrió el balcón central de la basílica de San Pedro, donde el nuevo papa impartiría la bendición *urbi et orbi* y pronunciaría su primer mensaje, escrito en la soledad de su habitación aquel mismo mediodía. Palabras que invocaban la paz, la reconciliación y la unidad.

Il Dottore, ya instalado ante el televisor en su suite del St. Regis, oyó la letanía de comentarios que se han hecho repetidamente sobre el nuevo papa… Referencias a que había escogido el nombre en homenaje a León XIII (el pontífice de la *Rerum Novarum*), que tenía una visión social respecto a los más desprotegidos, que venía de dos mundos; frases que se mezclaban con cuatro notas biográficas más que destacaban su experiencia misionera. Descifró el discurso del pontífice como la invocación de una promesa: la paz únicamente sería posible si la Iglesia afrontaba su pasado y protegía a los vulnerables. En la pantalla de su móvil, solo una palabra: LEÓN. Y debajo, cifrado: XIV.

Al día siguiente, tras una noche llena de llamadas desde varios continentes, en un encuentro discreto con otros dos asesores, un reformista alemán y un conservador canadiense, il Dottore soltaba en voz baja una frase que solo ellos y quienes trabajaban como ellos, en la oscuridad de las bambalinas, podían entender en todo su alcance: «La mano que guía no siempre es la que firma. Pero si guía bien, puede ver cómo se firma lo que quería».

Días después, en una discreta cena con un viejo cardenal jubilado que había sido fiel informador suyo dentro del colegio, il Dottore lo resumió así:

—Parolin empezó demasiado fuerte. Y Prevost hizo lo más difícil: no parecer un candidato hasta que ya lo era. El humo blanco solo confirmó lo que la oscuridad ya había decidido.

Lo que no dice nuestro amigo asesor es que él, en esa oscuridad, con la ayuda de otros y de un grupo de cardenales que había ido creciendo a medida que pasaban los días, había diseñado una estrategia para que todo fuera tal y como acabó siendo.

El secreto del cónclave nunca será desvelado de

forma oficial. Las normas lo impiden. Sin embargo, entre las paredes de Roma hay silencios que hablan. Y el más elocuente de todos fue aquel en que todo el mundo dejó de resistirse a Prevost. Así nació León XIV. Con respeto. Con miedo. Con esperanza. Y con una estrategia calculada que solo unos pocos supieron leer a tiempo.

## Batalla invisible en la Sixtina

Retrocedamos ahora un instante para desvelar y analizar desde diversas perspectivas los episodios ocultos que se vivieron para que se diera este resultado.

En los pasillos del Palacio Apostólico, mientras las cortinas ocultaban los movimientos de cardenales y camarlengos, un murmullo persistente recorría las galerías: «No hay consenso, pero tampoco ruptura». Era una frase que se repetía y se repetía en más de una lengua entre las fuentes habituales. Dentro, tras los muros de la Capilla Sixtina, empezaba un cónclave que sería más una operación de equilibrio que una pugna abierta. En aquel clima de plegaria y liturgia se cruzarían miradas y se intercambiarían nombres, perfiles y dosieres como piezas de un rompecabezas que finalmente habría de revelar el rostro del sucesor de Francisco.

—Esta vez no había príncipes, solo hombres de peso, algunos con voz y otros con silencio —murmuró delante de mí il Dottore, analizando lo que había pasado.

Entre los cardenales había una sensación de cansancio, no porque faltaran candidatos, sino porque sobraban expectativas cruzadas. Los progresistas querían consolidar las reformas de Francisco y, sobre todo, la herencia sinodal. Los conservadores buscaban frenarla. Los moderados, simplemente evitar el hundimiento.

En el ala más alineada con el camino iniciado por Francisco, el nombre más repetido era Luis Antonio Tagle. El cardenal filipino tiene el don de la palabra, una mirada compasiva y una sonrisa que, dicen, «desarma las desconfianzas». Había sido misionero, arzobispo de Manila, prefecto de la Evangelización. Pero le pesaba su falta de estructura de apoyo real en el Vaticano. Era un hombre muy querido, pero quizá demasiado «pastor» para una curia que todavía exige destreza política.

A su lado, Matteo Zuppi, arzobispo de Boloña. Italiano, con todo lo que eso conlleva en el interior de un cónclave. Pero no un italiano cualquiera: era miembro de la Comunidad de Sant'Egidio, antiguo mediador de paz en África, amigo de los excluidos, defensor de la sinodalidad como forma de vida eclesial. Su nombre circulaba desde el primer escrutinio. Pero su carácter decidido, su proximidad a la calle y al conflicto —como cuando visitó Kiev mientras sonaban las sirenas— inquietaba a algunos cardenales.

—Zuppi es demasiada Iglesia de calle para algunos y demasiado cerebral para otros. No es un equilibrista. Y eso, en el cónclave, podía ser mortal —sentenció Monseñor C. tras que yo le dijera que el papa argentino había confiado mucho en él.

El nombre del cardenal José Tolentino de Mendonça circulaba como un perfume sutil entre las columnas del Vaticano. Poeta, teólogo, lusitano con acento de navegante y espíritu de intelectual audaz. Era el hombre de la cultura, de la abertura, de las fronteras fluidas. Algunos le querían como símbolo de una Iglesia más capaz de escuchar. Sin embargo, el suyo era un nombre que gustaba más en la periferia que en el centro. En Roma le faltaban aliados.

Aquella mañana de mayo, el cónclave no se decidía entre dos bloques, sino entre diversas maneras de no ganar. Y es que todos los nombres fuertes tenían adhesiones, pero también recelos. Y los conservadores lo sabían.

Robert Sarah, el cardenal de Guinea, era el pilar doctrinal de los más rigoristas. Poco amigo de hablar demasiado, inflexible, defensor del latín y de la tradición como piedra angular. Pero su mensaje resonaba mejor en las columnas de ciertos blogs estadounidenses y en las fundaciones que le apoyaban, vinculadas al radicalismo tradicionalista y a la ultraderecha, que entre los cardenales reunidos para tomar la trascendental decisión.

Raymond Leo Burke, también estadounidense, era

la sombra de un poder que hacía tiempo que había salido del radar de la realidad. Figura mediática, combatiente dialéctico, pero con muy pocos apoyos reales. Su nombre se pronunciaba más como advertencia que como opción. Como si sirviera para recordar qué no había de ser este nuevo pontificado.

Péter Erdő, el primado de Hungría, era otra cosa. Radical conservador sí, pero un hombre sensato. Académico, teólogo, delgado, riguroso, discreto. Hablaba poco y escribía mucho. Tenía credibilidad, pero no fuerza. Los ultraconservadores le citaban, los moderados le apreciaban, los progresistas le temían. Lideró la primera votación, pero después se desvaneció. Puede que el aspecto cansado y enfermizo que mostró en la Capilla Sixtina le pasara factura.

—Erdő es como un catecismo impreso en papel de mármol: impecable, incuestionable, pero demasiado rígido para inspirar una mayoría viva —me ironizó il Dottore la noche antes de la votación decisiva.

El otro bloque, el de los hombres presumiblemente de consenso, tampoco encontraba la fórmula. Pietro Parolin, secretario de Estado, entraba en todas las quinielas con el porcentaje más elevado. Diplomático de carrera, hombre de paz, hijo de la máquina vaticana. Pero le faltaba empuje. Era tan equilibrado que a algunos les parecía casi inofensivo, y a la hora de elegir a un papa no siempre se opta por el perfil más neutro o previsible. Más adelante analizaremos por qué, pese a tener una ventaja sólida, los suyos no supieron, o no quisieron, gestionarla y convertirla en victoria.

Fridolin Ambongo, arzobispo de Kinsasa, era la voz de otro continente. Fuerte, valiente, profético. Sin embargo, le faltaba red dentro de la curia. Su discurso sobre la justicia social —desgarrador, cargado de realidades africanas— incomodaba en más de un despacho de Roma.

—Los africanos tienen una voz fuerte, pero no tienen la llave de los despachos que deciden —diría Monseñor C. con resignación mientras loaba las intervenciones de Ambongo en las sesiones previas.

La dinámica dejó fuera, uno tras otro, a los favoritos. Algunas candidaturas perdieron fuelle o se dispersaron. Los apoyos no sumaban, los primeros bloques se debilitaban, las estrategias se encallaban.

Llegados a este punto, hay que añadir un aspecto que pasó muy desapercibido entre los analistas. Prevost había compartido tareas con dos tercios de los cardenales del mundo cuando era prefecto del Dicasterio para los Obispos; era una conexión con la que, aunque esporádica y circunstancial, ninguna otra figura vaticana contaba. No era, pues, un completo desconocido. Esa red permitió también un punto de convergencia natural en una votación que se preveía bloqueada. Y fue así como emergió su figura: no por fuerza, sino por ausencia de alternativas. Finalmente, habría que valorar también hasta qué punto Francisco había actuado como un *influencer* que había tenido un papel destacado en el cónclave. Il Dottore no dudó en soltar una sentencia de las suyas:

—Los cardenales no buscaban exposición mediática: buscaban a alguien conocido y fiable. Prevost no era carismático en público, pero la confianza que Francisco había sembrado en él hizo el resto.

Monseñor C. también reflexionaba al respecto:

—Francisco, que era bastante sagaz y sutil, le situó como responsable del Dicasterio para los Obispos, y así lo promocionó entre los cardenales responsables de diócesis de todo el mundo. Conocía a muchos, y muchos le conocían a él. También lo nombró miembro de hasta siete dicasterios y lo invitó a acompañarlo en tres viajes a países europeos. Una buena jugada que no advertimos a tiempo. Prevost hablaba poco en público, pero escuchaba mucho. Ese estilo discreto generó lealtades silenciosas y muy escondidas entre los electores cuando parecía que costaba encontrar una salida.

Ambos asesores coincidían en que Bergoglio había preparado a Prevost para que fuera un puente imaginable entre bloques descuartizados por la polarización interna. Estaban totalmente de acuerdo en que lo había apadrinado con mucha discreción.

«No ganó Prevost. Perdió el ruido», escribí en un pequeño artículo cuando ya hacía días que el humo blanco se había disipado. En el momento en que el cardenal agustiniano salió al balcón convertido en León XIV, muchos se miraron sabiendo que habían escogido quizá no al mejor, pero sí al único que podría empezar sin fractura.

—En este cónclave no ha habido tormentas, ni rayos ni truenos visibles. Solo un pronunciamiento hecho de pequeños gestos y pactos sigilosos. Una Iglesia cansada que ha decidido respirar —concluyó Monseñor C., mirándome con el rostro también agotado después de tantas batallas y una guerra de momento perdida.

## ¿Fue Parolin un *papabile*?

Sin lugar a dudas, Parolin era considerado un *papabile* realista, especialmente por sectores de la curia que buscaban continuidad institucional y estabilidad diplomática tras el largo pontificado de Francisco. Era un candidato de perfil moderado, buen conocedor de los equilibrios internos y con una trayectoria impecable en la diplomacia vaticana (exnuncio en Venezuela, secretario de Estado desde 2013). Un buen amigo periodista de Madrid, Jesús Bastante, de *elDiario.es* y Religión Digital, me habló de él como «un personaje que es más pragmático que reformista o conservador».

Uno de los problemas visibles de Parolin era que no despertaba demasiado entusiasmo entre los reformistas, que lo veían demasiado institucional, excesivamente prudente. Desconfiaban de él como ya lo había hecho en los últimos tiempos el papa Francisco, que, según algunas fuentes, esperaba el momento idóneo para apartarlo del cargo de secretario de Estado. En sus últimos meses de vida, Bergoglio no intentó cesar a Pietro Parolin, pero sí reducir el poder político y económico de la Secretaría de Estado que este dirigía. La relación entre ambos pasó de la confianza plena (2013-2016) a una coexistencia estratégica (2017-2023) durante la cual Francisco fue dando peso a otros colaboradores. Parolin supo adaptarse, evitar conflictos y conservar el cargo con discreción.

Los sectores más ultras y rigoristas (el entorno de los cardenales Burke, Sarah, Müller y demás) no apostaron nunca por él, sino que buscaron perfiles más claramente «contrarios» a la línea sinodal y a la abertura de la Iglesia. Eso sí, en un primer momento, los conservadores moderados vieron a Parolin como un candidato de síntesis, útil para evitar un enfrentamiento entre bloques, pero incluso esa opinión se fue diluyendo. Es decir, no tenía enemigos directos, pero tampoco una base de apoyo militante.

Según periodistas como Marco Politi, Luis Badilla (*Il Sismografo*) y Christopher Lamb (*The Tablet*), su papel en el cónclave fue el de no presentarse activamente como candidato, pero estar disponible como opción de consenso. Finalmente, habría optado por no bloquear la candidatura de Robert Francis Prevost. Algunas fuentes me apuntan que Parolin había sido informado previamente de la estrategia del sector reformista y que, una vez que vio que él no sumaba suficientes votos, permitió que su grupo pivotara hacia Prevost para evitar una escalada entre bloques. ¿Quién le informó? Probablemente —me dicen algunos confidentes—, agentes de su confianza que pertenecían a la Santa Alianza, los servicios secretos del Vaticano.

Cuando nos preguntamos por qué Parolin no resultó elegido, hay que analizar toda una serie de desventajas que cargaba en la mochila. Hay varias razones que apuntan a que no acabara sumando los votos necesarios. En primer lugar, representaba demasiado al «sistema vaticano»: secretario de Estado durante más de una década, identificado con el poder central. Además, se le consideraba demasiado diplomático, poco pastoral. A esto hay que sumar que la crisis de los asuntos financieros (caso Becciu, con la compra de aquel inmueble en Londres) le salpicó indirectamente; pese a no estar implicado personalmente, tenía responsabilidades en tanto que mando máximo de Becciu.

Por último, asimismo, una maniobra muy oculta resultaría capital para que sobre todo muchos reformistas le abandonaran y para que se le viera como un candidato que no podía ser de consenso bajo ningún concepto. Según diversas fuentes, si acababa siendo elegido, le había prometido al ultraconservador Peter Erdo el cargo que él ostentaba como secretario de Estado. La noticia corrió como la pólvora. Era su as en la manga para convencer a los tradicionalistas, pero no le funcionó. Otras fuentes informaron de un posible pacto simultáneo con el cardenal reformista filipino Tagle. Mientras tanto, muy confidencialmente, también corría un rumor cada vez más insistente.

—Sufre un tumor cancerígeno en estado muy avanzado que él y los que le rodean siempre han ocultado —me dijo il Dottore, que nunca utilizó este hecho dramático en la operación que se organizó para hacer caer la figura del secretario de Estado ante sus incondicionales. No era su estilo.

Desde que León XIV fue elegido, Parolin ha mantenido su posición de secretario de Estado. Eso indica que no hay ruptura entre él y el nuevo papa. León XIV confía, por encima de cualquier otra cosa, en la experiencia diplomática del italiano, especialmente en lo tocante a temas como la guerra de Ucrania, el genocidio de Gaza, las relaciones con China y el control de la diplomacia vaticana, un campo donde domina prácticamente todos los resortes. De momento, el pontífice ha revitalizado este organismo. No obstante, diversos vaticanistas de prestigio consultados señalan que León XIV quiere reforzar más la dimensión pastoral y sinodal que la meramente administrativa, y que en un futuro próximo podría preparar la transición hacia un nuevo secretario de Estado. Hasta el momento de escribir este libro, Parolin ha continuado en el cargo desempeñando un trabajo serio y profesional, pero su peso político inevitablemente se reducirá cuando León XIV consolide un nuevo estilo de gobierno más descentralizado y pastoral.

## «Un milagro del Espíritu Santo»

Al día siguiente de la elección del primer papa estadounidense, el cardenal Fernando Natalio Chomalí Garib llegó a la plaza de San Pedro con una sonrisa cansada, de esas que mezclan emoción e incredulidad. El arzobispo de Santiago de Chile estaba convencido de que había sido testigo de algo excepcional. Ante los periodistas dejó caer una frase que quedaría grabada: «Es un milagro del Espíritu Santo».

Lo justificaba con datos que a él le parecían imposibles: ciento treinta y tres hombres venidos de setenta países, que a duras penas se conocían, habían llegado a un acuerdo en poco más de veinticuatro horas. «Un milagro —insistió—, y también un ejemplo para todos nuestros países, donde nadie se pone de acuerdo». No sé si se podía calificar de milagro, pero sí que parecía del todo excepcional.

Aquella mañana, en el mismo escenario de la votación histórica de hacía solo unas horas, la Capilla Sixtina recibía al Colegio de Cardenales en pleno. León XIV, todavía con el cansancio de la elección en el rostro, se alzaba ante el altar y hablaba en inglés con una espontaneidad y una naturalidad sorprendentes: «Me habéis llamado a cargar esta cruz y ser bendecido con esta misión —les dijo—, y sé que puedo contar con cada uno de vosotros para caminar conmigo, como Iglesia, como comunidad, como amigos de Jesús, como creyentes, para anunciar la buena nueva, para anunciar el Evangelio».

Reconocía así, sin tapujos, la responsabilidad inmensa que le habían confiado. Allí, con los cardenales inmóviles bajo la mirada del juicio final, daba forma a su divisa *In Illo unum* («En Cristo somos uno»). Y en aquel instante se hizo evidente uno de los puntos clave del pontificado: asumía el difícil reto de unir a una Iglesia dividida desde hacía décadas.

# 4

# El inquietante juego de los estrategas

Cada día, a las ocho de la mañana, la Guardia Suiza abre la reja de hierro de la puerta de Sant'Anna con un protocolo que es casi una coreografía. Muy cerca de allí, il Dottore avanzaba por la calle de las tiendas vaticanas con paso mesurado, con su vestimenta impecable, como siempre, y con los ojos atentos a todo cuanto parecía banal. Llevaba años trabajando en las sombras, asesorando a cardenales que querían entender Roma y, más aún, dominarla. Su último «cliente» era entonces un cardenal europeo, reformista, y muy discreto. Lo había contratado cuando el asesor le demostró que atesoraba muchas habilidades útiles y del todo necesarias que hasta entonces había ignorado hasta qué punto podían ser provechosas.

Aquella mañana de septiembre de 2025, en un café de la via di Porta Angelica, junto a il Dottore estaba sentada Chiara, una jurista canónica de Verona, asesora del Dicasterio para los Laicos. Una mujer joven, brillante e implacable cuando era necesario. La chica le comentaba lo que tenía entre manos con un tono a medio camino entre la preocupación y la necesidad inexcusable: «Si las mujeres no marcamos territorio en la Comisión Sinodal antes de noviembre, nos ganarán por agotamiento». Il Dottore asentía mientras removía su *ristretto*, y le recordaba que uno de sus contactos en el Consejo Latinoamericano podía influir en la línea que se presentaría en el borrador final. Encuentros como aquel servían para establecer lazos que algún día podían resultar útiles y proporcionar a todos información de primera mano.

## La red invisible

En algún momento il Dottore ha contado con valiosos apoyos externos que, como él, huyen de los focos mediáticos, una circunstancia que me ha obligado a alterar sus nombres y vinculaciones institucionales o profesionales, después de hablar con ellos.

Il Dottore actúa como una pieza clave del sistema que funciona en paralelo a las estructuras oficiales. Pero no es el único. Monseñor Georg, teólogo alemán que sirvió como colaborador externo al Dicasterio para la Doctrina de la Fe, trabaja como asesor discreto de cardenales afines a Müller. Tiene aspecto de profesor de universidad retirado, pero su correo electrónico está lleno de notas informativas y contrainformes doctrinales. «La batalla por las almas se juega también en los pies de página», suele decir.

Al otro lado está el padre Arturo, jesuita destinado en Roma desde 2019. Trabaja en el Dicasterio para el Servicio del Desarrollo Humano Integral y mantiene una red de asesores jóvenes formados en América Latina. Él es quien, según una fuente, organizó encuentros a puerta cerrada con obispos africanos y asiáticos durante los preparativos previos al cónclave. «El mundo no es Europa», me advirtió en un encuentro confidencial. Muchas veces hace falta que alguien nos lo recuerde. Todos ellos, los que hemos mencionado y los que no, huyen de los focos mediáticos y me he visto obligado a alterar sus nombres y vinculaciones institucionales o profesionales.

## La partida no empezaba de cero

Tras la muerte de Francisco, muchos pensaron que el juego empezaba de cero. Craso error. La partida ya llevaba meses en marcha y todavía no se vislumbra el final.

Il Dottore había viajado a numerosos países tejiendo complicidades y detectando simpatías. Organizó encuentros también en el Vaticano y en diversos lugares discretos de Roma. Su técnica, ya lo hemos dicho: observar, sugerir, nunca imponer.

Cuando murió el papa argentino, ya sabía que el

cardenal por el que apostaba el grupo promotor coordinado por el Director de Orquesta tenía opciones. Hacía casi un año que trabajaba en solitario, pero había llegado el momento de unir fuerzas. Los enemigos estaban muy preparados, contaban con muchos recursos y solo las fuertes convicciones y energías del grupo podían derrotarlos. Coincidía en el objetivo y las posibilidades. Estaba firmemente convencido de que la operación que estaba en marcha era inexorable y que no podían fallar.

Durante aquellos días colaboró con el Director de Orquesta, dos periodistas, tres cardenales y esporádicamente con otros dos estrategas que he conocido y que son de la más estricta confianza. La primera es la hermana Helena, religiosa suiza experta en liderazgo femenino dentro de la Iglesia, con influencias en el Secretariado del Sínodo, una monja que parece tímida, pero que se mueve con empuje sobre todo para conseguir un papel importante para la mujer en la Iglesia. El segundo es el padre Ambroise, un clérigo nigeriano que mantiene abierto el canal con el colectivo de cardenales africanos que dudaban entre un candidato italiano y uno reformista muy moderado y discreto. «El futuro no es un nombre. Es un equilibrio», escribió este último en un informe interno remitido a la Secretaría de Estado a finales de abril de 2025.

## Ejecutar sin órdenes

Los estrategas no dan órdenes. Insinúan, acompañan. Una fuente de dentro del Colegio Cardenalicio me lo dijo bien claro: «Ninguno de ellos manda, pero todos influyen». Un artículo aparecido en *La Croix* a mediados de mayo de 2025 contaba que, al final del cónclave, un grupo decisivo de cardenales africanos se decantó por León XIV gracias a una nota anónima sobre su tarea pastoral en Perú. ¿Quién la redactó? Nadie lo sabe. O casi nadie.

Los asesores conservadores también se movían: monseñor Jean-Paul, francés, vinculado al Opus Dei, hizo llegar dudas sobre la ortodoxia doctrinal del cardenal Prevost a algunos cardenales del bloque eslavo al darse cuenta de la presencia discreta pero creciente del reformista. Tres días antes del cónclave, una periodista italiana me advirtió de que «hay interrogantes sobre la fidelidad doctrinal de ciertas líneas pastorales de América Latina». No hacía falta adivinar de qué círculos había salido la frase.

## El contraataque de los integristas

Sin embargo, las elecciones nunca son el final, sino el principio de una nueva batalla. Esta singular elección conocida como cónclave tampoco lo es. Monseñor C., a quien fui llamando y también entrevistando personalmente en Roma, forma parte del núcleo más conservador que ve con preocupación el rumbo continuista de León XIV. Y también juega su propio juego. Siempre ha rechazado reuniones abiertas y públicas, pero sabemos que ahora mantiene contactos asiduos con bloques ultras en Estados Unidos, Italia y Hungría. La estrategia: desgastar el pontificado desde la duda, desde el único terreno que consideran estratégico y que puede hacer daño: el miedo de la gente a perder la identidad.

La hermana Helena me lo resumió con contundencia en una conversación telefónica que mantuvimos a finales de julio de 2025: «Quienes no aceptaron el Concilio Vaticano II nunca aceptarán a un papa que lo quiera aplicar hasta las últimas consecuencias».

Los estrategas no duermen. Uno de los entrevistados, joven oficial de un dicasterio clave y asesor del sector conservador moderado, asegura que «la reforma de León XIV es menos visible, pero sin duda será más profunda». Lo dice visiblemente abatido porque ha acabado captando que los estrategas reformistas habían seguido al pie de la letra la lección de Francisco: «No se puede romper la inercia vaticana a golpe de decreto. Hay que hacerlo desde dentro, cambiando perfiles, normas de promociones, definiciones de prioridades, culturas arraigadas desde hace siglos».

Chiara, la jurista, lidera una propuesta para que se acabe creando un nuevo observatorio laico de buenas prácticas dentro de la curia. Il Dottore la apoya, siempre desde la sombra, promoviendo el proyecto. El padre Salcedo trabaja en un documento interno sobre criterios de selección episcopal que ponga fin a los nombramientos preferenciales de los más «fieles» a Roma; está convencido de que el nuevo papa lo aceptará. La fidelidad mal entendida es el gran virus de la Iglesia, me decía una tarde paseando cerca del Pantheon, tal vez el edificio de la capital italiana que más me ha fascinado siempre.

## Bannon, siempre Bannon

Cuando il Dottore leyó la entrevista de Steve Bannon a *Le Figaro* aquel ya lejano 21 de marzo de 2019, frunció el ceño. «La Iglesia católica es la institución más poderosa que puede liderar la batalla cultural contra el globalismo», decía Bannon con contundencia. Pero para nuestro asesor, formado en la prudencia institucional y el diálogo sinodal, aquel lenguaje sonaba como un incendio sin agua.

El contraste entre ambos era flagrante. El objetivo de il Dottore es consolidar un modelo eclesiástico reformista, pero con una profunda conciencia institucional. Quiere cambiar el Vaticano desde dentro, sin romperlo. Siempre ha trabajado con personajes progresistas, cardenales pragmáticos y, cuando ha convenido, también con conservadores moderados.

Steve Bannon, en cambio, busca una guerra cultural global contra el progresismo, el laicismo y el multiculturalismo. Sin concesiones. Quiere que la Iglesia católica sea la trinchera ideológica de la civilización occidental contra el islam, la izquierda y el globalismo. Asociado a los líderes de los grupos internacionales más radicalmente ultra, su visión es apocalíptica y siempre acaba siendo conflictiva.

Il Dottore, que solo ha coincidido con Bannon en algún acto público en Estados Unidos, actúa sin hacer ruido también desde dentro del Vaticano. Conoce todas las puertas y pasillos de la Secretaría de Estado, las expresiones de los oficiales que dicen mucho sin abrir la boca. Trabaja con informes oficiales, con apuntes confidenciales, con notas escritas a mano en los márgenes de los documentos, con comidas en la Domus Santa Marta y en otros cenáculos laicos que resultan provechosas por el nivel de información que se mueve en ellas y en las que se dicen verdades entre trago y trago de vino tinto.

Por su parte, Steve Bannon se mueve como un caballo de Troya. En 2018, en una conferencia en el Dignitatis Humanae Institute, afirmó que «el papa Francisco está obsesionado con la inmigración. Eso debilita a Occidente. El cristianismo ha de defender sus fronteras». Era la visión catastrofista, maniquea, sin matices, de siempre.

Monseñor C., que había mantenido encuentros privados con el entorno de Bannon, compartía buena parte del diagnóstico, pero recelaba del método. Se lo dijo de forma extraoficial a un amigo periodista de *La Stampa* que también le conoce: «Bannon es útil para sacudir. Pero Roma necesita equilibrio, no una hecatombe».

La relación entre il Dottore y Monseñor C. era diferente. Rivales tácticos, pese al esperpento del que les hablaré más adelante en un encuentro conjunto, se respetaban. Sabían que jugaban en tableros opuestos, pero en la misma partida. Il Dottore representaba la inteligencia institucional reformista; Monseñor C., el rigor doctrinal más dogmático con cobertura canónica y apariencia de legitimidad eterna.

En resumen, Bannon y Monseñor C. compartían alianzas ideológicas, sobre todo las publicadas en los medios de comunicación más integristas. Un artículo de opinión firmado por Serre Verweij el 12 de mayo de 2025 en *LifeSiteNews*, señala que «Si el nuevo papa logra restablecer el orden en la curia, podrá restablecer el orden en la Iglesia. Si cuenta con colaboradores adecuados y es capaz de frenar las herejías en Alemania, la normalidad podrá regresar a la Iglesia y quizá entonces *Traditionis Custodes* y *Amoris Laetitia* (disposiciones escritas por el pontífice argentino) sean reinterpretadas, o reaplicadas de manera ortodoxa, o incluso derogadas por completo. Podemos rezar y esperar». *Infovaticana* iba ya mucho más lejos el 20 de septiembre de 2025. En un texto de Carlos Balén titulado «León XIV: la consolidación de Francisco» advertia a los fieles conservadores que el nuevo pontífice

«... es continuidad pura, sin retrocesos, sin desandar nada. No hay marcha atrás».

Il Dottore no respondía con tuits ni artículos con tono de un editorial, sino con información precisa. Prefería que un cardenal neutral escuchara el dato exacto en el momento oportuno. Su escuela era otra. Como afirmaba una confidencia que recogí hace ya años: «En Roma, el poder no lo tienen los que gritan, sino los que saben callar y mover piezas sin hacer ruido».

Por eso cuando, en un encuentro discreto de il Dottore con un oficial del Dicasterio para los Obispos, este último le soltó que «hay hombres que nunca salen en la foto, pero que hacen que la foto sea posible», él se limitó a sonreír.

Monseñor C., por su parte, esperaba el momento. No había caído en la tentación de abrir fuego directo contra León XIV, pero, según fuentes cercanas a su entorno, pretendía poner a prueba su ortodoxia litúrgica y doctrinal en cuanto se diera la ocasión. Eran las armas que consideraba más letales, junto con lo que él definía como «el falsario proyecto sinodal». Por eso, cuando, el 14 de febrero de 2023, se hicieron públicas las declaraciones del cardenal Müller a EWTN, en las que afirmaba que «la sinodalidad puede convertirse en la puerta de entrada a la herejía si no hay un límite doctrinal claro», Monseñor C. lo repetiría a menudo en círculos privados.

En su despacho, bajo una imagen de Pío X, guardaba un informe confidencial —firmado por un laico alemán de su entorno— sobre los «riesgos doctrinales» de las decisiones de León XIV en materia litúrgica. Estaba convencido de que solo era cuestión de tiempo hacerlo caer en la trampa. Sin embargo, al contrario que Bannon, no buscaba un terremoto: simplemente, quería volver a poner cada pieza en su sitio. Y, si hacía falta, sacrificar unas cuantas por el bien del orden.

Cuando le pregunto a il Dottore si se considera ganador después de la elección de León XIV, sonríe con ese gesto tan suyo, algo irónico y al tiempo trágico:

—En Roma, nadie gana para siempre. Solo sobrevive quien sabe cuándo desaparecen las certezas y quien tiene el espíritu para volver a empezar.

Cuando le hago la pregunta directa a Monseñor C. respecto a si se considera perdedor tras la elección de León XIV, enmudece durante unos segundos. Mira por la ventana de su despacho, clásico y austero, y finalmente responde con una media carcajada:

—¿Perdedor? No. Perder implica que el partido se ha acabado. Y eso en Roma, querido, no pasa nunca. Aquí no se pierde; aquí se espera. —Después añade en tono más serio—: El Espíritu Santo sopla hacia donde quiere. Pero a veces también sopla hacia donde lo empujamos. León XIV puede haber ganado la votación, pero la batalla por el alma de la Iglesia no se decide en un cónclave. Se decide en cada obispado, en cada seminario, en cada sitio donde haya un lugar de culto católico.

Son las respuestas de dos hombres antagonistas en la batalla. Dos personajes conscientes de que su poder no depende de un momento puntual, sino de una constelación de fidelidades, ideas y vínculos que a veces consideren duraderos y muchas otras efímeros. Los perdedores de hoy pueden ser los ganadores de mañana, y viceversa.

Il Dottore desapareció un atardecer de mediados de mayo de 2025 tras entrar por la puerta del hotel St. Regis, igual que había aparecido al salir por ella horas antes. Sin hacer ruido ni levantar miradas. Su reloj suizo marcaba las ocho. Roma ya volvía a respirar como si no hubiera pasado nada. Sin embargo, había cambiado todo. Y los estrategas, los antiguos y los nuevos, ya estaban moviendo la primera pieza del siguiente juego. De hecho, la partida acababa de empezar.

# 5

# Entre el elogio y la virulencia

Nuestro amigo il Dottore no tuvo que esperar demasiado para leer las reacciones al nombramiento de León XIV. El mismo día de la elección, al cabo de pocos minutos del anuncio y del discurso del nuevo pontífice al mundo, los periódicos digitales y las redes sociales ya iban llenas de las primeras impresiones que había causado en todo el mundo el nombre de Robert Francis Prevost. Para él, analizar los matices de cada opinión era una suerte de ejercicio que solía practicar fuera cual fuera la situación. En aquella ocasión tan especial era imprescindible afinar muy bien la disección de cada palabra, de cada expresión..., buscar el mensaje que querían transmitir y también su contenido subliminal.

Estaba en su suite del hotel. Necesitaba descansar de tanto agobio. Se permitía hacer un breve paréntesis. Había recibido en el móvil numerosas llamadas y mensajes de amigos y de contactos de todo el mundo. Gente que en su mayoría desconocía el papel que había tenido en la elección del cardenal Prevost. Sonrió al leer lo que uno de sus amigos le decía desde Berlín: «No sé qué pensar. Un estadounidense como papa. Es inverosímil, inesperado..., una buena sorpresa. Estamos en un mundo de locos. ¡Seguro que no era la elección que esperabas!».

Marcó el número del servicio de habitaciones y pidió que le trajeran un *ristretto* y una *grappa* Zanin Amarone Barricata bien fría, creada como una joya en una destilería que había nacido en 1895. Mientras saboreaba el pedido, se tumbó en el sofá y se relajó, ahora ya sí satisfecho en la intimidad del trabajo bien hecho. Tras tanta tensión acumulada, volvía a respirar con normalidad. Era consciente de que se abría una nueva fase y de que, si bien lo más difícil ya estaba hecho, a partir de aquel momento habría que afrontar nuevos problemas. El pontificado se preveía largo por la edad de León XIV, sesenta y nueve años, y con toda probabilidad habría que superar un cúmulo de obstáculos y momentos de crisis.

Leía muchas declaraciones de gente de dentro y fuera de la Iglesia que reflejaban esperanza, otras eran alabanzas, algunas rezumaban prudencia o destilaban diplomacia. También devoraba las opiniones de personajes que no podían disimular la amargura y los ánimos de venganza por la derrota. Ni las unas ni las otras le sorprendieron en absoluto.

## La hostilidad más fulminante

La reacción más explosiva no vino de Roma, sino de Estados Unidos, donde Steve Bannon, exasesor de Donald Trump y estratega de la ultraderecha cristiana internacional, explotó en Fox News con unas declaraciones en las que daba rienda suelta a toda su exasperación: «Esta elección es un engaño de los globalistas de la Iglesia. Hoy el Vaticano es el gran adversario de los patriotas cristianos. León XIV no es nuestro papa: es un tecnócrata disfrazado de pastor».

Con tan incendiaria disertación, Bannon daba voz al malestar de todo un sector ultraconservador que había apostado fuerte por un cambio radical de rumbo en el Vaticano, con la esperanza de que se regresara a las formas y los dogmas preconciliares. Con inteligencia y tenacidad, elaboró la estrategia ganadora que ha acabado uniendo a la extrema derecha internacional que ha asaltado las democracias. Supo encontrar líderes jóvenes a los que dotó de un discurso fácil, simple y entendedor para la gran masa de gente sin esperanzas. Les ofrecía un proyecto llamado libertad que prudentemente ocultaba la cara más inhumana del neofascismo y el neoliberalismo económico. Durante doce años, Francisco había sido una piedra en el zapato de este proyecto. Bannon no siempre se salía con la suya, a pesar de sus muchos esfuerzos por poner en marcha operaciones con la finalidad de desacreditar la figura del papa argentino y abortar sus reformas (como relato con todo detalle en *Vaticangate*). Ahora no podía enmascarar el fracaso que le atormentaba delante de un sucesor finalmente continuista. La amarga derrota le había dejado abatido y furioso.

«Bannon —me dice un colega de *Los Angeles Times*— estaba acostumbrado a ganar y confiaba en proyectos manipuladores del cónclave como el Red Hat Report. Creo que no entendió cómo la tortilla dio la vuelta. Pocas veces había calculado tan erróneamente sus pasos y las intrigas que siempre tiene en la mente. El proyecto MAGA, «Hagamos que América vuelva a ser grande», de Trump finalmente contaba con un contrapeso en una figura internacional que surge de los propios Estados Unidos».

La reacción colérica de Bannon no fue algo aislado. Varios medios estadounidenses de orientación conservadora recibieron con frialdad, cuando no con hostilidad, la elección de Prevost. El conocido predicador evangélico Franklin Graham tuiteaba: «Un papa estadounidense no significa un papa de Dios. Habrá que ver si este nuevo cabeza católico defenderá los valores verdaderos o continuará desviándose para agradar al mundo».

En este contexto, la reacción más esperada, la del presidente Donald Trump, fue muy moderada y formal para lo que se esperaba de él. El hecho de ser estadounidense era evidente que no le permitía según qué críticas. En su cuenta de X declaraba: «Felicidades al cardenal Robert Francis Prevost, que acaba de ser nombrado papa. Es un honor que sea el primer papa estadounidense. Qué ilusión y qué gran honor para nuestro país. Espero conocer al papa León XIV. ¡Será un momento muy significativo!».

En contraste, en Europa y Latinoamérica el tono fue muy diferente. La prensa internacional seria hizo una lectura política y eclesial más matizada. *The New York Times* publicaba cuatro días después de la elección un artículo del jesuita Sam Sawyer: «El papa León XIV podría ser un maestro severo para los católicos americanos», donde se subrayaba la paradoja de que el primer papa estadounidense no representara ni a la Iglesia conservadora de su país ni al nacionalismo religioso trumpista.

John L. Allen Jr., prestigioso vaticanista estadounidense, añadió: «Con León XIV, Roma envía un mensaje claro: la Iglesia no se dejará secuestrar por los populismos».

En España, la elección de León XIV pasó por el inevitable filtro de la polarización. El periódico *El País* valoraba el hecho como una «continuidad matizada del legado de Francisco» y destacaba que Prevost había trabajado estrechamente con el pontífice argentino desde que fue nombrado prefecto del Dicasterio para los Obispos en 2023. En cambio, el conservador *ABC* ponía el acento en su perfil «de hombre de consenso, respetuoso con la tradición» y valoraba positivamente que no fuera un «revolucionario».

Desde el mundo intelectual europeo, la reacción

osciló entre la expectación y el escepticismo. El teólogo francés Jean-Baptiste Marin, profesor del Institut Catholique de Paris, mostraba una opinión a *Le Monde* que nuestro Dottore pensó que daba en el clavo: «Prevost es un hombre que conoce la pastoral de base, pero también sabe hablar a los defensores de la tradición. Eso le otorga una fuerza que puede ser útil, pero también puede conducir a la ambigüedad». Una presunta ambigüedad que le valió muchas críticas al bueno de Francisco y que, en este caso, según sus detractores, tenía dos caras: la negativa, por no dar un mensaje claro, y la positiva, por saber nadar y guardar la ropa.

Por su parte, la socióloga alemana Gesine Schwan, exconsejera de Angela Merkel, declaraba a la *Deutsche Welle*: «No basta con una actitud abierta. El nuevo papa ha de abordar con claridad temas como la ordenación femenina o la homosexualidad. Las palabras vagas no servirán».

Los movimientos de base progresistas católicos, como We Are Church en Alemania o Católicas por el Derecho a Decidir en México y Latinoamérica, también mostraron sus reticencias. La portavoz mexicana de este último grupo, Ana Karen Ramírez, declaró a *La Jornada*: «León XIV tiene un pasado pastoral rico, pero todavía no ha mostrado valentía doctrinal. El feminismo católico no puede esperar más declaraciones bienintencionadas: hacen falta decisiones».

Sin embargo, en Sudamérica, su pasado misionero

en Perú generaba sobre todo un alud de simpatías. El obispo peruano Pedro Barreto, una de las voces más escuchadas del sector progresista de la Iglesia latinoamericana, afirmaba a *La República* de Lima: «El nuevo papa ha vivido la pobreza y conoce el grito de los olvidados. Es un pastor que sabe escuchar. Ahora hay que ver si también sabrá actuar».

Políticamente, los líderes calificados de «centroizquierda» recibieron la elección con esperanza. Desde Francia, Emmanuel Macron emitió un comunicado breve pero significativo: «Saludamos la elección de un papa abierto y experimentado. El mundo necesita voces moderadoras y puentes entre culturas. León XIV puede ser una de esas voces». En Italia, el presidente Sergio Mattarella se mostraba igualmente esperanzado: «Es una gran noticia para Italia que este pontificado mantenga vivo el espíritu de Francisco, que tantos puentes ha construido». Y, desde España, el presidente del Gobierno, Pedro Sánchez, tuiteó: «Enhorabuena a toda la Iglesia católica por la elección del nuevo papa León XIV. Que su pontificado contribuya a fortalecer el diálogo y la defensa de los derechos humanos en un mundo que necesita esperanza y unidad».

Finalmente, desde el mundo de la cultura, la reacción fue sorprendentemente matizada. El escritor Sandro Veronesi, habitualmente crítico con el Vaticano, escribió en *La Repubblica*: «Con León XIV quizá no tengamos a un profeta, pero sí a un estratega, y, en tiempos tempestuosos, un estratega con alma tal vez sea lo mejor que podamos esperar».

En Francia, país donde el laicismo marca con fuerza la relación con la religión, los comentarios se centraron más en la dimensión política y simbólica. *Le Figaro* titulaba: «Un papa estadounidense para una Iglesia global», mientras que *Libération* avisaba: «No es ningún progresista radical. Su elección es el resultado de un frágil equilibrio entre reformadores y tradicionalistas. No esperemos milagros».

El filósofo y ensayista Jean-Luc Marion, miembro de la Académie Française, opinaba en France Culture: «Este papa no busca romper, sino ordenar. Pero el orden puede ser una forma de parálisis si no va acompañado de coraje».

En América Latina, en cambio, se vivió como una especie de victoria moral. La experiencia misionera de Prevost no pasaba desapercibida. El diario *La República* de Perú titulaba su editorial: «Un papa que habla quechua y conoce la pobreza. No es un estadounidense cualquiera».

Diversos sectores de base, como las comunidades eclesiales rurales de Bolivia, Ecuador o Colombia, enviaron mensajes de apoyo. A través de un comunicado de la Red Eclesial Panamazónica se podía leer: «Esperamos que el papa León XIV proteja el legado de la Amazonia y haga frente a las multinacionales extractivas. Si conoce el territorio, que lo demuestre».

Por su parte, en Brasil, la reacción fue más mixta.

Algunos sectores evangélicos aprovecharon para criticar el catolicismo como institución «caduca», mientras que las comunidades católicas afrodescendientes reclamaban más inclusión.

Las redes sociales en Latinoamérica desempeñaron un papel clave en la difusión de esas expectativas. Diversos vídeos de TikTok y reels de Instagram mostraban a jóvenes peruanos recordando cuando Prevost había celebrado misa en pequeños barrios de Lima, y el hashtag #NuestroPapaGringo se convirtió en tendencia.

Con tales reacciones, quedaba claro que el nombramiento de Robert Francis Prevost como papa León XIV no había pasado desapercibido. Había levantado pasiones, preocupaciones y expectativas en todo el mundo. Su figura —hábil, discreta, poco amante del foco, pero firme en el trato personal— era todavía un enigma. Pero el debate estaba servido: ¿sería capaz de contener la ofensiva ultra sin perder el impulso reformador de su predecesor? ¿O acabaría siendo —como admitía Bannon— el símbolo de una Iglesia atrapada entre dos almas irreconciliables?

En resumen, fuera del Vaticano, el papa León XIV no había dejado a nadie indiferente. Los que habían conocido su trayectoria lo recibían con esperanza; los que esperaban un giro conservador lo miraron con recelo; mientras que el mundo laico e intelectual se mostraba expectante. La pregunta que subyacía, que se intuía en casi todas las reacciones, era la misma: ¿será capaz este hombre discreto y metódico de resistir las presiones del mundo, las intrigas del Vaticano y las expectativas crecientes de millones de fieles?

## Primeros recelos dentro de la Iglesia

Tanto il Dottore como el Director de Orquesta o Monseñor C. y los demás asesores pasaron horas estudiando todas estas reacciones. Eran conscientes de que cada palabra o concepto resultaba importante para hacer una valoración ajustada a la realidad. A partir de ahí sería más fácil actuar y definir las imprescindibles estrategias de futuro.

En el mundo en general, la llegada de León XIV se consideró como parte de una línea continuista algo inesperada, aunque coherente dentro del rumbo reformista. Sin embargo, la figura del nuevo papa no estuvo exenta de controversia dentro de la propia Iglesia, especialmente en los sectores más tradicionalistas y doctrinales, tanto en Estados Unidos como en Europa.

El día después de la elección, el seminario estadounidense en Roma era un hormiguero. En el auditorio, la música que sonaba mientras se esperaba la llegada de los cardenales estadounidenses no podía ser más explícita: *Born in the U.S.A.* y *American Pie.*

Sin embargo, cuando llegaron, los cardenales más conservadores no tardaron ni cinco minutos en distanciarse de cualquier intento de vincular a León XIV con la política interna de Estados Unidos. El mensaje que querían difundir era claro: ahora Prevost gozaba de una nueva identidad.

«De donde venga es cosa del pasado —sentenció el cardenal de Nueva York, Timothy Dolan, que había sido la apuesta personal de Donald Trump para suceder a Francisco—. Robert Francis Prevost ya no existe. Ahora es el papa León».

Justificaciones de cara al sector perdedor para intentar esconder la dolorosa derrota y matizar el carácter evidentemente continuista del nuevo jefe de la Iglesia.

En Estados Unidos, la reacción más violenta fue la del mundo mediático católico conservador. *LifeSiteNews* tildó la elección de «renovación de la línea ambigua que ha debilitado la voz moral de la Iglesia». El editorial de John-Henry Westen del 8 de abril afirmaba: «Francisco sembró el caos. León XIV será su fruto maduro. Es el pontífice de la transición cultural, no de la verdad revelada». Este posicionamiento obtuvo su réplica en *Catholic World Report* y *The Remnant*, que destacaban el pasado progresista de Prevost, su falta de confrontación con las derivas doctrinales, especialmente las vinculadas a la teología de la liberación, y su simpatía por las reformas litúrgicas. El bloque tradicionalista Rorate Caeli publicó una crítica mucho más simbólica: «Un misionero agustino, forjado en Perú, sin experiencia pastoral en las grandes diócesis de Occidente, y ahora jefe de la Iglesia universal. ¿Es ese el rostro que encarna el *depositum fidei*?». El texto recibió el apoyo de figuras como el obispo Joseph Strickland (suspendido por Francisco en 2024), que calificó la elección de «tragedia para la verdad».

También habría reacciones entre comunidades de fieles latinos tradicionales. Diversos colectivos que celebran la misa tridentina como una fuerte señal de identidad rigorista vieron en León XIV una amenaza, teniendo en cuenta su silencio durante la implementación del *motu proprio Traditionis Custodes*, con el que Francisco había limitado el uso del rito anterior al Concilio Vaticano II. El colectivo Una Voce America emitió un comunicado en el que decía: «No podemos esperar compasión de quien en su momento no defendió la libertad litúrgica».

Sin embargo, una de las primeras voces más críticas dentro del propio Vaticano fue la del cardenal Gerhard Ludwig Müller, exprefecto de la Congregación para la Doctrina de la Fe con Benedicto XVI. En una entrevista al periódico alemán *Die Tagespost* justo el día siguiente del cónclave, afirmó: «El nuevo papa es un hombre piadoso, pero no es teólogo. No puede construir el pontificado de una espiritualidad privada sin unos cimientos doctrinales sólidos». Esta crítica sutil pero contundente fue ampliamente recogida por medios afines a la ortodoxia más estricta, y muchos la interpretaron como un aviso: tal vez el nuevo papa no tenga la autoridad teológica necesaria para liderar en tiempos convulsos.

Dentro del ámbito eclesiástico español, la reacción del cardenal Juan José Omella, arzobispo de Barcelona, resultó reveladora. En una entrevista a la cadena COPE, afirmó: «El nuevo papa sabe qué es trabajar a pie de calle y qué es gobernar. Tiene autoridad moral y capacidad diplomática. Su elección ha sido guiada por el Espíritu, pero también por la necesidad de coser heridas internas».

En Francia e Italia, algunos intelectuales católicos también expresaron reticencias. En *Le Figaro*, el filósofo Rémi Brague escribió: «La Iglesia necesita claridad y autoridad. No basta con buenas intenciones». En *Il Foglio*, el integrista Camillo Langone se mostraba contundente: «Ahora tenemos un papa católico, es necesario dar las gracias al cielo todos los días».

Sin embargo, la reacción de los católicos de base de Estados Unidos fue más matizada. Según una encuesta que el Pew Research Center realizó la semana siguiente a la elección, el 58 por ciento de los católicos estadounidenses tenían una opinión positiva, algo que solo llegaba al 33 por ciento entre los que se definían como tradicionalistas. Tales datos contrastan con el 74 por ciento de apoyo entre los católicos de América Latina, según el estudio de Latinobarómetro. El contexto también influye: Prevost asumió el papado en un momento de grandes tensiones geopolíticas y de una crisis creciente de vocaciones. Algunos sectores esperaban un pontífice más contundente en la defensa de la doctrina como respuesta a la secularización. La elección de un perfil pastoral y discreto decepcionó tales expectativas. Pese a todo, hay voces que advierten contra la tentación del sectarismo. El jesuita Antonio Spadaro escribió en *La Civiltà Cattolica*: «Las críticas no se basan en el magisterio, sino en la pérdida de poder. Prevost representa la descolonización eclesial». Esta afirmación resume el trasfondo de muchas reacciones: no solo se insistía en un debate doctrinal, sino también en una pugna por el modelo de Iglesia y de sociedad.

En su primer discurso oficial, León XIV afirmó: «Continuaré caminando con la Iglesia, no para imponer, sino para escuchar, discernir y acompañar». Esta línea, que consolida lo que inició Francisco, confirma que las voces críticas no desaparecerán. Más bien se irán haciendo poco a poco más violentas e intolerantes en el escenario de una Iglesia y un mundo global en transformación.

## La venganza del Sodalicio

La misma tarde del jueves día 8, tan solo una hora después de que Robert F. Prevost apareciera en el balcón central de la basílica de San Pedro revestido ya como papa León XIV, se hizo oír con contundencia una voz clave desde Perú. El periodista Pedro Salinas, famoso por su profunda investigación sobre el movimiento Sodalicio de Vida Cristiana —una organización que el papa Francisco suprimió poco antes de morir por casos de abusos y dinámicas sectarias—, rechazó frontalmente las sospechas divulgadas contra el cardenal estadounidense que apuntaban a que había encubierto dos casos de abusos sexuales en Perú y Estados Unidos, como hemos visto en el apartado «La bomba contra Prevost».

«No hay ninguna prueba documental ni ningún testimonio fiable que le vincule con ningún encubrimiento», afirmó en diversos medios latinoamericanos. Salinas calificó las informaciones de «rotundamente falsas» y añadió: «Estas denuncias contra Prevost están fabricadas y empaquetadas, incluso con un lazo, por el Sodalicio, y ahora también son utilizadas por aquellos que lo detestan simplemente por ser de la misma línea que el papa Francisco, de manera que se deduce que esta campaña difamatoria continuará, no se detendrá».

Los periodistas Pedro Salinas y Paola Ugaz son coautores del extraordinario libro *Mitad monjes, mitad soldados: el Sodalitium Christianae Vitae por dentro*, donde se destapaba todo el entramado interno de la organización. Más adelante también publicaron *La verdad nos hizo libres*, donde narran la investigación que llevaron a cabo sobre el Sodalicio y las campañas de acoso que tuvieron que soportar desde entonces. Ambos han sufrido en sus propias carnes la venganza de la organización en cuestión.

Según afirma Salinas: «Francisco llegó a conocer la

metodología del Sodalicio por la campaña que se hizo contra Paola Ugaz y contra mí en Perú. Después la vio orquestada también contra Prevost y contra monseñor Jordi Bertomeu, encargado por el pontífice de investigar los casos de abusos y corrupción de la organización. Francisco conocía a la perfección la estrategia del grupo de propagar noticias falsas para desacreditar al crítico, al denunciante, al investigador...».

En el caso Sodalicio, Prevost ha estado, según fuentes directas, siempre y firmemente al lado de las víctimas. A diferencia de otros jerarcas de la Iglesia peruana, que durante años guardaron silencio ante los abusos denunciados, Prevost facilitó el camino a quienes pedían justicia. Las campañas de desprestigio contra los periodistas Pedro Salinas y Paola Ugaz solían contar con una callada complicidad de sectores de la Iglesia. En este contexto, ambos encontraron en Prevost a un aliado inesperado pero decisivo.

Según relatan ellos mismos, gracias a la mediación directa de Prevost pudieron acceder al papa Francisco en el Vaticano y explicarle en persona el volumen de información recopilada. Según fuentes cercanas al Dicasterio para la Doctrina de la Fe, este encuentro resultó determinante para que Jorge Mario Bergoglio decidiera impulsar una investigación canónica de gran alcance sobre el Sodalicio.

La indagación, de la que se encargó el monseñor catalán Jordi Bertomeu bajo el paraguas del Dicasterio para la Doctrina de la Fe, culminó en enero de 2025 con la disolución formal del movimiento; fue una de las decisiones más drásticas de Francisco contra una institución eclesial. En la documentación final se recalcaba el sufrimiento de las víctimas, los mecanismos de impunidad interna y los rasgos autoritarios y coercitivos que se habían detectado.

La trayectoria de Prevost en este episodio, según fuentes citadas por *La República* (Perú) y *America Magazine*, reforzó su reputación como obispo sensible a las víctimas y partidario de la transparencia, cosa que lo consolidó en los círculos cercanos a Francisco.

En la actualidad, monseñor Bertomeu, que siempre ha sido muy cuidadoso con las víctimas y con sus denuncias de abusos, intenta llevar a cabo la compleja operación de liquidar el patrimonio del Sodalicio en Perú, valorado, según diversas informaciones periodísticas, en unos mil millones de dólares. Un patrimonio ingente formado por colegios, universidades, institutos y cementerios con ramificaciones importantes en toda Latinoamérica y también en Estados Unidos. Todo esto sin olvidar las inversiones en aerolíneas, medios de comunicación, empresas mineras y toda clase de negocios que se extienden a una gran cantidad de sectores económicos. Un esfuerzo de investigación y posibilidades de denuncia que comporta numerosas dificultades. La razón es sencilla: la mayoría de esas propiedades e inversiones no se registraron con el nombre de la organización ahora disuelta, sino que forman parte de su economía oculta.

Un peruano experto en el tema me confirma que «todo está en manos de sociedades y asociaciones civiles que no se pueden intervenir». En virtud de todo eso, los exmiembros del Sodalicio se burlan de la gestión de Bertomeu diciendo: «Ya puede ir rebuscando, que llegará tarde».

«Desde la ciudad estadounidense de Denver, con muchos recursos económicos —me dice ese especialista—, se promueve esa campaña contra Bertomeu utilizando los importantes medios de comunicación de que disponen no solo en Estados Unidos, sino también en todo el mundo». Los exmiembros del Sodalicio y sus aliados ultras están dispuestos a seguir las campañas de guerra sucia no solo contra Bertomeu, sino también contra un pontífice al que detestan. Se unirán a quien haga falta y harán lo que convenga en la guerra abierta que le señale como objetivo.

Así, entre entusiasmos y reproches, entre el elogio y la virulencia, empezaba un pontificado que caminaría por la cuerda floja de la historia.

# 6

# La geopolítica de León XIV

La primera vez que accedí, como periodista, a los pasillos y dependencias de la Secretaría de Estado del Vaticano, forrados con mármol brillante y suntuoso, fui más consciente que nunca de cómo se mueve el poder cuando calla. En la segunda planta, detrás de las ventanas que tapan gruesos cortinajes y puertas de nogal pulido, se teje la diplomacia más antigua de Europa. No hay ejército ni arsenal. Solo palabras, notas verbales, audiencias y gestos.

En aquel mismo despacho, en el que la luz de Roma se filtra tímidamente entre columnas barrocas, se redactan las respuestas oficiales del Vaticano a conflictos como Ucrania, Gaza o China. Ahí trabajaba todavía —lo sigue haciendo cuando escribo estas líneas— el cardenal Pietro Parolin, maestro hábil de todo tipo de equilibrios. Por esas dependencias circulan figuras como il Dottore y el influyente Monseñor C. Ambos se hacen oír entre estos muros. Ambos conocen estos pasillos como si fueran una extensión de su pensamiento.

—Este palacio no solo es el corazón administrativo del Vaticano —me dijo il Dottore en voz baja una vez que coincidimos allí—, sino el laboratorio donde se formula la teología aplicada a las relaciones internacionales. Aquí no se hace solo geopolítica; se hace teología en contexto.

Monseñor C. me ofrece otra visión, más crítica y, por supuesto, interesada.

—La Secretaría de Estado se ha convertido en una torre de control que quiere volar sin mirar a tierra. Con Pablo VI había doctrina y prudencia; ahora, demasiado gesto y pocos fundamentos.

## La *Ostpolitik* del siglo XXI

Ambos, pese a su rivalidad, reconocen la continuidad de un hilo: la diplomacia vaticana no es solo funcional, es espiritual. Y su origen moderno, como recuerdan los documentos de archivo, se encuentra en la política de *Ostpolitik* de Pablo VI. Ese legado —inicialmente contestado, pero finalmente consolidado— ha marcado las décadas siguientes: Juan Pablo II la amplía, Benedicto XVI la teoriza, Francisco la descentraliza y León XIV la intenta institucionalizar.

Este capítulo es una reconstrucción de esa línea invisible que une la fe con la geopolítica, el púlpito con la diplomacia y el silencio de un papa con la inquietud del mundo. Desde la Sala Clementina hasta las calles de Gaza, pasando por Kiev, Pekín y Moscú, el Vaticano continúa hablando. Y, a veces, cuando calla, todavía se le oye más.

En el pasillo del segundo piso, donde se intercambian palabras que nunca salen en nota de prensa, en la Secretaría de Estado, la diplomacia vaticana continúa siendo una fuerza invisible que modela relaciones, abre canales y evita guerras. Es una diplomacia que no se hace desde embajadas ni nunciaturas, sino desde sacristías; no con soldados, sino con símbolos. Y ha evolucionado profundamente desde la segunda mitad del siglo XX.

Fue el papa Pablo VI quien, en plena Guerra Fría, definió su arquitectura moderna con su llamada *Ostpolitik* vaticana, una apuesta por una política de diálogo con los regímenes comunistas del Este, pese a la persecución de cristianos. «No era resignación —dice el diplomático e historiador Philippe Chenaux—, sino una estrategia pastoral para mantener viva la fe bajo tierra». Pablo VI no buscaba victorias diplomáticas, sino ventanas de aire para los creyentes encarcelados en la niebla totalitaria. Ese espíritu marcó una línea que, a pesar de los cambios de estilo, ha sobrevivido a cuatro pontificados.

A finales del siglo XX, dos hombres dieron forma a la diplomacia vaticana desde perspectivas casi opuestas pero complementarias. Eran Giovanni Benelli y Agostino Casaroli, dos personalidades fuertes, dos estilos muy diferentes y una misma misión: defender la

Iglesia en un mundo dividido por bloques, ideologías y muros de hierro.

Giovanni Benelli, conocido dentro de los muros vaticanos como «la mano de hierro de Pablo VI», se movía por los pasillos del Palacio Apostólico con la seguridad de quien sabe que gobierna sin llevar la tiara. Fue sustituto de la Secretaría de Estado durante diez años y nadie ponía en duda que detrás de cada mensaje oficial estaba su huella. Reformista convencido, exigente con sus colaboradores, admirado —y temido— por su eficiencia, Benelli veía el Vaticano como una máquina institucional que había de funcionar con rigor y autoridad. Su figura se hizo tan potente que, tras la muerte de Pablo VI, muchos le veían como su sucesor natural. Sin embargo, en el cónclave de 1978, su ambición chocó con recelos, por lo que finalmente no lo eligieron como papa. Acabaría su brillante carrera como arzobispo de Florencia, definitivamente alejado de las palancas del poder que había dominado durante años.

Agostino Casaroli, en cambio, se movía con otra cadencia. Diplomático de oficio, hombre de pocas palabras y mirada larga, Casaroli construyó, desde la discreción, una de las estrategias más audaces de la Santa Sede: la *Ostpolitik*. Mientras que Benelli prefería la confrontación inteligente, Casaroli se inclinaba por el diálogo persistente, incluso con aquellos que perseguían a la Iglesia. Entró en Hungría, Checoslovaquia, la Unión Soviética, no con cruzadas, sino con acuerdos. Sabía que mantener viva la Iglesia tras el Telón de Acero requería concesiones, pero también coraje moral. Casaroli no era un hombre de cámaras ni de frases lapidarias, pero su huella perduró en la política internacional de Juan Pablo II, de quien fue secretario de Estado.

Entre Benelli y Casaroli se extendió, durante dos décadas, el eje de una diplomacia que oscilaba entre el hierro y la seda. El primero representaba el músculo organizador; el segundo, la inteligencia negociadora. Dos rostros de la Iglesia que sabían que para sobrevivir había que decidir cuándo hablar alto... y cuándo callar para poder continuar hablando.

Cuando entrevisté a il Dottore en su oficina improvisada de la suite que ocupaba en el hotel St. Regis de Roma, lanzó una rápida mirada de soslayo a un dosier en el que se citaban los libros de Giovanni Benelli y Agostino Casaroli antes de responder.

—Sin Casaroli no habría Francisco, y sin Pablo VI no habría habido Wojtyla como antídoto contra Moscú. Pero ahora el mundo ha cambiado: no se trata solo de diálogo este-oeste, sino de un sur que exige voz.

Por contra, Monseñor C. fue más cortante:

—¿La *Ostpolitik*? Una rendición con sotana. Francisco trazó una versión para China. Y ahora, ¿este nuevo papa? Temo que siga ese camino suave, pero peligroso.

Este capítulo recorre la evolución de esta diplomacia única: desde el papa que plantó cara al comunismo hasta el que gobierna hoy desde el gesto y el silencio. Y nos muestra que, en el Vaticano, la geopolítica nunca se hace a gritos. Se teje con conversaciones discretas, contactos y reuniones entre bambalinas que no constan en el boletín de prensa. Porque lo que no se ve a menudo es lo que más pesa. Y es precisamente ahí donde il Dottore y Monseñor C. —rivales, observadores y protagonistas— tienen mucho que decir.

## Jugar en varios tableros

La tarde que conseguí arrancarle aquella interesante conversación, Monseñor C. no me esperaba, no habíamos quedado. Le encontré cabizbajo en la misma plaza de San Pedro cuando salía de hacer gestiones «como siempre —me dijo— para hacer abrir los ojos a viejos amigos todavía deslumbrados por la figura del nuevo papa León XIV». Tenía ganas de charla y me condujo a una residencia de sacerdotes situada en una de las travesías que confluyen en la via della Conciliazione. Allí vivía un buen amigo suyo, sacerdote de los Legionarios de Cristo, la organización fundada en México por Marcial Maciel, gran amigo de Juan Pablo II, el papa que le protegió de las graves acusaciones de abusos hasta su muerte. A los diez minutos de estar sentados en una pequeña sala de visitas, tras una conversación a tres protocolaria e intrascendente, el sacerdote nos dejó a solas.

La luz dorada del atardecer teñía los pesados cortinajes de la salita. Estábamos acomodados (es un decir) en una especie de poltronas de madera, ante una mesa baja, con dos tazas de café que nos habían servido y pronto se enfriarían. Él empezó, como siempre, con aquella mirada de quien cree que ya sabe la respuesta antes de formular la pregunta.

—¿Sabe, amigo mío? A la Iglesia católica le encanta jugar en varios tableros al mismo tiempo. Y a veces incluso juega partidas diferentes en el mismo tablero.

Le miré sin decir nada, para que siguiera con su reflexión.

—Les gusta repetir el dicho: «Dios escribe recto en renglones torcidos». Una manera cómoda de explicar a los neófitos que confíen en nuestra eficacia y bondad, aunque no entiendan nada de lo que pasa entre estos muros.

—Puede que sí —repliqué—, pero ¿no cree que también suena como una coartada? ¿Una forma de justificar decisiones incomprensibles, o incluso contradictorias, en nombre de una supuesta providencia?

Monseñor C. frunció el ceño, visiblemente molesto.

—Es una manera de verlo, pero no es la mía. Le recuerdo que, mientras Gobiernos y Estados se han hundido uno tras otro, la Iglesia continúa en pie. Llevamos dos mil años sobreviviendo a cismas, imperios, revoluciones y guerras. Si eso no es prueba de la mano de Dios, ¿qué más quiere?

Di un sorbito a mi café y dejé la taza en el platito.

—O quizá sea prueba de una gran habilidad política —respondí con una sonrisa irónica—. De saber mover piezas, cambiar de tablero cuando conviene y reinventarse para sobrevivir.

Hizo un gesto de desprecio con la mano, pero no pudo evitar que se le escapara una sonrisa. Pocas veces le había visto aquella expresión en el rostro.

—Usted, siempre tan desconfiado. Pero no olvide una cosa: en política se puede jugar con cartas incluso de diferentes barajas; en la Iglesia, con las almas. Y eso es una responsabilidad que no se puede reducir a una simple estrategia.

Esta vez el silencio fue mío. Y pensé que, en aquel punto, tal vez Monseñor C. no estuviera del todo equivocado.

## Tres estilos, tres diplomacias

El 1 de junio de 1979, Karol Wojtyla bajó del avión en Varsovia; ante la mirada incrédula de todo el mundo, se arrodilló y besó el suelo. Aquel gesto aparentemente sencillo tuvo la fuerza de un trueno. Era mucho más que una reverencia: era la llama moral que encendería conciencias y que, con el tiempo, haría tambalear regímenes que parecían indestructibles. Stephanie Slade lo describía en *Reason*: «Fue la chispa que marcó el inicio del final de la Unión Soviética».

Al hablar de ello, Monseñor C. no podía esconder su admiración.

—Cuando besas tu tierra y pides reflexión, no gobiernas con la ley, gobiernas con el corazón.

A partir de aquel día, Wojtyla unió fe y dignidad humana en cada discurso, desde la ONU hasta cualquier plaza del mundo. Alianzas inesperadas con Lech Wałęsa y Ronald Reagan, selladas discretamente en la cocina del poder del Vaticano, acabarían llevando a la caída del comunismo polaco. Aún recuerdo cuando Wałęsa, ya presidente, me lo relataba en el palacio de Belvedere: hablaba con la vehemencia de quien sabe que ha vivido la historia desde dentro.

Con Benedicto XVI, el escenario se tiñó de otro tono. Después del 11S de 2001, su voz buscaba diálogo y prudencia, pero el discurso que en el año 2006 hizo en la Universidad de Ratisbona sacudió intelectuales y Gobiernos al tiempo que incendiaba el mundo musulmán. Ratzinger hablaba de fe y razón, de la necesidad de pensar antes de reaccionar, pero se interpretaron algunas citas hechas por el papa como palabras suyas. Aquellas frases, fuera de contexto, abrieron un debate mundial y al mismo tiempo le obligaron a hacer gestos de reconciliación, como su plegaria en la Mezquita Azul de Estambul. Monseñor C. se refirió a él con cierta distancia, describiendo un estilo discreto, casi invisible. Il Dottore, en cambio, fue más severo.

—Era la diplomacia del silencio, sí, pero también de la inacción. Benedicto quería credibilidad lenta, pero el mundo estaba en llamas y él hablaba en murmullos. Su reflexión era sólida, pero a menudo llegaba demasiado tarde. La historia no espera a los filósofos.

El pontificado de Francisco volvió a sacudir el tablero. Miró hacia el sur global y lo puso en el centro de su pontificado. «Esta economía mata», advertía en *Laudato si'*, vinculando diplomacia con justicia social y con ecología integral. Sin embargo, cuando estallaron las guerras de Ucrania y Gaza, sus palabras resonaron como gritos que se atenuaban en el aire. Sobre Ucrania, repitió incansablemente que «la guerra es locura»; y acerca de Gaza, en enero de 2025, advirtió ante los diplomáticos que la crisis era «muy grave y vergonzosa». Al cabo de unas semanas, iba más lejos aún: «Lo que pasa en Gaza tiene las características de un genocidio». Pero la respuesta de Israel fue furibunda y Occidente miró hacia otro lado.

Il Dottore reflexionó con un punto de decepción.

—Francisco intentó ser diplomático, pero sintió su voz como mandato moral. Fue gesto, no acción.

Monseñor C., todavía más contundente, sentenció:

—Era un papa de compasión. Pero Gaza y Ucrania pedían decisiones, no compasión que suena a neutralidad. El mundo no cambia con discusiones, sino con presiones concretas.

Y, sin embargo, a pesar de las críticas y los límites, Francisco dejó huella: el restablecimiento de las relaciones entre Cuba y Estados Unidos, la rendición de las guerrillas colombianas o el impulso al Acuerdo de París contra el cambio climático forman parte de su obra. Incluso el polémico pacto con China de 2018, que mantenía el control vaticano sobre el nombramiento de obispos, criticado entre muchos por el cardenal Zen, era defendido por Bergoglio con claridad: «Un diálogo imperfecto es mejor que ningún diálogo».

Con ironía seca, Monseñor C. añadió:

—Francisco convirtió la diplomacia global, que había sido una obra de arte, en una especie de púlpito mediático. Los acuerdos con Pekín parecían más pensados para gustar a las cámaras que para proteger a los fieles.

Y así, en tres estilos tan diferentes, el Vaticano proyectó tres caras de la misma diplomacia: el gesto que sacude, la reflexión que dialoga y la voz que clama desde el sur.

## León XIV: la diplomacia simbólica y el equilibrio institucional

La llegada de Robert Francis Prevost al pontificado ha introducido un estilo diferente que, paradójicamente, evoca el pasado y a la vez abre nuevos caminos.

—¿Recuerda qué dejó dicho León XIV en su primer encuentro con el cuerpo diplomático? —me preguntó il Dottore sin preámbulos, como si ya supiera que yo llevaba aquella frase anotada. Hizo una breve pausa y continuó—: Era el 16 de mayo de 2025 cuando dijo que la dignidad de los migrantes ha de ser respetada.

La sensación emotiva que dejó tras de sí pesaba más que sus palabras. Después, con solemnidad, añadió:

—Aquel día entendí que empezaba una nueva etapa. No solo abría un discurso; establecía un nuevo eje para la diplomacia vaticana: directa, humana y visible. Es un lenguaje que recupera el corazón del Evangelio sin renunciar a la gramática institucional.

Mientras exponía lo que quería decir, il Dottore acariciaba con dos dedos una nota manuscrita llena de tachaduras y correcciones. Sabía de lo que hablaba.

—Francisco abrió ventanas. Ahora León XIV intenta ordenar las estancias, pero manteniéndolas abiertas.

Me advirtió del simbolismo de los gestos y me informó de que aquel discurso había sido escrito en tres fases, revisado por el propio papa. También de que había insistido, literalmente, en que el verbo «respetar» se pronunciara con énfasis.

—Hay palabras que son puntos de inflexión. Esa lo fue.

Al preguntarle si aquella declaración había marcado una ruptura o una continuidad con Francisco, il Dottore sonrió con astucia.

—Es una continuidad elegante. El mismo Evangelio, pero con una voz más contenida. Francisco fue un profeta. León XIV quiere ser un diplomático cristiano.

La luz que entraba por la ventana de la suite del St. Regis dejaba ver a lo lejos la cúpula de San Pedro, que proyectaba largas sombras sobre Roma. Y él, aquel hombre que no firmaba nada, pero que lo redactaba todo, concluyó con precisión:

—La geopolítica vaticana no es solo la lógica de los acuerdos, sino la estética de los gestos. Y eso León XIV lo ha entendido muy bien.

## Gaza y Oriente Medio: la voz que sacude

El 22 de junio de 2025, tras los bombardeos estadounidenses a Irán, León XIV apeló directamente a la paz en Oriente Próximo durante el Ángelus: «Cada miembro de la comunidad internacional tiene una responsabilidad moral: detener la tragedia de la guerra antes de que se convierta en un abismo irreparable... Que la diplomacia haga callar a las armas; que las naciones tracen su futuro con paz...». Sus palabras, llenas de gravedad, no fueron un clamor técnico, sino una convocatoria ética.

Lo comenté con il Dottore en aquella lujosa cámara inundada de sol:

—Dicen que la diplomacia tendría que llevarse esa carga sola, pero, cuando un papa utiliza la palabra «irreparable», está poniendo al Vaticano en el centro del drama. —Habla con serenidad—. No buscaba complacer a nadie, sino remover conciencias. La guerra no soluciona nada; amplifica el dolor. Ese discurso hace que la ciudadanía global se sienta interpelada.

Días más tarde, en el ambiente reposado de su despacho, Monseñor C. le rebatió:

—Una advertencia así a Israel y Palestina puede convertirse en un arma política. Es valiente, sí, pero también muy peligroso. Cuando hablas de «responsabilidad moral», estás jugando en campo contrario.

Los contrastes entre derecho moral y riesgo real son palpables, y Prevost lo sabe. Cuando, a finales de septiembre de 2025, nos habló brevemente a un grupo de periodistas sobre el reconocimiento de Palestina, el papa recordó que «la Santa Sede ha apoyado la solución de Estados Unidos desde hace muchos años... El reconocimiento puede ayudar, pero ahora mismo no hay voluntad de escucha por una de las partes. El diálogo está roto».

Pocos días antes, el papa León había recibido al presidente de Israel Isaac Herzog en el Vaticano y le había expuesto que era necesario detener la masacre y la crisis humanitaria y que resultaba imprescindible buscar fórmulas para «garantizar un futuro al pueblo palestino». Sobre el concepto de genocidio que Francisco ya había puesto sobre la mesa, el pontífice, sin obviar su estilo cauto, envió un mensaje firme: «Hay una definición y un análisis técnico muy específicos de lo que podría constituir genocidio, pero un número creciente de personas plantea el tema, incluidos dos grupos de derechos humanos en Israel que han hecho esta declaración».

## El aviso sobre Ucrania y el reto ortodoxo

El 22 de junio de 2025, León XIV advirtió sobre la necesidad de prevenir «una guerra que podría abrir un abismo irreversible», en referencia al conflicto de Ucrania. En aquel momento adoptó un tono claramente moral. No buscaba intervenir como mediador técnico, sino apelar a la responsabilidad ética de la comunidad internacional. El concepto que más ha repetido es que busca acabar con las guerras, «una paz desarmada y desarmante». Sabe que con Putin el diálogo no es fácil y a finales de septiembre criticó con prudencia el papel de Europa. «Continúo insistiendo en la necesidad de deponer las armas, detener los avances militares y volver a la mesa de negociaciones. Si Europa estuviera realmente unida, creo que podría hacer mucho».

Desde su despacho en el centro de Roma, Monseñor C. me comentó con voz grave:

—Un papa puede llamar al orden sin convertirse en un estratega. Sin embargo, cuando adopta ese tono, añade una gravedad que obliga a escucharle. Otra cosa es que consiga resultados.

Sus ojos mostraban prudencia, pero también la

sombra de una sospecha: demasiada gravedad podía incomodar a capitales que preferían silencio y diplomacia discreta.

El 26 de julio de 2025, en un encuentro con el metropolitano Anthony de la Iglesia ortodoxa rusa, León XIV reafirmó la necesidad de que el Vaticano desempeñe el papel de mediador en el conflicto de Ucrania, algo que Francisco nunca consiguió consolidar a través del patriarca Kirill. De hecho, la Iglesia ortodoxa rusa es una Iglesia-Estado y desde el primer momento de la invasión se alineó con el Kremlin.

Il Dottore lo resumió con una media sonrisa y un gesto de la mano, como quien aparta el humo de un puro invisible.

—No lo tiene fácil Prevost con los ortodoxos rusos, pero hace diplomacia intercristiana sin proclamas, vía relaciones simbólicas, sin proponer tratados soterrados. A la larga, eso podría funcionar.

Su voz tenía la serenidad de quien sabe que los ortodoxos rusos solo responden a símbolos de fuerza, no a palabras vacías.

Cuando, más tarde, le hablé del tema a Monseñor C., su tono fue más frío y cortante:

—Con Moscú, la simbología y la paciencia no sirven de nada. Allí solo respetan el lenguaje de la fuerza. Si el Vaticano no puede garantizar poder real, cualquier gesto queda reducido a protocolo. Y en Rusia el protocolo es humo.

La contraposición quedaba clara: para il Dottore,

la clave estaba en la paciencia de los gestos; para Monseñor C., en cambio, sin músculo político todo quedaba en nada; en una ineficaz liturgia diplomática.

## El polémico acuerdo con China

El pontífice estadounidense también confía en la eficacia del polémico acuerdo con China que preserva —según parece, aunque el texto es secreto— el derecho a veto eclesiástico sobre el nombramiento de obispos. Se trata de una medida continuista con Francisco, aunque con menos concesión simbólica y más control institucional.

Aquí Monseñor C. intervino con contundencia:

—Con China, todos acaban cediendo. Francisco entró con ingenuidad. León XIV entra con los ojos abiertos, pero el resultado será el mismo: Pekín siempre tiene la última palabra.

Il Dottore, sin embargo, discrepó firmemente, casi con impaciencia:

—La diferencia es que ahora Roma muestra la mano derecha y esconde la izquierda. Francisco quiso fraternidad; León XIV juega con el equilibrio institucional. Y eso, en diplomacia, cambia mucho.

## El giro hacia las periferias

—¿Has notado que el papa ha intensificado los encuentros con delegaciones de África y Asia? —me preguntó il Dottore con su voz baja, casi conspirativa.

Asentí.

—Es un movimiento claro para reconfigurar el eje de poder eclesiástico hacia las periferias. Puro Francisco.

Los datos lo confirman: León XIV ha apostado por encuentros clave con los episcopados africanos y asiáticos, por una diplomacia vaticana multipolar. El 2 de julio de 2025, en el *National Catholic Register*, el vaticanista Edward Pentin lo resumía así: «El nuevo papa quiere esquivar la polarización estadounidense y crear puentes con los sures globales».

Este movimiento implica también un distanciamiento prudente respecto de los intereses políticos de Washington y Bruselas, pese al origen estadounidense del pontífice.

Monseñor C. me soltó un comentario entre irónico y desconfiado:

—Un papa estadounidense que se aleja de los estadounidenses…, ya veremos cuánto le dura la independencia.

## Los populismos europeos

El 16 de mayo de 2025, ante el cuerpo diplomático acreditado en la Santa Sede, León XIV recordó que la diplomacia del Vaticano tenía que sostenerse en «paz, verdad y justicia». Y advirtió en tono mesurado pero firme: «La Iglesia nunca puede quedar exenta de decir la verdad... Pero la verdad nunca puede separarse de la caridad...».

Cuando lo comenté con il Dottore, esbozó media sonrisa y me respondió sin dudar:

—Los populistas de Europa viven del relato de la frontera. Dividen el continente entre nosotros y ellos, los buenos y los malos. Con estas palabras, el santo padre desactivaba esa lógica y ofrecía esperanza. La diplomacia no ha de seducir; ha de sorprender.

Sus palabras resonaban con fuerza dentro del contexto europeo. En Francia, Marine Le Pen había convertido la inmigración musulmana en sinónimo de amenaza a la identidad nacional. En Alemania, la AfD insistía en que «el islam no pertenece a Alemania». En Inglaterra, Nigel Farage, y en España, Vox, Aliança Catalana y un sector del Partido Popular blanden el fantasma de ciudades y barrios enteros convertidos en «jaulas multiculturales». Todos ellos defienden expulsiones y deportaciones masivas de inmigrantes y refugiados. En todos sitios, la misma fórmula: miedo, identidad y muros. Los llamamos populistas, pero, sinceramente, creo que la mejor definición sería neofascistas o neonazis.

El fenómeno migratorio se ha enfocado mal. Nadie ha querido afrontarlo con el realismo que exige. Se ha hecho desde el buenismo de una «izquierda» incapaz de gestionarlo, pero también desde la xenofobia de la derecha más radical e inhumana.

Más tarde, cuando llevé este tema al despacho de Monseñor C., se le endureció el rostro. Habló con calma, con los argumentos que resucitan la intolerancia y la xenofobia. Y lo hizo con una contundencia aterradora:

—La gente no quiere catequesis moral; quiere soluciones. Quiere seguridad, trabajo, una identidad que no se le escape de las manos. El islam es un peligro evidente. Si el Vaticano solo responde con discursos nobles y no ofrece nada tangible, la ciudadanía se separará de él.

Ambas voces, recogidas en momentos diferentes, mostraban el contraste. Para el asesor reformista, el papa había vuelto a situar a la Iglesia en el terreno de la sorpresa esperanzada, una voz capaz de romper el juego perverso del «nosotros contra ellos». Para el sacerdote conservador, en cambio, Europa vive una crisis de identidad profunda y real, y la Iglesia corre el riesgo de perder al pueblo si no escucha esos miedos.

Entre nacionalismos, fronteras y muros, León XIV había escogido hablar desde el corazón. Pero sabía que cada palabra podía convertirse al mismo tiempo en bálsamo para los unos y en piedra para los otros.

## El clima y Latinoamérica

El 25 de julio de 2025, el mensaje del papa para la Jornada Mundial del Migrante y del Refugiado hizo que se le definiera como «mesías de la esperanza», en un contexto devastado por la pobreza, las guerras y las crisis climáticas; destacó el vínculo entre esperanza, migración y misión.

Aquella tarde luminosa, en Roma, il Dottore amplió la idea:

—Al ver migración como esperanza, León XIV está reconfigurando la mirada geopolítica. Además, no habla solo de ecología, también lo hace de dignidad humana y solidaridad global. El futuro de la Iglesia puede depender de ello.

Sin embargo, durante la entrevista que le hice en su despacho, Monseñor C., mirando la ventana oscura de su recinto, replicó esa idea:

—La crisis climática podría ser real, sí, si bien hay científicos que la niegan, pero para mucha gente el problema es la violencia y las dictaduras comunistas, sobre todo en Latinoamérica. Si la Iglesia se enfoca en el clima y no en las políticas que matan, es que ha perdido la compasión.

Dos enfoques: uno, global y simbólico, y el otro, local, casi negacionista y doloroso.

## Un pontífice estadounidense en un mundo polarizado

El siempre afinado analista jesuita Antonio Spadaro da algunas claves para entender el mundo actual y el papel geopolítico de la Iglesia: «Vivimos un momento de gran desorden en el que se han transgredido los valores. El orden mundial se ha roto. Lo peor es que, en este momento, hay el riesgo de que en la dinámica internacional acabe prevaleciendo el bipolarismo sobre el multilateralismo. Todas las instituciones multilaterales (como las Naciones Unidas) están en crisis y ya no cuentan. Lo que cuenta son las relaciones bilaterales: Israel-Estados Unidos, Rusia-Estados Unidos, China-Rusia... Uno a uno, uno a uno. ¿Qué quiero decir con esto? Que, en este momento, el mensaje positivo, la narrativa que habría que impulsar desde la Iglesia, es la que favorece el encuentro y no solo el diálogo de intereses. Porque el diálogo bilateral siempre se ha basado en intereses. Y en ese diálogo siempre hay un fuerte y un débil. En mi opinión, la narrativa que León está creando es la del encuentro, del diálogo que escucha a todos y da voz a todos. Esa es la narrativa que hay que construir. Porque la Iglesia, en medio de la crisis de todas las instituciones bilaterales y multilaterales, es, paradójicamente, la única institución internacional que mantiene un carácter propio y que insiste en que la unidad es superior a las diferencias. Sin embargo, el riesgo es evidente: en este momento, también corremos el peligro de que el poder político, consciente de esa realidad, quiera manipular las dinámicas eclesiales; de que asuma una narrativa religiosa, una imagen apocalíptica y de salvación de la humanidad, propia de la Iglesia, para trasladarla al discurso político e instrumentalizarla con fanatismo. Y eso es extremadamente peligroso».

Me viene a la cabeza el discurso radical del estadounidense Charlie Kirk, el joven comentarista e influyente aliado del actual presidente de Estados Unidos que murió asesinado el 10 de septiembre de 2025. Convertido en mártir por la juventud MAGA, que considera a Trump un enviado de Dios, pregonaba un modelo de país basado en los valores más reaccionarios del cristianismo fundamentalista. Una especie de sociedad excluyente e identitaria basada en una interpretación bíblica sesgada.

En este sentido, es significativo lo que sucedió aquella tarde del 8 de mayo de 2025 en la plaza de San Pedro. Recién elegido, el nuevo papa habló con voz clara, sin ornamentos, y, sin embargo, con una fuerza inesperada. León XIV no habló de estructuras ni de dogmas, sino de amor y reconciliación. Ha continuado poniendo el acento en la dignidad humana, en los migrantes que cruzan mares y desiertos, en el grito de la

Tierra herida por el cambio climático. Un lenguaje sencillo, pero que rezuma universalidad.

Il Dottore, con una sonrisa sarcástica, susurraba mientras tomaba notas:

—Ser estadounidense no le empuja hacia el imperialismo, más bien al contrario. Lo dota de una mirada global. Lo repite una y otra vez: estamos todos entrelazados. Y no le da miedo decirlo en voz alta porque sabe que solo así se oye. Le preocupa, y mucho, la polarización.

La réplica de Monseñor C. en la entrevista posterior fue un suspiro pesado, casi resignado.

—Ser estadounidense, en este mundo polarizado, es más bien una carga para un pontífice, una anomalía que todavía sorprende a muchos de mis colegas. Si no gobierna con prudencia, corre el riesgo de ser arrastrado por ideologías ajenas a la Iglesia que quieran manipularle. Lo veo a diario: entre mi gente hay quien juega a ese juego, y no lo comparto en absoluto. Y, en el campo contrario, en la izquierda, todavía hay muchas voces que ensalzan la teología de la liberación como si fuera una bendición eterna.

Entre esos dos polos se despliega la realidad. León XIV ha vuelto a colocar al Vaticano en el centro, pero no con gestos estridentes o discursos grandilocuentes. «No veo —ha dicho— mi tarea principal como intentar ser quien solucione los problemas del mundo».

Prefiere el gesto mesurado, la disertación clara, la

mirada abierta que no renuncia a la complejidad. La suya es una voz que se alza con calma, sin ningún ruido, y que, sin embargo, se propaga por los pasillos de la diplomacia hasta llegar a cada rincón de un mundo lleno de debilidades e incertidumbres, de un mundo que avanza a una velocidad de vértigo.

# 7

# La incógnita Trump

Cuando, en diciembre de 2024, Donald J. Trump fue reelegido presidente de Estados Unidos, el Vaticano recibió la noticia con una prudencia calculada. No se cursó ninguna felicitación inmediata, tan solo se emitió un breve comunicado de prensa que hablaba del deseo de «colaboración en favor de la paz y la dignidad humana». En realidad, aquel medio silencio decía mucho: la relación entre Trump y la Santa Sede siempre ha sido un campo de minas, y bajo el nuevo pontificado de León XIV las incertidumbres no hacen más que crecer.

Solo nos faltaba ver que Donald Trump publicaba en la cuenta oficial de X de la presidencia de Estados Unidos una inoportuna fotografía creada con inteligencia artificial en la que él aparecía vestido de papa antes del cónclave. Acompañó esa broma de mal gusto con unas declaraciones desde la Casa Blanca que daban vergüenza ajena: «Me gustaría ser papa. Esa sería mi opción número uno. Creo que sería un gran papa. Nadie lo haría mejor que yo».

De este modo, Trump se saltó todas las normas de respeto institucional. Nos tiene acostumbrados a hacerlo en lo tocante a cualquier tema o dirigente, pero que nos hayamos cansado de verlo no debería normalizarlo. Hace unos años, su comportamiento habría conllevado un mayúsculo escándalo diplomático; ahora, aunque ya no nos escandalice casi nada, no podemos dejar de decir que es algo... incalificable. Si recapitulamos y atendemos al hecho de que el candidato de Trump era el cardenal Dolan («He de decir que hay un cardenal de un lugar llamado Nueva York que es muy bueno. Ya veremos qué pasa»), podemos comprobar que el presidente de Estados Unidos se ha convertido en el rey del estilo más zafio jamás visto en las relaciones internacionales. Para él, la injerencia no existe.

El cardenal Jean-Claude Hollerich, arzobispo de Luxemburgo, en la edición del 10 de mayo de 2025 del periódico católico *Avvenire*, insistía en un aspecto muy comentado: «No hemos elegido un papa anti-Trump. Hemos escogido a un hombre de plegaria, un discípulo de Jesús, un timonel que sepa guiar a la Iglesia entre las olas de la historia. El hecho de que sea ciudadano estadounidense es una coincidencia. También porque Donald Trump pasará, mientras que el pontificado de León durará mucho tiempo».

Il Dottore, en la conversación que manteníamos, lo tenía bien claro:

—El Vaticano ha aprendido que Trump no juega con normas diplomáticas. Su vuelta nos obliga a repensar cómo proteger nuestros valores en un mundo que premia el ruido y el poder. León XIV, tal vez sigilosamente, se convertirá, si no lo es ya, en un contrapoder al del presidente estadounidense.

Pero no todo el mundo lo ve igual. Monseñor C., con su franqueza habitual, opta por defender al inquilino de la Casa Blanca:

—Trump tal vez sea excesivo, pero dice lo que muchos pensamos. Es mejor tenerlo de presidente a él que a sus alternativas laicistas y wokes. El Vaticano tendría que saber leer los signos de los tiempos.

Este contraste revela la grieta interna que divide a la curia romana entre quienes ven a Trump como un obstáculo para el Evangelio social y quienes lo consideran un aliado contra la ideología de género, el aborto y el secularismo agresivo.

Hasta ahora, el papa León XIV ha mantenido una actitud prudente. No ha mencionado a Trump directamente en ningún discurso público, pero sí que ha hecho afirmaciones que lo contemplan como trasfondo. Por ejemplo, en su primer encuentro con el cuerpo diplomático, advirtió: «No podemos permitir que el poder político se imponga sobre la verdad moral ni que el grito apague la conciencia».

También ha insistido, con referencias implícitas a las deportaciones y políticas migratorias de Trump, en que: «Los migrantes no son una amenaza, sino el rostro de Cristo que nos interpela». «Evidentemente —llegó a decir el pontífice—, algunas de las cosas que están pasando en Estados Unidos son preocupantes». Y, sin citar al presidente, a finales de octubre de 2025 le envió un mensaje claro: «Cuando se abusa de los migrantes vulnerables no se está ejerciendo la soberanía nacional de manera legítima, sino que se están cometiendo o tolerando delitos graves por parte del Estado».

El presidente Donald Trump —sí, el mismo de siempre, ahora de nuevo en el despacho oval— había vuelto a intervenir en asuntos vaticanos con aquel estilo tan suyo, una mezcla de showman y portavoz improvisado de Dios. Esta vez lo hizo desde Pensilvania, el 15 de julio de 2025, mientras respondía preguntas de la prensa de camino a una cumbre sobre energía e innovación. Con el micrófono a pocos centímetros y su habitual tono distendido (por decirlo suavemente), declaró: «Le tengo mucho respeto. Me gustaría reunirme con él, pero no tengo nada previsto».

Se refería, claro está, al papa León XIV. Pero lo que podría haber quedado como una frase institucional, giró rápido hacia su territorio… Trump: «Su hermano me cae muy bien. Es un gran defensor MAGA».

Efectivamente, Louis Prevost, el hermano del papa, se ha convertido en una especie de embajador nacional de la causa trumpista. Según el presidente, Louis tiene su casa llena de gorras rojas, banderas y recuerdos de Make America Great Again (MAGA). Trump lo dijo con una sonrisa de complicidad, como si hablara de un primo lejano con quien compartiera afición por las barbacoas y los chistes groseros sobre mujeres y homosexuales.

Il Dottore no puede evitar un comentario seco e irónico.

—Trump parecía decir que la diplomacia estadounidense ya no pasa por el Departamento de Estado, sino por el salón de casa de los Prevost, con el perro echado en el sofá y la cadena Fox News de fondo.

No era la primera vez que Trump mencionaba a Louis Prevost. En actos de campaña y entrevistas anteriores ya le había alabado como un buen «MAGA de pies a cabeza». En el universo simbólico de Trump, eso representa prácticamente una canonización laica.

## El silencio prudente de León XIV

Mientras tanto, el papa mantenía una discreción que rozaba el estoicismo. Ninguna declaración sobre Trump, ni siquiera un gesto interpretado como indicio. Y eso que desde su elección el foco mediático estadounidense ha girado intensamente hacia él. Monseñor C. hizo uso de la fina ironía que le caracteriza:

—En Roma dicen que, si quieres que el papa calle, tienes que ponerlo delante de un micrófono. Prevost parece haberlo llevado al extremo: silencio absoluto. Sabe que cualquier palabra suya podría usarse como eslogan o arma.

Es cierto que la nacionalidad de León XIV ha generado entusiasmo entre ciertos votantes católicos de Estados Unidos, especialmente entre aquellos que sueñan con una Iglesia más alineada con sus posiciones políticas. Pero, hasta el momento de escribir este libro, el nuevo pontífice ha hablado poco sobre política estadounidense. Nada de mencionar directamente a Trump, nada sobre Biden (a quien el actual presidente acusa de todos los males), nada sobre la polarización en su país de nacimiento.

De todas formas, la gravedad de los hechos del 3 de enero de 2026, cuando Estados Unidos lanzan un ataque contra Venezuela, capturan al presidente Nicolás Maduro y violan todas las leyes internacionales, obligan a subir el tono del papa Prevost. Al día siguiente de la intervención, León XIV de forma clara pide que se garantice la soberanía de Venezuela y se respeten los derechos humanos y civiles. Sin citar en ningún momento a Donald Trump, el pontífice se mostraba tajante y preocupado en privado por la evolución de unos hechos que siembran dudas sobre el futuro de varios territorios amenazados por el presidente norteamericano como Groenlandia, Canadá, Cuba, Colombia, México e Irán. Un intervencionismo, el de Venezuela, que acaba por destruir lo que queda del viejo orden internacional y abre la caja de los truenos para que China pueda hacer lo mismo con Taiwán o Rusia con los países de su área de influencia.

## Una invitación formal... y una ausencia significativa

Pese a esto, el Vaticano no ha quedado al margen del todo. Durante la misa inaugural del pontificado, el vicepresidente J. D. Vance —católico y hombre fuerte de la administración republicana— entregó en mano una invitación formal para que León XIV visite la Casa Blanca. Sin embargo, la fecha no se ha hecho pública. De hecho, tampoco se ha confirmado si se realizará la visita. El Vaticano, fiel a su estilo, no ha comentado nada. Il Dottore lo ve claro:

—Prevost no tiene prisa. Sabe que el tiempo juega a su favor. Trump busca una foto. El papa, de momento, quiere evitarla.

Entre tanto, Louis, el hermano del pontífice, continúa haciendo vida normal. Habla poco. Sin embargo, cada vez que Trump le menciona, los medios de comunicación buscan fotos de su casa, de su gorra, de su jardín. Como si en él se pudiera leer alguna clave secreta del nuevo pontificado. Monseñor C. le pone humor:

—La Iglesia habla de sinodalidad, pero en el Medio Oeste lo que marca la agenda es la barbacoa del hermano del papa. No sé si eso es católico o protestante, pero es muy estadounidense.

## Una amistad imposible pero útil

Trump dice que respeta al papa, pero que no tiene previsto verle. El papa dice..., no dice nada. Y probablemente tampoco quiera verle. Pero esa distancia no impide que Trump utilice la figura de Louis como vía simbólica de conexión. Es un juego diplomático, a su manera. Un estilo que combina admiración, apropiación y oportunismo.

Y mientras el mundo espera un posible encuentro entre el pontífice y el presidente más imprevisible del siglo XXI, en Roma ya hay quien bromea con sorna: «Con el hermano hay química..., pero con el papa, ni café». «*Fratello* sí, pero papa no».

Con el regreso de Trump se ha reactivado el entorno católico estadounidense alineado con figuras como Steve Bannon y el arzobispo Carlo Maria Viganò. El 3 de julio de 2025, la publicación *LifeSiteNews* titulaba: «El retorno de Trump podría frenar la agenda globalista del Vaticano». Monseñor C. no lo disimula:

—Con Trump en la Casa Blanca y obispos como Strickland o Cordileone recuperando influencia, tal vez sea hora de que Roma escuche más a la Iglesia de Estados Unidos.

Pero il Dottore lo rebate con un sarcasmo contenido:

—La Iglesia de Estados Unidos es una parte, no el todo. El Evangelio no se construye con muros ni con Twitter..., o X, o como se llame ahora.

Según la revista cultural estadounidense *The Atlantic* (22/06/2025), «la nueva administración Trump busca reforzar el eje cristiano-nacionalista con el apoyo vaticano, pero encuentra resistencia dentro del círculo de León XIV». Ante la Santa Sede, la Embajada de Estados Unidos, ahora bajo la dirección del ultraconservador Richard Grenell, ha adoptado un perfil agresivo. Los encuentros con el cardenal secretario de Estado Pietro Parolin han ido menguando, y el Vaticano evita pronunciarse.

Como recoge *Politico* (14/07/2025): «La diplomacia del Vaticano con Washington ha entrado en una etapa glacial. El nuevo embajador busca imponer condiciones sobre la agenda moral». En palabras del periodista conservador John L. Allen Jr. en *Crux* (26/07/2025): «León XIV sabe que una confrontación abierta con Trump no beneficia a nadie. Pero tampoco piensa rendirse a una agenda que contradiga al magisterio».

Pese a todo esto, el 4 de julio de 2025, el papa envió un mensaje al presidente Trump por el Día de la Independencia de Estados Unidos que no se publicó oficialmente, pero fuentes diplomáticas apuntan a que contenía un llamamiento a «proteger la vida en todas sus etapas y condiciones». ¿Un gesto de distensión? ¿O una forma sutil de marcar límites morales?

—Este —insiste il Dottore— es un pontificado que dialoga con el mundo, no que se entrega al él. Si Trump quiere una Iglesia que bendiga su proyecto, se ha equivocado de papa.

La incógnita Trump persiste. Sin duda, acabará estallando. Puede convertirse en un obstáculo para el pontificado reformista de León XIV. Pero también puede ser la chispa que active un Vaticano más lúcido, más firme en la defensa de los valores evangélicos. Como escribió Nicole Winfield en Associated Press el 18 de julio de 2025: «La Santa Sede no tiene aliados eternos, sino causas eternas, y, ante un líder como Trump, eso exige coraje y discernimiento».

Cuando Prevost discrepa, no necesita alzar la voz ni imponerse con gestos teatrales. Su estilo evita la confrontación directa, y justamente por eso resulta más contundente. Corrige con la calma de quien sabe esperar, habla con una serenidad que desarma, y es en esa ausencia de estridencias donde su autoridad se hace más clara. No gana por la fuerza, sino porque la coherencia de lo que dice y hace acaba debilitando casi cualquier resistencia.

Este capítulo, que empieza con silencio, todavía no tiene final. Ahora bien, su desenlace marcará una parte clave de la diplomacia pontificia de nuestro tiempo e influirá sin alzar la voz en el panorama político caótico, complejo e inquietante que nos ha tocado vivir, donde las reglas de siempre han saltado por los aires. Mientras la política sea cosa de horas o de legislaturas, la Iglesia respirará con el ritmo de la eternidad.

# 8

# La Iglesia MAGA de Estados Unidos

El 13 de marzo de 2013, la elección de Bergoglio como papa causó un terremoto en el episcopado estadounidense. Su sencillez y su estilo pastoral contrastaban con un episcopado acostumbrado a la defensa doctrinal y a menudo alineado con el conservadurismo político. «En Estados Unidos, algunos obispos veían en Bergoglio a una figura exótica y desconcertante», escribió John L. Allen Jr. (*The Francis Miracle*, 2015). El cardenal Sean O'Malley admitió que muchos compañeros se sentían «incómodos con un papa que daba más valor al contacto con los pobres que al protocolo» (*America Magazine*, 2014).

## Crispación y resistencia ideológica

El contraste con casos como el del arzobispo John Myers, que se hizo construir un ala residencial de lujo, era evidente. Francisco reclamaba «una Iglesia pobre para los pobres». Pero figuras como el cardenal Burke le acusaban de «sembrar confusión». La cadena EWTN mantenía una crítica constante: «Hay un canal católico en Estados Unidos que dice barbaridades sobre mí cada día», se lamentaba el papa en *La Civiltà Cattolica* en 2021. Los datos de Pew Research Center de aquel mismo año lo confirmaron: solo el 41 por ciento de los católicos conservadores aprobaban su pontificado.

En 2016, la exhortación *Amoris Laetitia* abrió la puerta al acompañamiento de divorciados vueltos a casar, y también condujo a una importante crispación en Estados Unidos. El arzobispo de Chicago, Blase Cuplich, veía en ello discernimiento; Charles J. Chaput, arzobispo de Filadelfia, un peligro. «No es relativismo, sino discernimiento evangélico», defendía Richard Gaillardetz en el Boston College en 2017. El documento dividió al episcopado y desencadenó una auténtica guerra abierta.

Paralelamente, un escándalo mayúsculo, el del cardenal McCarrick, uno de los más reconocidos internacionalmente, sacudió a la Iglesia estadounidense. Lo acusaron de haber cometido numerosos abusos sexuales a niños, jóvenes y hombres, estudiantes y seminaristas, y en 2018 Francisco le forzó a renunciar; un año después le redujo al estado laico. Una decisión histórica que John L. Allen Jr. describió como «el fin de una impunidad de décadas» (*Crux*, 2019).

Sin embargo, el caso de este personaje, que moriría

en abril de 2025, fue utilizado como una bomba contra el papa. Carlo Viganò, el arzobispo que Francisco expulsó de la Iglesia por cismático —amigo incondicional de Trump y Bannon—, acusó a Bergoglio de haberlo sabido todo y no haber actuado. Sin embargo, un informe vaticano de 2020 atribuyó la mayor parte del encubrimiento a los pontificados de Juan Pablo II y Benedicto XVI.

Y todavía se abrió otro frente, esta vez con la presidencia de Joe Biden, católico y defensor del derecho al aborto. Algunos obispos querían negarle la comunión e incluso excomulgarlo. Francisco replicó en Reuters (2022): «La eucaristía no es un premio para los perfectos». En 2021, durante su encuentro con el presidente en Roma, le dijo que era «un buen católico» y le animó a comulgar. De este modo, el Vaticano detenía una ofensiva que amenazaba con convertirse en un escándalo global.

En medio de ese clima emergía Robert Francis Prevost, agustino de Chicago, como prefecto del Dicasterio para los Obispos desde 2023.

## Un papel discreto pero clave

El trabajo de Prevost como prefecto fue fundamental en la renovación del episcopado estadounidense. Promovió el nombramiento de obispos más pastorales, como Robert McElroy (San Diego) o John Stowe (Lexington), en sintonía con las prioridades de Francisco. Según el vaticanista O'Connell, corresponsal para *America Magazine*, «entiende profundamente la crisis de los obispos estadounidenses y busca soluciones desde dentro, no con confrontación, sino con paciencia y discernimiento». Para il Dottore, como prefecto tuvo un papel resolutivo:

—Cuando Francisco le nombró cardenal, con la autoridad que ese cargo le otorgaba y la diplomacia que le caracteriza, hizo acatar la autoridad de Francisco a casi todos los obispos, exceptuando a Burke y a algún otro, cegados por una radicalización que llega hasta extremos insostenibles.

El nombramiento de León XIV se leyó en todo el mundo como un signo de continuidad, aunque con matices que desconcertaban. En Estados Unidos, especialmente, algunos detalles causaban furor: el uso de la liturgia tradicional, la recuperación de ciertas formas solemnes, el incienso y las casullas bordadas... Todo esto cautivaba a una población que, fascinada desde siempre por los rituales de las antiguas monarquías europeas, veía en aquellas ceremonias un escenario de cuento de reyes y princesas. En la actualidad, las misas vuelven a reunir a multitud de fieles. Muchos son jóvenes que se refugian en las iglesias en busca de respuestas a un mundo que les tiene confundidos e inquietos. Se trata de un fenómeno que ya no es solo estadounidense. En todo el mundo occidental aumenta la tendencia de un movimiento católico que vuelve a interesar a los jóvenes. Unos están fascinados por el retorno a la tradición que promueven los nuevos líderes de la extrema derecha; otros, de carácter progresista, interesados en una doctrina social de la Iglesia que invita a actuar y a movilizarse.

Según el teólogo Massimo Faggioli, «Prevost representa una síntesis entre la tradición estadounidense y el giro pastoral del papa Francisco» (*Commonweal*, 2025). Un equilibrio prudente y sobrio que, sin embargo, se convirtió en la única vía para intentar reconciliar una Iglesia estadounidense a menudo atrapada en la órbita de las teorías MAGA y marcada hasta entonces por la fractura y la polarización.

Con todo, había un contraste que no dejaba de llamar la atención. Desde el primer día, León XIV había prohibido que en Roma y el Vaticano se comercializara su imagen: nada de rosarios con su cara, ni medallas, estampas o souvenirs en los bazares del Borgo. Entre tanto, al otro lado del Atlántico, la situación era justo la contraria: seminarios, parroquias y universidades católicas, tanto progresistas como conservadoras, se llenaron de gorras, camisetas, tazas e imanes de nevera con su imagen.

Un amigo periodista de Nueva York me lo describió con una sonrisa: «Cuando lo eligieron, fue como si los estadounidenses hubieran ganado el Mundial. El lema "America First" se había convertido en motivo de alegría incluso en el terreno espiritual».

El contraste era tan evidente como simbólico: en

Roma, un pontífice que quería apartarse de la mercantilización de la fe; en Estados Unidos, una sociedad que celebraba su elección con entusiasmo nacionalista y le convertía en emblema propio.

# 9

# El peso de un legado

Llegué a la tumba de Francisco con una sensación extraña, como si cada paso dentro de Santa María la Mayor pesara más de la cuenta. Una larga cola en pleno verano de 2025 me recordaba que estaba acompañado en aquella despedida, aunque, al mismo tiempo, me sentía tremendamente solo ante aquella piedra fría.

Lo que encontré me sobrecogió, a pesar de las fotos y vídeos que ya había visto; en el mármol blanco, solo una palabra grabada: «Franciscus». Ni fechas, ni honores, ni ninguno de los títulos que podrían haber llenado la lápida. Aquella desnudez hablaba más que cualquier inscripción solemne. Era como si el papa, incluso después de muerto, continuara predicando su lección de sencillez radical.

Levanté la vista y vi la vieja cruz de hierro que le había acompañado en tantas celebraciones, colgada, como una sombra protectora. Me impresionó su austera dureza, casi áspera, en contraste con la delicadeza de la piedra. Me parecía que ella me miraba a mí, no al revés.

En aquel instante sentí que Francisco todavía hablaba. No con palabras, sino con su ausencia de ornamento, con un estilo sencillo pero lleno de significado. Y comprendí que su legado era precisamente ese: dejarnos delante la sencillez, obligarnos a desvestirnos de todo aquello que nos sobra.

Salí de la basílica con un nudo en la garganta. No era un adiós solemne, sino íntimo. Francisco, incluso la losa, nos seguía interpelando.

A partir de aquella visita, mi objetivo fue profundizar en el legado de aquel argentino que siempre sentí cercano y que me conocía como «el catalán». Jamás en mi carrera profesional, en la que he tenido el privilegio de conocer a todo tipo de personajes que ya forman parte de los libros de historia, nadie me impresionó tanto como él.

## Una reunión áspera y difícil

Me costó Dios y ayuda, pero no perdí la esperanza en ningún momento. Me había obsesionado con lo que parecía imposible: reunir en un mismo espacio a nuestros dos asesores antagónicos para hablar de Bergoglio. Mi intención era verlos juntos, comprobar cómo se movían e interactuaban, cómo podían entablar un diálogo aquellas dos inteligencias irreconciliables a las que conocía por separado.

Entre ellos había muchos recelos y demasiadas batallas libradas en el pasado. Muchas malas jugadas, engaños y trastadas que consideraban imperdonables. Monseñor C. no quería ver a il Dottore ni en pintura, y este no tenía ningún interés en «escuchar sermones inquisitoriales», como decía con sorna.

Todos los intentos previos habían fracasado: conversaciones cortadas de repente sin ningún miramiento, mensajes sin respuesta y..., como colofón, con una insistencia pesada y que ya incluso daba cierta vergüenza, un cúmulo de condiciones impuestas.

Para hacerlo posible, y finalmente lo sería, tuve que prometer neutralidad, arbitrar aquel encuentro y elegir un lugar alejado del Vaticano. Si por separado caminaban casi de puntillas con el ánimo de no hacer ruido, los dos asesores juntos esperaban un entorno que les permitiera hacer exactamente lo mismo. Pensé en pisos de amigos, en hoteles y en restaurantes, hasta que se me ocurrió una pequeña *osteria* en el vicolo de'Cinque. Puede parecer sorprendente que eligiera un sitio en esa calle del Trastevere, territorio básicamente invadido por el turismo. Pero les expliqué el motivo: había reservado a las ocho en punto de una tarde del mes de noviembre de 2025, una mesa en un pequeño comedor privado donde estaríamos completamente solos y a buen resguardo de miradas ajenas. Como era de esperar, el local estaba lleno de guiris distraídos que se hacían selfis y grababan vídeos para subirlos a Instagram o TikTok. Pensé que allí se podría garantizar más que en un hotel o un restaurante de renombre que nadie, aparte de mí, grabara nada, que no hubiera ningún oído dispuesto a escuchar con indiscreción y vete a saber con qué intenciones. Además, por qué no decirlo, la cuenta de la cena haría que la broma no me saliera tan cara. De repente, me había convertido en intermediario, negociador, psicólogo y casi confesor.

Mientras iba cayendo el sol y los muros del Trastevere se teñían de un tono rojizo, cada cual llegó a la cita por separado. Ni se saludaron. Apenas cruzaron una mirada que se podía interpretar como de cortesía y se dieron la mano con frialdad.

Monseñor C. llevaba una americana oscura y un crucifijo que se intuía bajo una camisa clara. Su expresión era tensa, desconfiada. Se sentó con rigidez y me miró fijamente.

—Esto no es una entrevista —advirtió antes de saludar.

Il Dottore, como siempre, había llegado ligeramente tarde. Elegante como de costumbre y con americana y corbata. Llevaba una cartera de piel, gafas ahumadas y tenía aquel aire de ironía contenida que solo abandonaba cuando hablaba de liturgia o de poder. Sonrió sin mirar al otro invitado.

—Tampoco es una confesión —observó.

Asentí, nervioso. No era ninguna de las dos cosas. Pero intuía que aquel encuentro, informal solo en apariencia, era una oportunidad única para entender qué queda vivo del legado del papa Francisco.

## Qué queda del papa argentino

Una copa de vino, un plato de pasta y una conversación aparentemente civilizada podían convertirse en un cónclave encubierto, sin ningún techo pintado por Miguel Ángel, pero con muchos ingredientes que recordaban a los que se habían puesto sobre la mesa durante la campaña que había desembocado en la elección del nuevo papa. La memoria, la interpretación y la batalla por el futuro de la Iglesia, expuestas de manera cruda y, eso sí, alejada de rituales y convenciones.

Empecé con cautela:

—Hace pocos meses, la figura de Francisco llenaba todavía cada despacho, cada homilía, cada artículo. Ahora parece que muchos la borran con prisas. ¿Qué debemos pensar al respecto?

Il Dottore fue el primero en responder:

—Es un error creer que el legado de Francisco es un conjunto de normas. Su legado es una mentalidad nueva: la sinodalidad, la descentralización, la cultura de la escucha...

—O puede que una confusión generalizada —intervino Monseñor C. torciendo el gesto—. Un papado marcado por la ambigüedad doctrinal, por el relativismo, por concesiones a la cultura woke que ha debilitado la claridad moral de Roma y del mundo entero.

Los miré a ambos. La batalla había empezado sin demasiados miramientos. Como mínimo se podía definir de apasionada. En aquel primer envite, cada uno pretendía marcar territorio.

—Pero ninguno de los dos —continué yo— puede negar que Francisco ha dejado huella. Y que León XIV, aunque discreto, no puede escapar de ella.

Il Dottore asintió con firmeza.

—Exacto. León XIV no puede borrar lo que ya ha sido sembrado. Puede cambiar la música, pero no la armonía subyacente.

Abrí mi iPad y leí en voz alta una cita de la entrevista que el papa Bergoglio había concedido simultáneamente a dieciséis revistas de los jesuitas en septiembre de 2013: «Las reformas organizativas y estructurales son secundarias, es decir, vienen después. La primera reforma ha de ser la de las actitudes. Buscamos más ser una Iglesia que busca nuevos caminos, capaz de salir de sí misma...».

Monseñor C. respondió con severidad:

—*Parole, parole, parole* que se han utilizado como carta blanca para hacer y deshacer. Para que se justifiquen los que quieren convertir la Iglesia en una asamblea permanente sin jerarquía, sin claridad, sin autoridad.

Il Dottore le miró, paciente.

—No es eso, monseñor. Lo que queremos es una Iglesia con un rostro humano. Con capacidad de acogida. Y con la valentía de revisar lo que ya no funciona.

Escribí una breve nota en el margen de mis apuntes: «El debate entre la memoria y el control». Aquella mesa era una síntesis viva de lo que se percibe en muchos debates sobre el pasado reciente, el presente y el futuro de la Iglesia. Y no habíamos hecho más que comenzar.

Retomé la conversación con otra cita. Esta vez de un documento menos conocido, pero capital.

—«El camino de la sinodalidad es el camino que Dios espera de la Iglesia del tercer milenio». Lo dijo Francisco en un discurso del 17 de octubre de 2015.

—Ahí es donde empieza todo —intervino con decisión il Dottore, señalando la frase—. El santo padre no quiso reformar solo la curia; también quiso cambiar la estructura de poder de dentro de la Iglesia: dar voz a obispos, presbíteros, laicos, mujeres. Escuchar antes de hablar. Y caminar juntos...

—Una hermosa utopía, pero inviable —le cortó Monseñor C.—. La sinodalidad ha acabado siendo un concepto hinchado. Tras él ha habido estrategias para relativizar la doctrina y diluir la autoridad del papa y de los obispos. No podemos ser cómplices de esa autodestrucción. ¡Al menos yo no lo seré!

Il Dottore sonrió.

—Es curioso. Cuando Francisco hablaba de autoridad como servicio, le criticabais por ser demasiado humilde. Ahora le criticáis por haber tenido demasiado poder. ¿Qué queréis exactamente?

—Claridad —respondió el clérigo—. Y continuidad con la tradición. Preservar el depósito de la fe.

Francisco abrió procesos que han generado confusión. Caminos que han empujado a miles de católicos a sentirse autorizados a cuestionar el magisterio.

Intervine con un ejemplo real.

—El cardenal Jean-Claude Hollerich, en una entrevista a *La Stampa* del 24 de junio de 2022, advirtió: «Hay sectores eclesiásticos que tienen miedo de perder privilegios. El problema no es la sinodalidad, sino la resistencia a cualquier cambio. El problema no es solo teológico. Es político, social y cultural. El papa Francisco tocó intereses profundos, y eso genera resistencias que van mucho más allá del dogma».

Monseñor C. negó con la cabeza.

—Hay una línea que no se puede cruzar, y ese pontificado la cruzó demasiadas veces. Con sus ambigüedades sobre temas morales, con la gestión de la liturgia, con la manera en que permitió que se cuestionaran dogmas.

—Francisco rechazaba el clericalismo que desde hace siglos otorga privilegios e impunidad a los ministros de la Iglesia —argumentó il Dottore con una calma estudiada—. Y que quede bien claro que no cambió ningún dogma; cambió el tono. Y eso ha permitido que mucha gente que antes se sentía fuera ahora encuentre un lugar dentro de la Iglesia. Eso también es Evangelio.

Hubo un momento no incómodo, pero sí denso. Como si los tres supiéramos que hablábamos encima de un equilibrio quebradizo.

—Disculpe si discrepo —objetó Monseñor C.—, pero es evidente que con el argentino las iglesias se han vaciado de feligreses. No solo no ganó nuevos adeptos, sino que perdió a muchos católicos por el camino. Los creyentes estaban confusos. La ambigüedad doctrinal y las ideas políticas de Francisco fueron determinantes.

## Iniciar procesos

Llegados a este punto, antes de que el debate se encallara, recordé una de las afirmaciones que más había impresionado al mundo teológico. Está presente en la exhortación *Evangelii Gaudium*: «El tiempo es superior al espacio. Iniciar procesos es más importante que dominar espacios».

—Tal vez sea eso lo que más molesta —argumenté—, que Francisco no quisiera controlar el final de las cosas, sino ponerlas en marcha. Sin saber cómo acabarían, permitiendo que se dialogara y se discerniera. Como hacía Jesús, que dejaba que las parábolas continuaran en la cabeza de quien las escuchaba.

Il Dottore asintió. Monseñor C. guardó silencio e hizo un gesto de desprecio con la mano. Entendí que habíamos llegado a la primera gran fractura: el conflicto entre quienes quieren controlar el camino y quienes quieren caminarlo.

Respiré hondo. Sabía que ahora entrábamos en

uno de los terrenos más resbaladizos: los temas morales que habían sacudido a la Iglesia durante el pontificado de Francisco.

—No podemos hablar de su legado —dije— sin abordar dos de las cuestiones que han generado más controversia y también más esperanza: el colectivo LGBTIQ+ y la migración.

Monseñor C. levantó los ojos al cielo como si hubiera oído aquel soniquete cien veces.

—Ya estamos. La Iglesia convertida en una ONG sentimental —dijo en tono hiriente.

—No es sentimentalismo —replicó il Dottore, ahora más serio—. Es reconocimiento del sufrimiento. Y una pastoral de inclusión que responde al Evangelio no es ninguna ideología.

Abrí otra página de notas y leí lo que el papa Francisco dijo en una entrevista a Associated Press el 25 de enero de 2023: «Ser homosexual no es un delito. Es una condición humana. Dios nos ama tal como somos».

Il Dottore miró a su rival de debate y le interrogó:

—Usted, monseñor, ¿habría dicho eso mismo delante de un joven homosexual que ha sido rechazado por su parroquia?

Monseñor C. respondió al cabo de unos segundos:

—Yo le habría recordado que Dios ama al pecador, pero rechaza el pecado. La respuesta, en todo caso, no puede ser bendecir parejas homosexuales.

—Esa frase ya no consuela a nadie —replicó il Dottore, cortándolo en seco.

Decidí intervenir para destensar la situación.

—Pero ahora la cuestión es: esa abertura... ¿ha dejado huella o ha sido solo retórica?

Il Dottore no dudó:

—Ha dejado huella. El documento *Fiducia Supplicans* es una prueba clara de que la bendición de parejas de un mismo sexo, no como sacramento, sino como gesto pastoral, es un camino abierto, pese a la oposición frontal de algunas conferencias episcopales, especialmente africanas y de Europa del Este.

Monseñor C. reaccionó enseguida:

—Una prueba más de cómo se ha desestructurado la moral tradicional. La ambigüedad de ese documento ha generado confusión global.

Leí un fragmento del documento promulgado en diciembre de 2023: «La bendición no exige una perfección moral previa, sino que puede ser una ayuda para crecer en la confianza en Dios».

—Eso no es relativismo —reflexionó il Dottore en voz alta—; es teología de la misericordia. Francisco hizo un cambio radical: de la obsesión por la norma al valor de la cara humana. Un legado que ya nadie podrá borrar.

Monseñor C. se giró hacia mí y me clavó la mirada.

—Sin normas no hay civilización, sin poner a Dios y no al hombre en el centro de todo no hay magisterio de la Iglesia. Y, entre tanto, ¿cuántos seminaristas se han perdido por el camino? ¿Cuántos sacerdotes ya no saben qué pueden predicar y qué no?

—Pero no todo el legado es moral —dije—. ¿Qué piensan de su mirada sobre la migración?

## Migración, mujeres y ecología

Il Dottore hizo un gesto amplio con las manos.

—Fue uno de los ejes de su pontificado. El papa Francisco se consolidó como la voz más clara en defensa de los migrantes, y lo pagó caro. Solo hay que ver la reacción de los Gobiernos populistas y de muchos sectores católicos que le acusaron de hacer política.

—La Iglesia no puede vivir de utopías. Acoger sí, pero no a costa de destruir identidades —dijo Monseñor C. dejando la copa de vino sobre la mesa.

Me apresuré a leer la última cita de ese bloque: «Los migrantes no son una amenaza. Son personas con rostros, historias y sueños». Lo decía Bergoglio en el mensaje para la Jornada Mundial del Migrante y el Refugiado, el 24 de septiembre de 2023.

Ninguno de los dos reaccionó. Hice una pausa para ir a avisar a la camarera, que nos tenía abandonados. Pero la conversación estaba lejos de enfriarse. Cuando volví, tocaba abordar otra herencia que incomoda a algunos: el papel de la mujer dentro de la Iglesia.

La camarera entró para retirar los platos. Monseñor C. pidió una infusión; il Dottore, una *grappa*; yo opté por un *espresso*. El ambiente era más denso que nunca. Intenté destensarlo bromeando un poco, pero mis interlocutores no estaban por la labor.

—Ahora —anuncié—, hablemos del tema que, todavía hoy, irrita a más de un sector del Vaticano: el papel de la mujer dentro de la Iglesia. De hecho, en Perú, Prevost confiaba mucho en ellas. Mientras estuvo en Chiclayo, la mayoría de sus ayudantes fueron mujeres, algunas de ellas religiosas, pero también un buen número de casadas o solteras.

Monseñor C. hizo un gesto como si ya hubiera oído demasiadas veces aquella discusión.

—Es una polémica falsa. La Iglesia ya reconoce el valor de la mujer. No hace falta inventar funciones que no le corresponden —dijo.

—La mujer no necesita reconocimiento simbólico —contraatacó il Dottore, con voz baja, pero decidida—; necesita voz, voto y presencia real en los puestos de decisión. Francisco abrió caminos, aunque con prudencia.

Cité un ejemplo concreto:

—Por primera vez en la historia se ha permitido a mujeres religiosas y laicas votar en el sínodo. Las mujeres tienen voz y voto en la elección de un obispo... Eso no es anecdótico —observé—. Es un punto de inflexión.

Il Dottore me acompañó:

—También es clave la creación de nuevos dicasterios donde hay mujeres en cargos de peso. Como la hermana Nathalie Becquart, subsecretaria del Sínodo de los Obispos, o Linda Ghisoni, en el Dicasterio para los Laicos, la Familia y la Vida.

—Pero no olviden que se ha puesto un límite —intervino Monseñor C.—. El propio Francisco dejó claro que el sacerdocio es para los hombres.

Leí textualmente una de las declaraciones más debatidas del papa argentino: «Sobre la ordenación sacerdotal de las mujeres, Juan Pablo II dijo la palabra definitiva, y eso se mantiene».

Il Dottore hizo un gesto que se podía interpretar como el de quien pide calma con las manos y dijo:

—Sí, pero el santo padre también dejó dicho que hay que profundizar en la teología de la mujer. Eso abre una puerta.

Monseñor C. bufó ligeramente.

—Abrir puertas no quiere decir olvidar fundamentos.

Decidí cambiar de tema. Quería llevar la conversación hacia otra de las dimensiones centrales del pontificado: la ecología integral.

—*Laudato si'* no es solo una encíclica verde —dije—. Es una revolución pastoral.

Il Dottore sonrió antes de argumentar:

—Francisco entendió que el grito de la Tierra y el de los pueblos son el mismo. Puso a la Iglesia en sintonía con el clamor del mundo, y con una fuerza profética. Para él, el cambio climático era la principal emergencia para la supervivencia de nuestra especie.

—Pero también ha sido motivo de división —intervino Monseñor C. mirando su taza vacía—. Yo mismo y muchísimos otros obispos no entendemos por qué la Iglesia ha de actuar como una ONG climática.

Il Dottore parecía tener la respuesta preparada.

—Porque cuidar la creación es cuidar la vida. Y Francisco lo dejó claro: «Lo que está en juego no es el planeta, sino la dignidad humana». Eso también es doctrina social.

—Bergoglio revitalizó la doctrina social de la Iglesia —añadí antes de que Monseñor C. pudiera replicar—. Y la vinculó a todo: la política, la economía, la cultura...

Entonces abrí un nuevo documento de los que había seleccionado para la conversación:

—En *Fratelli Tutti*, de 2020, se puede leer: «La política, tan despreciada, puede ser una de las formas más elevadas de la caridad».

—¡Ah, la política...! —exclamó Monseñor C. con una sonrisa no muy afable—. La otra gran obsesión de Francisco. Convirtió la Sede Apostólica en una voz para todo y para todos. Pero descuidó su primera función: custodiar la fe.

Il Dottore le aguantaba la mirada.

—Hizo justo lo contrario: llevar la fe al mundo real. Romper la burbuja.

Miré la hora con discreción y supe que nos acercábamos al momento clave.

—Pero todo eso —insistí— ya es pasado. Lo que nos importa ahora es la gran pregunta que se hace todo el mundo: ¿qué queda, realmente, del legado de Francisco?

Solo se oían las sillas rozando el suelo de baldosas y el murmullo lejano de los clientes y camareros en el comedor principal. Fuera, las campanas del Trastevere daban las nueve.

Monseñor C. fue el primero en romper el silencio:

—Queda un relato. Una narrativa seductora que ha agradado a los medios, a la ONU, a las organizaciones civiles..., pero que ha dejado una Iglesia dividida, desconcertada. Y, en muchos lugares, debilitada.

Il Dottore levantó una ceja.

—Eso es injusto... e inexacto. El legado de Francisco no es solo relato. Es estructura, una huella real: los dicasterios reformados, el nuevo modelo de gobernanza, la descentralización, las nuevas constituciones...

—Pero todo eso se puede deshacer —replicó el clérigo conservador—. Ya verás como en pocos meses algunos textos serán olvidados. Y muchas medidas quedarán congeladas.

—Algunas sí —admitió il Dottore—, pero otras son irreversibles. El cambio de cultura no se detiene *motu proprio*. Es más profundo.

## «Más heredero de lo que aparenta»

Puse sobre la mesa el nombre que importuna a muchos y que infunde esperanza a muchos otros: Robert Francis Prevost, ahora León XIV.

—¿Y él? —pregunté—. ¿Es heredero o ruptura?

—Es un hombre puente —respondió Monseñor C., dubitativo—. Por eso no gusta del todo a nadie. Entre mi gente ya hay quien dice que es una estafa.

Il Dottore sonrió de medio lado.

—Es más heredero de lo que aparenta ser, pero sabe obrar con prudencia. Ha mantenido la línea sinodal, ha confirmado a algunos cargos clave; pero también ha recuperado gestos más tradicionales. Es inteligente. Sabe que el legado de Francisco no se puede destruir. Algunas cosas se neutralizarán por asimilación lenta y en otras se acelerará hasta el final.

Apunté esa expresión: «neutralización por asimilación lenta».

—¿Y la recepción de ese legado fuera del Vaticano? —insistí—. ¿Qué ha quedado de él en las conferencias episcopales? ¿En las parroquias? ¿En la calle?

Il Dottore citó un informe reciente:

—Ha habido mucha confusión real y mucha confusión interesada, muchas campañas de desprestigio bien pagadas y bien difundidas —apuntó—. Pero también se ha roto una barrera. Hoy en día, mucha gente vuelve a hablar del papa, de Dios, de la Iglesia. No desde el miedo, sino desde la duda. Y eso es saludable.

Monseñor C. no estaba de acuerdo.

—Se ha banalizado todo. Los sacramentos, la doctrina, la liturgia... La Iglesia ya no dice lo que es verdad, sino lo que gusta. Se habla de todo eso, pero con sorna y desprecio.

Il Dottore le miró fijamente.

—¿Y usted prefiere una Iglesia vacía, pero ortodoxa? ¿O una Iglesia que camina con sus hijos, aunque sea con heridas?

—Prefiero una Iglesia fiel a Cristo —sentenció Monseñor C.

Me daba cuenta de que volvíamos al punto de partida: la tensión entre doctrina y misericordia, entre seguridad y reforma. Y en aquel momento entendí que el legado de Francisco no era solo teológico e institucional. Era sobre todo humano. Un legado hecho de contradicciones, gestos, documentos, sonrisas y silencios. Un legado que provoca, todavía hoy, dos lecturas contrapuestas de un mismo Evangelio.

La camarera trajo la cuenta de la cena sobre una discreta bandeja, sin una palabra, como si hasta ella misma se hubiera percatado del peso de nuestra conversación. Durante unos segundos, nadie se movió. Monseñor C. jugaba lentamente con la taza vacía de la infusión. Il Dottore se entretenía con el vaso de *grappa*, ya vacío, como si esperara una última palabra, una última provocación.

Los miré detenidamente, no como a fuentes de información ni como a personajes relevantes, que también lo eran, sino como a hombres que cargaban con dos maneras contrapuestas de amar a la Iglesia. Ambos fieles, ambos convencidos y ambos profundamente decepcionados con la realidad de la institución.

—Hay una cosa —dije casi en un murmullo, como si les confiara un secreto— que ninguna reforma es capaz de doblegar: la voz interior del pueblo creyente. Y es en ese espacio íntimo, invisible, pero poderoso, donde Francisco ha dejado su huella más imborrable.

Monseñor C. levantó una ceja, escéptico.

—La conciencia puede ser engañada. Lo que cuenta es la verdad revelada.

—La verdad no puede ser una espada si antes no ha pasado por el corazón —replicó il Dottore.

Sus frases quedaron suspendidas en el aire, como si hubiera cerrado el círculo.

Sin embargo, quise añadir aún una última cita, la que creía tal vez más significativa para intentar entender qué ha sido realmente este pontificado. Una vez más, el autor era el propio Francisco, que el 28 de marzo de 2025, a pocas semanas de su muerte, redactó un mensaje dirigido a la Asamblea Sinodal de las Iglesias de Italia donde afirmaba: «La Iglesia está formada por un pueblo en camino».

Il Dottore sonrió.

—Puede que por eso le quieran olvidar tan rápido, porque ha recordado que la Iglesia no es solo curia, cardenales, cátedras. Es pueblo, gente, polvo y también barro. Personas que, pese a coger caminos diferentes, aspiran a una humanidad más justa y a un refugio espiritual que les llene sus carencias.

Monseñor C. se levantó sin decir nada, gesto con el que dio por acabada la conversación. Le noté el rostro cansado y también cierta melancolía. Con un «Buenas noches tengan» se despidió, sin más. Il Dottore se quedó sentado un rato, mirando el fondo del vaso de *grappa* como si buscara respuestas en él.

—Chico, no sabes lo que has removido hoy —me dijo antes de irse.

—No quería resolver nada —le contesté—. Solo escuchar.

—Pues escucha esto: todavía no sabemos si Francisco ha sido una excepción... o el principio de algo a lo que no sabemos poner nombre.

Salí a la calle con la sensación de que, tras escuchar a mis dos irreductibles amigos, algo había cambiado. Quizá no en ellos, que al fin y al cabo habían reaccionado de un modo bastante previsible. Y tal vez tampoco en la Iglesia..., pero sí en mí. El legado de Francisco no era un libro cerrado. Había preparado el camino para la elección de su sucesor, y la incierta operación para que este fuera elegido había salido bien. La naturaleza de la herencia del papa argentino era una pregunta que persistía. Y quizá, pensé mientras cruzaba el puente hacia el Gianicolo, nadie había dado aún la respuesta. Tal vez ni siquiera hubiera ningún papa capaz de darla. Sería el tiempo quien la ofrecería. El tiempo, que Francisco siempre consideró más importante que el espacio.

# 10

# La fórmula Prevost

El Director de Orquesta conoce al pontífice muy de cerca. No solo es un confidente o un colaborador, es mucho más que eso. Con su habilidad para tejer complicidades, le llevó hasta el poder. Ahora, con Prevost ya situado en el trono de San Pedro, él continúa trabajando a su lado, como una sombra fiel y a la vez imprescindible. En el contexto de un papa silencioso, se mantiene más discreto que nunca.

Sabe cuándo el papa necesita una pausa y cuándo hay que acelerar. Conoce el gesto casi imperceptible que delata el cansancio, y también la mirada viva que anuncia una idea nueva. Es capaz de traducir en estrategias lo que empieza solo como una intuición espiritual, así como de aplacar tormentas con la delicadeza con la que un maestro de músicos hace callar a una sección de instrumentos.

Dentro de las murallas vaticanas, muchos le ven como un hombre reservado, casi invisible, al tiempo que temido: él es quien conoce las puertas que se abren y las que se cierran, los nombres que pueden subir y los que quedarán condenados al olvido. Su poder es sigiloso, nunca escrito, pero decisivo. Por eso nosotros le llamamos, con respeto y cierto temor, el Director de Orquesta. Lo fue antes del cónclave y no ha dejado de trabajar para que nada desafine. Interpreta la partitura definiendo el tempo y la dinámica, dota de coherencia las palabras y la gestualidad, consigue que todos los «músicos» respiren juntos. No solo dirige con técnica, sino también con carisma: a menudo escoge el repertorio y mantiene una difícil disciplina en la «orquesta». No toca ningún instrumento, pero hace que todos suenen juntos con una sola voz.

Nadie como él conoce la «fórmula Prevost», es decir, el modelo de gobierno que el papa León XIV aplica cada día. Una fórmula que no ha sido publicada oficialmente en ningún documento, ni lo será nunca. Nosotros podemos interpretarla a partir de sus primeros gestos, de sus nombramientos, de su perfil público y de su trayectoria vivida antes del pontificado. Podemos identificar una estrategia clara y propia, diferente tanto de la de Francisco como de la de Benedicto XVI, pero nunca seremos capaces de afinar tanto como lo hace este personaje que sabe captar notas y matices que para nosotros siempre pasarán desapercibidos.

Recopilando opiniones de los sectores más diversos e incluso antagónicos, podemos resumir la fórmula Prevost en estos siete puntos clave:

**1. Reconciliación institucional sin rupturas**

Está muy claro que Prevost no quiere ser un papa «de trinchera». Su elección se percibió como un puente entre reformistas y sectores moderados tradicionales, y eso se refleja en su estilo de gobierno. De momento, no ha purgado a nadie de los cargos clave heredados de Francisco. Ha mantenido a Parolin como secretario de Estado, en una muestra de continuidad, pero no ha hecho concesiones a los sectores ultras, y ha ignorado fuertes presiones para hacer retrocesos litúrgicos o doctrinales. En este ámbito, su fórmula se basa claramente en no polarizar, no ceder y no provocar escisiones.

**2. Estilo pastoral, sobrio y discreto**

León XIV sigue la línea de un papa pastor, pero siempre más cauto y mucho menos mediático que Francisco. Rechaza los gestos espectaculares y las frases provocadoras, y se muestra más orientado a escuchar y deliberar que a actuar rápido. No se ha pronunciado directamente sobre temas candentes (ordenación de mujeres, homosexualidad, celibato...), pero ha mantenido abiertas las líneas sinodales. Es una fórmula que supone, a grandes rasgos, menos visibilidad y más gobierno.

**3. Refuerzo del modelo sinodal con perfil bajo**

Pese a no ser visto como un «reformista radical», Prevost no ha tocado la arquitectura sinodal iniciada por

Francisco: ha confirmado la segunda etapa del Sínodo sobre la Sinodalidad y ha mantenido en los cargos al cardenal Mario Grech, secretario general del Sínodo de los Obispos, y a la religiosa Nathalie Becquart. También ha apoyado discretamente que haya más presencia femenina y laica en el gobierno eclesiástico haciendo algunos nombramientos de mujeres en puestos clave. En resumen, continuidad sinodal sin aspavientos.

**4. Diplomacia prudente y no ideologizada**

Prevost es mucho menos político que Parolin y más pastoral que diplomático. Aun así, está escuchando a los sectores europeos moderados (Alemania, Francia, España), mientras observa con preocupación los movimientos excesivos y desconcertantes de los populismos autoritarios en todo el mundo y los conflictos violentos que estallan en el corazón de Europa, en Oriente Próximo y en los continentes africano y asiático. Todo ello con una visión donde prevalece el respeto a los derechos humanos y la justicia social.

Evita la ideologización eclesiástica: no ha entrado en el debate progresistas versus tradicionalistas. Reconoce la importancia del diálogo con el mundo, igual que Francisco, pero con un lenguaje menos provocador. En resumen, apuesta por una diplomacia de proximidad y realista. Propugna la mediación fuera del foco mediático como actor neutral en crisis internacionales y siempre cultivando el perfil de promotor de la paz en un mundo fracturado.

### 5. Tolerancia cero con el abuso de poder, pero sin populismo judicial

León XIV ha mostrado sobradamente que no tolera en absoluto los abusos sexuales y el encubrimiento, pero sin buscar protagonismo judicial. Ha reafirmado los mecanismos creados por Francisco, como la Comisión Pontificia para la Protección de Menores. Es partidario de promover más formación, más control interno y más escucha a las víctimas, pero no quiere espectáculos mediáticos. Su estilo es más interno e institucional que de acusador público. En este ámbito, no duda en aplicar una gran firmeza, pero con discreción.

### 6. Respeto a la tradición, sin retroceder

León XIV no ha modificado el *motu proprio Traditionis Custodes*, que restringe el uso de la misa en latín según el modelo preconciliar. Ha optado por no reabrir el debate, pero sin reprimir en exceso las misas con el rito antiguo. Acepta que haya espacios puntuales de celebración tradicional, pero sin legitimar una ideología restauracionista, ya que promueve la liturgia como lugar de unidad, no de conflicto. En este tema clave para los más rigoristas, opta por una continuidad prudente de la reforma litúrgica.

En otros aspectos como el del celibato ha mostrado una actitud muy prudente, pero abierta al diálogo, especialmente en regiones como la Amazonia, donde la escasez de sacerdotes es un problema. Siguiendo la tradición de las Iglesias católicas orientales, que ordenan a hombres casados, podría estudiar autorizar esta práctica en un futuro de acuerdo con las comunidades locales.

**7. Gestión interna funcional, no estructural**

Finalmente, a diferencia de Francisco, que intentó reformar la estructura vaticana desde arriba (*Praedicate Evangelium*), Prevost prefiere corregir el funcionamiento interno y la eficiencia de los dicasterios, no rediseñarlos. Quiere mejorar la transparencia, pero no crear nuevos organismos, y por eso ha encargado auditorías internas en finanzas y comunicación, pero sin grandes anuncios públicos. Su gestión en este punto será invisible y, sobre todo, técnica.

Quizá sea esta, en el fondo, la verdadera fórmula Prevost: un equilibrio tan frágil como persistente, capaz de sostener a la Iglesia entre la tradición y el futuro, entre el rumor de los pasillos y el clamor del mundo. Avanzar sin romper y resistir sin ceder.

# 11

# Mensaje subliminal. Nada es lo que parece

«León XIV es como un jugador de ajedrez. Mientras mueve la reina hacia atrás, nadie sospecha que ya tiene el peón en la última casilla». Me lo dijo uno de sus colaboradores más cercanos cuando ya hacía seis meses que él era papa. Hacía poco de la fumata blanca y, en un edificio discreto a pocas calles del Vaticano, se inclinó hacia mí y me habló en voz baja, con aquel gesto de hombre acostumbrado a envolver cada palabra con enigmas.

La frase se me quedó grabada. Todavía la oigo como un murmullo persistente cuando recuerdo la tarde del 8 de mayo de 2025, cuando Robert Francis Prevost, acabado de elegir, apareció en el balcón central de la basílica de San Pedro. Capté la tensión de antes de la bendición, las lágrimas contenidas, la sonrisa discreta, el ritmo de sus pasos, lo que decía y lo que callaba: todo era mensaje.

En Roma no hay nada banal. El color de una capa, la duración de una pausa, el tono de una mirada. Lo entendí mientras tomaba notas febrilmente en mi cuaderno, con la sensación de que aquella ceremonia no era solo la presentación al mundo de un nuevo jefe de la Iglesia católica, sino el inicio de una partida jugada en un tablero que todavía no sabíamos leer.

Tras ese tiempo a la cabeza de la Iglesia católica, la discreción de León XIV y su presencia muy mesurada en los medios han configurado un líder valorado, pero aún desconocido. Tal vez vestir casi como Benedicto XVI al tiempo que actúa como un pontífice reformista ayude a mantener la ceremonia de la confusión. Muchos se plantean todavía si es un papa tradicionalista o un reformista. Sin embargo, la pregunta que nos hacemos ahora va más allá: ¿forma parte todo esto de una convicción personal o de la puesta en escena de una estrategia bien calculada? Nuestros personajes centrales me lo irían aclarando en diversas conversaciones que mantuvimos a lo largo de las semanas.

## Un secreto que lo explica todo

El Director de Orquesta fue el primero en confirmar a uno de los asesores a quien consulté que no exageraba. En un encuentro lejos de los focos, con un café solo delante, afirmó sin vacilar:

—No hay ningún detalle inocuo. Todo está pensado, incluso los silencios. Él gobierna con la música del gesto.

Mientras mi interlocutor me trasladaba las opiniones de ese enigmático personaje, notaba cómo las palabras me encajaban; era la misma sensación que yo mismo había tenido viendo la primera comparecencia de Prevost poco después de ser elegido. Recuerdo que el profesor liturgista Andrea Grillo me dio la razón cuando declaró en *Avvenire*: «Es un lenguaje doble: humildad personal, pero respeto externo a la tradición litúrgica».

Cuando trasladé esta idea a il Dottore, su sonrisa irónica me dejó claro que él leía aquellas puestas en escena en clave de poder:

—Es la gramática del poder. El cuerpo del papa habla; los zapatos, las casullas, las pausas sigilosas hablan. Unos ven en ello familiaridad; otros, continuidad. Pero es un juego calculado: avanza sin que nadie pueda acusarle directamente.

Días después, en un despacho austero, Monseñor C. me clavó la mirada como si me quisiera convencer a la fuerza:

—No es ningún juego; es autoridad. Cuando se pone la muceta, cuando recupera el fanón, recuerda al mundo que la tradición no muere. Eso es lo que la gente espera en medio del relativismo dominante. No hace teatro. Yo veo convicción.

Mientras tomaba notas, me sentí atrapado entre dos interpretaciones irreconciliables y entendí que la fuerza del nuevo pontificado era precisamente esa ambigüedad: cada bando encontraba en él un espejo en el que verse reflejado.

Sin embargo, como pasa con todo en la vida, nada es porque sí: siempre hay una razón. Desvelamos ahora uno de los secretos mejor guardados del pontificado actual. El papa Prevost puede utilizar el culto como una distracción que deslumbra a los sectores más tradicionalistas, pero también hay que decir que personalmente es un enamorado de los rituales y un estudioso apasionado de la simbología litúrgica.

Diversas fuentes vaticanas han apuntado que el papa estadounidense se está implicando personalmente en los detalles de las celebraciones litúrgicas. No se trata solo de una preocupación estética, sino de un ejercicio profundamente simbólico. El pontífice mantiene reuniones regulares con el maestro de las Celebraciones Litúrgicas Pontificias, monseñor Diego Ravelli, y revisa minuciosamente todo lo que afecta a la expresión visual del culto: desde el color de las velas del altar hasta el número de acólitos que abren la procesión.

No busca sorprender ni cautivar. El objetivo, según apuntan desde el entorno más cercano al papa, es restaurar la liturgia como lenguaje significativo, como una gramática espiritual. Cada gesto, cada ornamento y cada pausa silenciosa deberían decir algo. Por ese motivo, cree que los símbolos no pueden ser de ninguna manera patrimonio exclusivo de un sector de la Iglesia que hace de ellos bandera constantemente.

—Para León XIV, la liturgia no es una escenificación nostálgica —según piensa el Director de Orquesta—, sino una señal de continuidad histórica. El santo padre no pretende retroceder en el tiempo, sino situarse en una tradición que no ha de renunciar a su densidad simbólica en un mundo donde todo se agota en imágenes instantáneas. En este sentido, la puesta en escena litúrgica se convierte en una forma de resistencia cultural ante la banalización del espacio sagrado.

El especialista en culto Andrea Grillo lo ha resumido así: «La liturgia del papa no es solo la liturgia de la Iglesia; es el espejo de su visión del mundo». «Es un papa que conoce el poder del símbolo, pero que no se deja esclavizar por él —afirmaba también en declaraciones a *La Croix* en junio de 2025 el cardenal francés Jean-Marc Aveline—. Sabe que permitir ciertos rituales puede desactivar una oposición innecesaria». Sorprendentemente, Matteo Bruni, portavoz del Vaticano, llegó a informar a la prensa unas semanas después de los límites de esta «concesión» a los rigoristas: «No hay prevista ninguna abolición formal del *Traditionis Custodes* del papa Francisco, pero sí una aplicación con sentido pastoral, coherente con la voluntad del papa de superar divisiones».

## Estrategia refinada

El Director de Orquesta completó su relato sobre este tema con un ejemplo que muchos no supieron captar.

—¿Recuerdas la sinagoga de Roma? Un minuto entero de intimidad sigilosa ante la placa de los judíos deportados en el 43. Ni una palabra, pero un discurso entero.

John L. Allen lo había escrito en *Crux* (2 de julio de 2025): «Este papa sabe cómo hacer hablar al mudo».

Cuando se lo planteé a Monseñor C., su respuesta fue seca:

—Los gestos están bien, pero lo que cuenta son las decisiones. Ha vuelto al Palacio Apostólico, mientras que Francisco se fue a vivir a Santa Marta. Él ha vuelto al corazón institucional. Eso es gobierno, no simbolismo.

Yo vi en ello un contraste flagrante cuando, revisando mis notas, recordé el comentario del Director de Orquesta a su amigo asesor:

—Vive en el palacio, pero con austeridad. Come frugalmente, evita cualquier exceso, reza arrodillado ante el sagrario y camina por los salones como si fueran simples pasillos de un monasterio. Todo eso crea un contraste calculado: vive en la casa de los papas, pero no asume la pompa que le es propia. El mensaje es poderoso: soy de todos y, a la vez, de nadie; vengo de la tradición, pero no me dejo encarcelar por ella.

Su retorno a la localidad de Castel Gandolfo el verano de 2025 responde a esa misma lógica. La residencia elegida por el papa Prevost para pasar las vacaciones no fue el Palacio Pontificio de esa localidad —convertido en museo por Bergoglio en 2016—, sino la propiedad vaticana de Villa Barberini, con vistas al lago Albano. Una mansión rodeada de jardines históricos, huertos, restos arqueológicos romanos y un observatorio astronómico que ocupan unas cincuenta y cinco hectáreas. Nada más llegar, el papa dijo: «Deseo que todo el mundo tenga tiempo para renovar cuerpo y espíritu». Aquellas sencillas palabras sonaron como un bálsamo para los habitantes de Castel Gandolfo, tras doce años sin pasos pontificios en las calles de la población. Al mismo tiempo, suponían un alivio para la economía local, ya veía el regreso del turismo. Cada martes, durante la jornada, se retira a descansar en la Villa Barberini y antes de volver al Vaticano ha convertido ya en tradicional un diálogo con declaraciones a los periodistas que le siguen.

El periodista y jesuita Antonio Spadaro, miembro de la curia vaticana —es subsecretario del Dicasterio para la Cultura y la Educación—, tiene una idea clara de cómo actúa el papa León. Pude entrevistarlo junto con varios colegas; a mi pregunta de si todo forma parte de una estrategia calculada, o bien de una convicción personal, respondió sin tapujos: «Sin lugar a dudas, es una estrategia, pero con un factor humano. Esa es la forma de ser del papa León; siempre ha actuado así. No despliega una estrategia puramente intelectual, lo que le permite actuar de manera diferente en condiciones diversas. Forma parte de su identidad natural, espontánea, que ya se vio cuando estaba en Chiclayo. Y no solamente allí, sino también como prior general de los agustinos, etapa en la que tuvo que hacer frente a numerosas tensiones. Diría que, más que una estrategia en el sentido de cálculo ante los retos que exige gobernar, es que su personalidad es así».

Como vemos, más que de estrategia, en el caso de Prevost podemos hablar de prudencia calculada. Casi nunca habla de celibato, ni de sacerdocio femenino, ni tampoco de homosexualidad. Sabe que son elementos de división y cuando los aborda lo hace con la máxima prudencia. Lo resume perfectamente el filósofo clásico Cicerón en *Sobre los deberes* (I, 153), en una frase que, a buen seguro, León XIV hace suya: «Prudencia es saber distinguir las cosas deseables de las que conviene evitar».

## La ilusión de los rigoristas

En los primeros momentos, los sectores conservadores moderados aclamaron al nuevo papa y se rindieron ante él. El canto gregoriano, las procesiones solemnes, la muceta... Parecía el pontífice que habían soñado. Sin embargo, con el tiempo se fue imponiendo la realidad. Las mujeres continuaban leyendo misa, las lenguas vernáculas seguían presentes y las reformas de Francisco no retrocedían. Il Dottore lo resumía con su sarcasmo habitual:

—Gritan victoria por una capa antigua de terciopelo..., y ni se dan cuenta de que tan solo es el decorado de una obra en la que ya no tienen ningún papel.

En otoño de 2025, Monseñor C. me lo resumía con un punto de indignación y desafío:

—Pueden ir riéndose de los que se aferran al terciopelo, pero para millones de fieles esos símbolos no son disfraces, ni tan solo ornamentos: son el último refugio ante un mundo que les quiere arrancar la fe. Ahora ya retomamos el combate. La euforia por los engaños se ha acabado.

Algunos, pocos, han podido ver al pontífice de cerca en una visita a un hospital romano. Sin cámaras, sin discursos. Sin ningún impacto mediático. Solo la mano sobre el hombro de un enfermo, la mirada serena. Yo mismo me sorprendo pensando que ese gesto, tan simple, pesa más que cualquier encíclica.

## ¿Queréis misa tradicional? No hay problema

El capítulo no podía cerrarse sin poner algunos ejemplos de lo que hemos explicado hasta ahora. El recuerdo de la concesión litúrgica más comentada es la autorización para celebrar la misa tridentina en la parroquia de San Angelo (Texas). El 21 de julio de 2025, el portal tradicionalista estadounidense *OnePeterFive* anunció con una satisfacción incontenible que León XIV había dado luz verde personalmente. Una dispensa que era la primera excepción pública a la restrictiva *Traditionis Custodes* de Francisco.

El padre Freddy Pérez lo explicó en ese mismo portal de internet: «Me sentí profundamente aliviado cuando el santo padre escuchó nuestra petición. Fue un momento de gracia y de unidad para nuestra comunidad». Entonces incluso los más radicales le aplaudieron. El cardenal Gerhard Müller puso esperanza: «Confío en que León XIV supere las tensiones superfluas y sane la división litúrgica». Y el arzobispo Georg Gänswein, apartado del Vaticano por Francisco, veía en ello «una intención clara de restablecer la armonía».

En octubre, la sorpresa fue aún mayor. El papa Prevost autorizó al cardenal Raymond Burke, que siempre había liderado la guerra ultraconservadora contra Francisco, a celebrar una misa tridentina en la basílica de San Pedro en el marco del jubileo. Casi simultáneamente, el pontífice recibía en el aula Pablo VI del Vaticano a los movimientos populares que también participaban en el jubileo: colectivos que luchan por la justicia social, por los derechos sociales y laborales..., «okupas» llegados de la periferia de Roma, jóvenes sin acceso a una vivienda digna. León XIV lo dejó bien claro: «Quiero que me escuchen, que me oigan decir: "¡Yo también! ¡Estoy con ustedes!"». Y animó a luchar por «la tierra, un techo y el trabajo, que son derechos sagrados». Ejemplos claros de una actitud tildada por algunos de ambigua o incluso de doble personalidad, de tener dos caras. No nos engañemos: si algo define a Prevost es sobre todo que es un personaje poliédrico, imprevisible y dotado de una personalidad que le hace único..., irrepetible, como lo fue Francisco, pero de una forma muy diferente.

En Roma, una noche me entretuve viendo cómo los tertulianos de un programa de televisión se enganchaban en un debate caótico y estéril sobre la muceta roja y los rituales antiguos. Pero, como me advirtió il Dottore, todo eso es superficial y *peccata minuta*. La verdadera partida se juega en otro tablero: mientras cede en apariencia, León XIV aprovecha la calma para avanzar en una reorganización profunda. No la anunciará, pero la hará.

Recupero una reflexión que hice y escribí en la primavera de 2025 en un artículo publicado por la revista católica catalana *Foc Nou*: «El papa no se deja encajar fácilmente en ninguna etiqueta. Juega en su propio tablero [...], ha iniciado un pontificado marcado por el equilibrio entre la herencia reformista de Francisco y la recuperación de cierto rigor doctrinal [...]. Se propone restaurar el peso moral de la Iglesia en un mundo en crisis».

Como conclusión, y recordando la frase con que he empezado este capítulo, reconozco en León XIV a un maestro del ajedrez. Calcula los movimientos y explora el tempo de ejecución. Mientras el mundo ve retroceder a la reina, él ya prepara el peón en la última casilla. Y es en ese juego hábil, oculto, imperceptible para muchos, donde se escribe el verdadero relato de su pontificado.

# 12

# Diálogo y fractura del camino sinodal

Monseñor C. lo tiene claro:

—La Iglesia no se puede convertir en una democracia como ha pasado en el protestantismo, donde han acabado defendiendo el aborto.

Il Dottore, desde el otro lado del tablero de juego, también se muestra contundente:

—La Iglesia sinodal es, entre otras cosas, la Iglesia que escucha y dialoga, la Iglesia que acoge, que cura y que perdona. No, la Iglesia no se convertirá en una democracia. Pero tampoco puede ser una monarquía muda. La sinodalidad es el camino del pueblo de Dios, y contra eso ninguna acusación aguanta demasiado tiempo. Quienes critican el proyecto dicen que traicionará la tradición. Pero olvidan que la Iglesia ya ha sobrevivido a concilios, disputas y reformas mucho más radicales que esta. Lo que busca León XIV (como ya intentó Francisco con resultados desiguales) es dar espacio a la pluralidad sin que eso se convierta en una fractura. Y eso no es debilidad, sino inteligencia pastoral.

Sin embargo, en esencia, ¿qué es la sinodalidad? La sinodalidad se puede resumir como el estilo propio de caminar juntos del pueblo de Dios. No es solo un método, sino una eclesiología. En palabras del papa Francisco: «La sinodalidad es la vía que Dios espera de la Iglesia del tercer milenio». Eso incluye una mayor participación no solo del clero, sino también de los laicos, especialmente de las mujeres, en la vida y la toma de decisiones de la Iglesia, una escucha más activa de las comunidades locales y un reconocimiento de las diferentes culturas y contextos que conviven dentro de la Iglesia universal. En este sentido, León XIV no solo quiere continuidad, sino que amplía el marco de trabajo sinodal.

Cuando el cardenal Robert Francis Prevost fue elegido papa el 8 de mayo de 2025, muchos observadores coincidieron en definirle como el «puente entre las dos almas de la Iglesia». Y lo demuestra cada día con un carácter propio que no admite comparaciones.

Formado en la tradición doctrinal, se convierte a la vez en defensor convincente de las reformas iniciadas por Francisco. En este contexto, la opción para la sinodalidad no es tanto una novedad como una consolidación. Pero su aplicación concreta —con nuevas estructuras, voces diversas y reformas tangibles— ha despertado expectativas, resistencias y tensiones que marcan el ritmo del pontificado. Son movimientos que responden a la estrategia de los unos para profundizar en los cambios y a la estrategia de los otros para erosionar a León XIV, frenar su impulso e incluso hacer fracasar su pontificado.

## La sinodalidad de Chiclayo en el Vaticano

Robert Francis Prevost no proviene de la élite académica europea ni del tradicional cuerpo diplomático vaticano. Se forjó en el continente americano, particularmente en Perú, donde durante ocho años ejerció como misionero y finalmente como obispo de Chiclayo. Esa experiencia de contacto directo con comunidades indígenas, sectores marginales y agentes de pastoral de base ha marcado su pensamiento. En palabras del teólogo laico venezolano Rafael Luciani, recogidas en *Vida Nueva*: «León XIV es un pastor que ha aprendido el significado real de escuchar antes de hablar y de acompañar antes de dictar».

Como prefecto del Dicasterio para los Obispos (2023-2025), Prevost impulsó una reforma no mediática, pero sí relevante: la inclusión de consultas a mujeres, religiosos y laicos antes de hacer nombramientos episcopales. Esa práctica, que suscitó recelos en algunas conferencias episcopales conservadoras, la ha mantenido y reforzado como papa. Según ha publicado *L'Osservatore Romano*, León XIV ha solicitado que en cada proceso para escoger un nuevo obispo se incluyan testimonios de la base y no solo recomendaciones de la élite clerical. Ese gesto, aparentemente menor, representa un cambio cultural profundo.

## Un proyecto de gobierno y cultura de fondo

El papa León XIV ha querido institucionalizar la sinodalidad no solo como concepto espiritual, sino como mecanismo de gobierno. La reorganización de la curia vaticana, iniciada por Francisco con la constitución *Praedicate Evangelium* (2022), ha continuado con el establecimiento de consejos interdisciplinarios y consultas periódicas con actores no ordinarios. Prevost lo aplica a diario, según me dice confidencialmente uno de mis contactos más cercanos al papa.

—La mayoría de las reuniones semanales del papa son de carácter deliberativo, no solo informativo.

A partir de ahí se toman decisiones, habitualmente bien recibidas en las conferencias episcopales de América Latina, el África subsahariana y Oceanía, mientras que han encontrado más resistencia en Italia, Polonia y algunos sectores estadounidenses, que prefieren el tradicional modelo vertical.

## Mujeres y laicos: ¿una ruptura?

Uno de los gestos más simbólicos del pontificado de Francisco fue abrir el derecho a voto a mujeres y laicos en el Sínodo de los Obispos. El 26 de abril de 2023, el Vaticano anunció que setenta miembros no obispos —la mitad de ellos mujeres— podrían votar en la asamblea de octubre del mismo año. Era la primera vez en la historia que sucedía una cosa así.

Entre las voces más significativas está la de la religiosa francesa Nathalie Becquart, subsecretaria del Sínodo y primera mujer con derecho a voto en virtud de su cargo. En declaraciones a AP News en junio de 2023, señalaba: «Hay un llamamiento unánime porque las mujeres quieren participar, compartir sus dones y carismas al servicio de la Iglesia». En otra intervención de 2022, había destacado que la sinodalidad implica «una inclusión radical de toda la diversidad del pueblo de Dios, incluidos aquellos que ya se sienten en los márgenes». Becquart, como ella misma me diría, fue recibida con frialdad y evidentes reticencias por muchos obispos que no podían tolerar aquella «injerencia de una mujer» en un club que desde siempre había estado formado únicamente por hombres.

Según *The Tablet*, durante una sesión sinodal en 2023, el papa Francisco se mostró particularmente impresionado por el testimonio de una catequista congolesa que subrayaba «el papel de las madres en la transmisión de la fe».

Al margen del alto cargo de Becquart al frente del proceso sinodal, el 6 de enero de 2025 la monja italiana Simona Brambilla, de cincuenta y nueve años, fue nombrada prefecta del Dicasterio para los Institutos de Vida Consagrada y las Sociedades de Vida Apostólica, tras haber sido su secretaria —el cargo número dos— desde finales de 2023. Con ese nombramiento se convierte en la primera mujer de la historia en dirigir uno de los treinta dicasterios de la curia romana, el equivalente a los ministerios en el gobierno de la Iglesia. El dato más importante es que bajo el control de Brambilla están las 559.228 mujeres religiosas que actualmente hay en el seno de la Iglesia, así como los 128.559 sacerdotes que pertenecen a las diversas órdenes religiosas.

Hay otros ejemplos significativos para demostrar que el techo de cristal se ha resquebrajado. El papa Francisco nombró a la franciscana Raffaella Petrini, de cincuenta y seis años y licenciada en Ciencias Políticas, secretaria general de la Gobernación del Estado de la Ciudad del Vaticano, el cargo de más peso dentro de la administración civil vaticana. En una ocasión, Bergoglio lo destacó con ironía y gratitud: «Gracias a Dios, las monjas van por delante y saben hacerlo mejor que los hombres. Es así... porque tienen esa capacidad de hacer cosas. También he oído a obispos decir: "Querría nombrar a monjas en algunos cargos de la diócesis, pero sus superioras no las dejan". No, por favor, dejadlas marchar».

Al frente de los Museos Vaticanos está la italiana Barbara Jatta, mientras que la periodista española Paloma García Ovejero fue la subdirectora de la Sala de Prensa del Vaticano hasta finales de 2018, cuando fue sustituida por la brasileña Cristiane Murray. Hasta entonces, nunca había habido mujeres portavoces en el Vaticano.

En 2021, Francisco nombró a la religiosa italiana Alessandra Smerilli secretaria del Dicasterio para el Servicio del Desarrollo Humano Integral, y a la teóloga argentina Emilce Cuda, secretaria de la Pontificia Comisión para América Latina (PCAL). Religiosas y laicas han conseguido, tras poco más de dos mil años de historia, un papel cada vez más relevante dentro de la institución eclesial, en un proceso que León XIV ha decidido continuar con la misma dinámica que su predecesor, asumiendo ese legado como un punto de no retorno: la participación de mujeres y laicos ya no es una opción, sino una realidad estructural que Prevost quiere consolidar con prudencia, sin gestos radicales, pero de manera irreversible.

El nuevo papa ha ratificado en sus cargos a todas las mujeres nombradas anteriormente. Y lo que es todavía más significativo: el primer nombramiento de alto nivel hecho por Robert Prevost en el Vaticano recayó en una mujer. El 22 de mayo de 2025, el pontífice designó a la franciscana Tiziana Merletti nueva secretaria del Dicasterio para los Institutos de la Vida Consagrada y las Sociedades de Vida Apostólica, el organismo que también está presidido por Brambilla.

A finales de octubre del mismo año, León XIV dejaba claros algunos aspectos con los equipos sinodales de todos los continentes. Explicó que, cuando de joven, preguntó a su madre si quería ser igual que los hombres, ella le contestó: «¡No, porque ya somos mejores!». Finalmente, reflexionó sobre la oportunidad que tiene la Iglesia de transformar las culturas que discriminan a la mujer.

En este contexto, un cardenal de gran influencia le soltó a mi buen amigo periodista Jesús Bastante, con voz contenida y mirada astuta, una noticia sorprendente con la solemnidad de una revelación incómoda: «Una de las decisiones que Francisco quiso tomar y no pudo fue la de nombrar cardenal a Brambilla, cosa que habría supuesto un alboroto enorme, ya que a las mujeres les está vetado elegir, o ser elegidas, en un cónclave». El mismo purpurado había desempeñado un papel decisivo en la elección de Prevost y aseguraba conocer a la perfección las intenciones del pontífice desaparecido. De momento, a instancias del nuevo papa, el polémico debate sobre el diaconato, y por supuesto acerca de la ordenación femenina, ha quedado aparcado pero no suspendido, como veremos más adelante. La polémica suscitada en octubre de 2025 a raíz de la histórica elección de Sarah Mullally como primera mujer arzobispo de Canterbury no ayuda. Y es que el nombramiento, por primera vez, de una mujer como jefa espiritual de la Iglesia anglicana en todo el mundo ha generado una fuerte oposición y llamamientos a la desobediencia por parte de una importante mayoría conservadora.

En contraste con esa decisión, la conclusión sería que la igualdad entre géneros todavía es un objetivo lejano y que continúa siendo una asignatura pendiente en la Iglesia católica.

## Tensiones en Alemania, Estados Unidos y la curia

El actual gran laboratorio de conflictos de la Iglesia se sitúa en Alemania, donde el episcopado ha ido mucho más allá con sus propuestas progresistas de lo que el papa argentino pudo llevar a la práctica. El *Synodaler Weg* (Camino Sinodal) ha impulsado iniciativas como la bendición de parejas homosexuales, el hecho de que haya más protagonismo para las mujeres y los laicos y la creación de un consejo sinodal permanente. En febrero de 2024, el Vaticano pidió aplazar esa votación, con la advertencia de que podía «poner en riesgo la comunión con la Iglesia universal».

León XIV ha recogido esta línea con un tono continuista: ha insistido en que no se ha de «confundir el discernimiento con la ruptura» y ha hecho llamamientos a avanzar sin imponer innovaciones unilaterales. Ha de prevalecer el sínodo universal. A su vez, el cardenal Georg Bätzing, presidente de la Conferencia Episcopal Alemana, recordaba: «No queremos marchar solos, pero tampoco podemos quedarnos paralizados». En la actualidad, muchos vaticinan y quieren ver un cisma en el horizonte. Creo que con León XIV no se producirá. Escuchará, como hace siempre, y articulará concesiones si lo cree oportuno.

En Estados Unidos, la oposición conservadora al proceso sinodal se ha hecho oír con fuerza, como ya hemos explicado en otros capítulos. Figuras como Charles Chaput, arzobispo emérito de Filadelfia, o Joseph Strickland, el obispo de Tyler (Texas), destituido por Francisco, se han mostrado muy críticas. En cambio, el cardenal y arzobispo de Washington Robert McElroy, ya en enero de 2023, defendió en *Commonweal* que hace falta «una Iglesia menos clerical y más sinodal».

En la curia romana, las tensiones se viven con discreción. En 2023, algunos prefectos habían advertido sobre «el riesgo de ir demasiado rápido» y pidieron un ritmo más gradual para evitar fracturas internas. León XIV, fiel a su estilo discreto y calculador, ha optado por evitar la confrontación abierta y consolidar con pasos mesurados los avances de su predecesor.

## El reto de la pedagogía sinodal

Francisco ya había advertido de que la sinodalidad requería pedagogía y comunicación. León XIV ha hecho bandera de ello sin gesticulaciones. El Dicasterio para la Comunicación, en proceso de cambios importantes, ha impulsado materiales divulgativos —vídeos, pódcasts e infografías— para explicar el proceso en más de treinta idiomas.

También se han desplegado programas de formación para obispos y laicos dentro del marco sinodal, aunque sin estructuras permanentes, con la intención de asegurar que la sinodalidad no sea solo un eslogan, sino una cultura eclesial real.

## ¿Irreversibilidad o punto de inflexión?

El cardenal Mario Grech, secretario general del sínodo, lo resumía en *La Civiltà Cattolica* (2024): «La sinodalidad no es una opción; es el modo mismo de ser Iglesia en nuestro tiempo».

León XIV sabe que ese camino es arriesgado, pero también que no tiene marcha atrás. El nombramiento de mujeres para ejercer cargos de responsabilidad, la abertura al voto laico y al femenino, así como el impulso comunicativo apunta a un pontificado de continuidad que quiere consolidar la huella de Francisco. La clave será ver si ese modelo se consolida como estructura estable o si se queda en una etapa de transición, con resistencias vivas que recuerdan que cada paso es también una batalla por el alma de la Iglesia.

# 13

# Un incidente grave marcado por los abusos

Cuando recibí ese sobre sin remitente, enseguida supe que no era casualidad. El papel era grueso, aterciopelado. Dentro de él, un dosier fotocopiado, con tan solo tres palabras manuscritas en la portada: «Interno. Non distribuire».

No era ninguno de los documentos que había solicitado oficialmente. No venía de la Secretaría de Estado ni del Dicasterio para la Doctrina de la Fe. En él, no figuraba remitente alguno. Era una filtración. O tal vez un aviso.

Empecé a leerlo con cierta inquietud; a medida que avanzaba, página tras página, la figura del cardenal J. L. emergió bajo una luz muy diferente. Había informes de 2007, 2010, 2013..., cartas firmadas por obispos menores de su país de origen. Todos ellos alertaban, con eufemismos dolorosos, de un «clima de obediencia enfermiza» dentro de una conocida congregación con la que el cardenal mantenía lazos sólidos. También se afirmaba, maquillando todo lo posible las pruebas: «Se han documentado aproximaciones improcedentes del cardenal hacia jóvenes que están bajo su guía directa, en espacios que requerirían más transparencia y supervisión externa».

Entre las fotocopias, la más sobrecogedora para mí era la carta de un joven que había abandonado a mitad de curso un seminario frecuentado por aquel ministro de la Iglesia. La carta manuscrita, que nunca había sido publicada, era corta pero brutal: «Me dijeron que la obediencia era más grande que la conciencia. Que, si tenía dudas, era la tentación del demonio. Que tenía que dejarme corregir con manos firmes. Pero no eran manos. Era un castigo. Y nadie me protegió».

El joven, según una nota adjunta de la nunciatura, desapareció meses después. Dudo que sus familiares le hayan encontrado jamás. En todas las referencias documentales, el nombre de la víctima está tachado con rotulador negro. El dosier no contenía respuesta alguna ni ninguna orden de investigación.

También había el registro de una reunión secreta del Dicasterio para los Obispos, donde se debatía —en voz baja— si mantener al cardenal J. L. al frente de su arzobispado sería «coherente con los valores evangélicos». El debate acabó archivado, como casi todo.

Sin embargo, lo que más me impactó no fueron las palabras, sino, una vez más, los silencios. Un correo electrónico impreso —de carácter interno—, datado de 2019, enviado por un alto cargo vaticano, decía textualmente: «Los hechos conocidos y no conocidos podrían dañar gravemente el prestigio institucional. Recomendamos mantener el perfil del cardenal dentro de límites estrictos y evitar la exposición pública innecesaria. Ha sido útil, pero ahora incomoda».

«Ha sido útil, pero ahora incomoda». Esas palabras eran inquietantes. No se hacía ninguna alusión directa a los abusos. Tan solo la lógica fría del poder.

Dejé el dosier sobre la mesa. El despacho de mi casa, donde escribo, parecía más pequeño; la atmósfera, más densa. Para mí era imprescindible ponerme en contacto con aquel purpurado. Tenía que encontrarle y entrevistarle. Quise incluir su testimonio en mi libro *Vaticangate*, pero todos mis intentos recibieron evasivas y excusas por parte de su entorno. Lo comenté con diversos colegas y con algunos monseñores y obispos. Al final, me olvidé del asunto, inmerso y ocupado como estaba en el proyecto de escribir el libro que descubre todos los complots que tuvo que afrontar el papa Francisco. Sin sombra de duda, aquel depredador sexual era uno entre los muchos que, pese a considerarse intocables, viven con el miedo de que alguien, algún día, ponga nombre y apellidos a los fantasmas de su pasado. En este caso, pensé, ese alguien no sería yo.

## «Me han advertido sobre usted»

Madrid, otoño de 2025. El cielo gris parecía querer anticipar el tono de la jornada. Había pasado los últimos tres días intentando conseguir una reunión con el cardenal J. L. R., una de las figuras más poderosas e inaccesibles de la Iglesia latinoamericana. Todo empezó con un mensaje indirecto. Un obispo jubilado del entorno madrileño, antiguo amigo mío de hace años, me escribió una sola frase: «Sé dónde está. ¿Todavía te interesa entrevistarle?». No hacían falta más explicaciones.

Me moví con cautela. Durante dos días recurrí a los contactos que me envió aquel amigo obispo y seguí esperando llamadas que nunca llegaban. Un día, a última hora de la tarde, sonó el teléfono.

—Mañana a las once. Ven al hotel X —no puedo decir el nombre— de Madrid. No digas que vas para verle.

—Allí estaré. ¿He de llevar alguna credencial?

—No. Nada de carnet de periodista, ni nada que pueda indicar que vienes a hacer una entrevista.

—Ninguna grabadora, entendido.

—Exacto. Y sobre todo... que no se note quién eres.

—Entendido.

—Él... lo notará igualmente. Pero, si lo ve, todo habrá acabado antes siquiera de empezar.

No dormí mucho. Sabía que no era una entrevista

formal. Era una especie de conciliábulo. Un interrogatorio. Una prueba de resistencia en la que la palabra sería arma y escudo a un tiempo.

Al día siguiente, cuando llegué a Madrid en AVE procedente de Barcelona, al salir de la estación de Atocha camino del hotel, recordé los mensajes que me habían llegado en forma de avisos inquietantes: «No le provoques», «No te metas con él», «Ese hombre tiene aliados muy peligrosos». Pero en el oficio de periodista, si uno es fiel a él, no hay cabida para prudencias cobardes. Y yo sabía que aquel encuentro podía abrir puertas o cerrarlas para siempre.

La entrada al hotel de cinco estrellas cercano al paseo de la Castellana fue extraña. Un joven de traje oscuro me esperaba ya en el vestíbulo, sin identificarse. Me miró de arriba abajo y me dijo:

—Sígame. Rápido.

Dejé el móvil en la recepción, dentro de un sobre que me sellaron. En el ascensor, ni una palabra, solo respiraciones contenidas. Subimos a la quinta planta, donde otro hombre me esperaba con una tarjeta que abría la puerta de la habitación 509.

—Hoy el cardenal está de un humor complicado —me advirtió antes de que se cerraran las puertas—. No le contradiga demasiado.

Asentí en silencio. De hecho, una parte de mí ya sabía que aquello no era una entrevista convencional; era una prueba, probablemente una confrontación.

Me hicieron esperar en una salita anexa donde solo

había una botella de agua y un ejemplar de la Biblia abierto por la Carta a los Romanos. Me entretuve leyendo el versículo. Hablaba de la ira de Dios contra la impiedad, metáfora involuntaria que me heló la sangre. Me quedé allí más de un cuarto de hora. La ausencia de cualquier sonido no era solo acústica; era litúrgica, ceremonial, como si me hubieran convocado para ser juzgado.

Cuando por fin se abrió la puerta interior, una voz grave me indicó:

—Puede pasar.

Entré. El cardenal J. L. R. estaba de pie delante de la ventana, de espaldas. Llevaba el clériman negro y la pesada cruz sobre el pecho como una advertencia. No me miró. Tampoco me ofreció asiento.

—¿Para qué medio trabaja?

—Soy periodista freelance y escritor. He trabajado en varios medios y he publicado dos libros sobre el Vaticano.

Se giró lentamente. Sus ojos me atravesaron como dos cuchillos fríos.

—Me han advertido sobre usted.

Aquella frase era la misma que me habían dicho otras figuras a las que la verdad les molestaba. Le aguanté la mirada.

—Es muy probable. Pero no vengo con ideología. Vengo con preguntas. Y con voluntad de comprender.

—¿De comprender? Usted ha escrito sobre muy buenos amigos míos, acerca del Sodalicio, sobre los cardenales Müller y Sarah. Ha hablado de nombres santos como si fueran delincuentes. Eso no es comprender, eso es destruir.

—No he escrito nada que no esté documentado. Lo que no está documentado es el silencio. Y es ese silencio lo que hace daño. —Vi que se le tensaba la mandíbula. Dio dos pasos en mi dirección.

—Usted es de los que confunden transparencia con rebeldía. De los que quieren sustituir la fe por opinión pública. La Iglesia no se gobierna desde los platós.

—Ni tampoco desde las catacumbas del abuso impune.

—Usted no ama la Iglesia. Es uno de esos que solo ve en ella escándalos y miseria.

—Eminencia, usted lo sabe todo sobre mí. Durante muchos años he tratado con rigor y respeto todo lo que rodea a la institución. Tengo en la Iglesia a grandes amigos comprometidos con el Evangelio, personas justas y que desbordan humanidad. Pero precisamente por eso no puedo callar cuando hay dolor, cuando hay víctimas.

—No me venga con discursos emocionales. Usted forma parte de una campaña, lo sé. Todo está orquestado.

—¿Orquestado por quién? ¿Por las víctimas? ¿Por quienes han sufrido abusos y todavía esperan justicia? Hay muchas denuncias de hechos concretos, de casos documentados, de sufrimientos reales.

—¿Y qué ha sacado de todo ello? ¿Alguna verdad?

¿O solo ha sembrado más odio contra los pastores? Usted ha dado munición a los enemigos.

En aquel momento me sentí solo. Radicalmente solo. Pero también más convencido que nunca de que tenía que resistir.

—Usted está aquí ateniéndose a unas condiciones —continuó el cardenal—. Y ya las ha roto.

—Ninguna condición puede impedirme hacer preguntas, eminencia. Si sus respuestas molestan, tal vez el problema no sea la pregunta. El enemigo no es quien pregunta, sino quien abusa de no decir nada para esconder la verdad.

—Usted no entiende nada. Esta Iglesia no se puede gobernar desde los micrófonos, y menos aún desde el resentimiento laico.

—No hablo desde el resentimiento. Hablo desde la responsabilidad. Y me duele mucho más ver cómo ustedes protegen a determinados personajes mientras expulsan a quien dice la verdad.

Se me acercó tanto que noté su respiración.

—Usted es un infiltrado, no un periodista —dijo en voz baja—. Su objetivo es destruir lo que nosotros hemos construido.

—Yo no quiero destruir nada; quiero comprender. Pero comprender no es aceptar el abuso ni justificar el encubrimiento.

Noté que el asistente joven se ponía nervioso. Dio un paso hacia mí, pero el cardenal levantó la mano para detenerle.

—Se ha acabado. Este encuentro no debería haber tenido lugar.

—Pero ha tenido lugar. Y usted ha confirmado lo que muchos sospechan.

—¿Qué sospechan? ¿Que somos una secta? ¿Que manipulamos? ¿Que somos máscaras de hipocresía?

—No lo digo yo. Lo dicen las víctimas, los documentos, las filtraciones, los encubrimientos, la impunidad de quienes se saben superiores y bien protegidos, la falta de respuestas...

—Váyase. Ya.

Mientras cogía la libreta y la cartera, se me acercó por última vez y susurró tan cerca que le noté el aliento:

—Que Dios le perdone la vanidad. Y que Roma le cierre todas las puertas.

Salí de allí bien callado, pero dentro de mí hervía una mezcla de indignación y tristeza. En la puerta me devolvieron el móvil. El seminarista me miró a los ojos y dijo muy bajito:

—Ha sido valiente, pero ahora le observarán.

Cuando salí del hotel, miré el cielo, nublado. No escribí ni una línea hasta el día siguiente, ya en casa. Me senté en un banco del parque del Retiro y respiré hondo mientras recordaba a aquellas víctimas que me habían explicado su calvario temblando y llorando. Ellas nunca han tenido la oportunidad de sentarse delante de sus depredadores. Y me sentí en deuda. Y determinado. Y también me di cuenta de que aquel encuentro no era el final, sino la confirmación de que la verdad, cuando incomoda, revela la verdadera cara del poder.

## La cultura de la prevención y la protección de los periodistas

Un buen amigo está situado en el ojo del huracán desde hace años porque se encarga de una de las tareas más difíciles y comprometedoras que se puede llevar a cabo en el Vaticano. Él, que tiene una vocación de servicio innegable, la lleva a cabo porque es el trabajo que le han encomendado, la responsabilidad que ha recaído sobre sus hombros.

Estoy hablando del oficial catalán del Dicasterio para la Doctrina de la Fe monseñor Jordi Bertomeu, que investiga por orden del papa —antes Francisco y ahora León XIV— los casos de abusos sexuales cometidos por clérigos, sobre todo en Latinoamérica (Chile, Perú, México...). Con el aval de esos dos pontífices, que han depositado en él la máxima confianza, sus misiones son un secreto bien guardado, como no puede ser de otra forma. Aun así, tuvo la gentileza de concederme una de las escasas entrevistas que ha hecho, y que publiqué en un anexo en mi primer libro, *Intrigas y poder en el Vaticano*. Bertomeu habla con delicadeza con los afectados y también con sus verdugos. Se le ha definido como el 007, el James Bond, del pontificado, por la tan difícil tarea que lleva a cabo discretamente y que le ha creado numerosos enemigos en los países que visita, así como dentro del Vaticano. Está en el centro de la diana de muchos poderosos, que se sienten incómodos y al descubierto a raíz de sus intervenciones, que en la mayoría de los casos acaban con sanciones graves, la expulsión de la Iglesia y la apertura de causas judiciales.

Al cabo de poco más de un mes de su elección, el 20 de junio de 2025, León XIV envió un mensaje a Lima, leído por monseñor Bertomeu durante una representación de la pieza teatral *Proyecto Ugaz*. En ese texto —la primera declaración pública sobre los escándalos de abusos desde su elección—, el pontífice afirmaba que era urgente hacer arraigar en toda la Iglesia una «cultura de la prevención que no tolere ninguna forma de abuso: ni de poder o autoridad, ni de conciencia o espiritual, ni sexual». Advertía también de que esa cultura sería auténtica solo si nacía de una vigilancia activa, de procesos transparentes y de la escucha sincera de las personas heridas.

El mensaje no se limitaba a los abusos. León XIV elogió a la periodista de investigación Paola Ugaz y a otros reporteros peruanos por denunciar los escándalos del movimiento Sodalitium Christianae Vitae (Sodalicio de Vida Cristiana), y recordó que muchos informadores habían sido perseguidos judicialmente. Señaló que «la libertad de prensa es un bien común irrenunciable» y alertó de que donde se hace callar a un periodista «se debilita el alma democrática de un país». Su defensa de la prensa libre resonó especialmente entre los profesionales peruanos, que habían recibido amenazas y demandas por su trabajo.

Para il Dottore no se trata de palabras vacías.

—Son una señal de que el nuevo papa quiere combatir no solo los abusos sexuales, sino también los abusos de poder que ponen la mordaza a quienes denuncian. Es necesario que valoremos que León XIV vincula la lucha contra los abusos con la transparencia y el respeto a la libertad de información.

Cuando le pregunté lo mismo a Monseñor C., este reaccionó con dureza:

—Eso de la libertad de información es un concepto del mundo secular, no de la Iglesia. Hacer de la transparencia un dogma nos condena a ser juzgados por los tribunales mediáticos, que no entienden ni la fe ni el derecho canónico. La lucha contra los abusos es justa, pero convertirla en una bandera de la prensa y la opinión pública es abrir la puerta a la desautorización del santo padre y de los obispos. El demonio se aprovecha precisamente de esa debilidad: convertir la Iglesia en espectáculo.

Como siempre ha sido habitual en la cultura de abusos de la Iglesia, el principal temor de muchos clérigos es que ven el fin de la impunidad y el hecho de que salgan a la luz pública esos graves crímenes como un ataque frontal contra la institución. Para muchos, la ropa sucia se lava en casa y sin hacer ruido. Es decir, encubriendo a los abusadores.

## Continuidad y reafirmación de la tolerancia cero

El papa Francisco, decidido a afrontar ese auténtico cáncer de la Iglesia, organizó en 2019 una cumbre contra los abusos. En ella, por primera vez en el Vaticano, obispos de todo el mundo escucharon los testimonios escalofriantes de las víctimas. Nunca antes había visto lágrimas en los ojos de algunos cardenales y prelados. ¿Acaso no sabían nada? ¿En ningún momento habían oído el relato de una vida destrozada por depredadores sexuales que les habían provocado graves secuelas, sobre todo psicológicas?

Antes, Bergoglio había actuado con contundencia, y el 20 de junio de 2018 expulsó al cardenal Theodore McCarrick, arzobispo emérito de Washington, tras una rigurosa investigación que demostraba los abusos sexuales cometidos cuando era sacerdote en Nueva York. En marzo de 2019, Francisco conminó al purpurado Philippe Barbarin, arzobispo de Lyon y primado de Francia, a renunciar una vez que fue condenado por haber encubierto abusos. Jean-Pierre Ricard, cardenal y arzobispo emérito de Burdeos, anunció que se retiraba de las funciones religiosas tras reconocer en noviembre de 2022 una conducta «reprobable» con una chica de catorce años a finales de los años ochenta.

Y, finalmente, tenemos el caso del cardenal y exarzobispo de Lima, Juan Luis Cipriani, una de las figuras más polémicas de la Iglesia latinoamericana, acusado en 2018 de pederastia y de encubrimiento, aunque él siempre lo ha negado y ha denunciado «la injusticia con que se dan por ciertos unos hechos no probados sobre mi persona».

Líder indiscutible de la ultraderecha católica del continente, amigo y aliado del dictador Alberto Fujimori —que gobernó en Perú entre 1990 y 2000—, Cipriani fue apartado por Francisco en 2019. En el momento en que el papa argentino consideró definitivamente que las acusaciones eran creíbles, le impuso un precepto penal severo: la expulsión de Perú, la prohibición de apariciones y declaraciones públicas y la retirada de los símbolos cardenalicios.

El primer cardenal de la historia procedente del Opus Dei, Juan Luis Cipriani, mantuvo durante años una alianza estrecha con Luis Fernando Figari, fundador del Sodalicio de Vida Cristiana, la poderosa organización acusada de abusos masivos y de escándalos económicos que el papa Francisco disolvió poco antes de morir. Esa relación se rompió hace relativamente poco. A pesar de las sanciones impuestas por el Vaticano, Cipriani, que suele residir entre Roma y Madrid, ha vuelto en diversas ocasiones a Perú para asistir a actos vinculados a la ultraderecha más radical, como si las prohibiciones pontificias no le afectaran. El 7 de enero de 2025 incluso fue condecorado por el alcalde de Lima, también miembro de la organización fundada por Josemaría Escrivá de Balaguer.

La muerte de Francisco le abrió un resquicio. Como si no hubiera pasado nada, se dejó ver en las reuniones previas al cónclave de 2025, aprovechando el vacío de poder. Una de las víctimas que le había denunciado habló con indignación: «Ha sido una sorpresa verle aparecer en Roma, porque supuestamente no puede tomar parte en actos públicos, y es escandaloso verle vestido de cardenal, haciendo caso omiso de la sanción que se le ha impuesto y que él mismo ha firmado. Se está burlando de la Iglesia».

Al margen de esa purga, en 2021, la Iglesia católica dio un gran paso hacia delante actualizando su código penal por primera vez en casi cuarenta años. En esa reforma se incorporaron de manera explícita los abusos sexuales cometidos por sacerdotes contra menores y personas con discapacidad, sin olvidar la responsabilidad de los encubridores. Pese a eso, las víctimas continúan denunciando que el clero no tiene la obligación de comunicar esos casos a las autoridades civiles, según la normativa interna de la Iglesia, y que lo que se dice en el confesionario continúa siendo absolutamente inviolable.

Aquel compromiso de erradicar el cáncer que corroe la institución tiene continuidad con su sucesor. El 7 de julio de 2025, el Vaticano anunció que León XIV había nombrado arzobispo al francés Thibault Verny, presidente de la Comisión Pontificia para la Protección de los Menores, en sustitución del cardenal Sean P. O'Malley, que había encabezado la comisión desde su creación en 2014. El purpurado estadounidense dijo que con ese nombramiento el papa Prevost afirmaba «la continuidad de la prioridad» de la comisión, y añadió que sus palabras y acciones en los primeros meses de pontificado aseguraban que la Iglesia no se mostraría complaciente en los esfuerzos por garantizar la protección de niños y adultos vulnerables. Verny, de cincuenta y ocho años, formaba parte de la comisión desde 2022. En un comunicado, afirmó que su tarea sería ayudar a la Iglesia a ser «más vigilante, responsable y compasiva». También recalcó que la protección de menores exige una «conversión» colectiva y que hay que escuchar a las comunidades locales con humildad e inteligencia cultural.

Sin embargo, las disfunciones persisten y la cultura de la vergüenza continúa arraigada. El cardenal alemán Reinhard Marx ha denunciado la destrucción deliberada de expedientes de abusos en numerosas parroquias y archivos episcopales con el objetivo evidente de esquivar investigaciones, y advierte de que los muros contra la transparencia todavía se mantienen firmes en todo el mundo.

A lo largo de los meses siguientes a la elección del nuevo papa, il Dottore escribió informes confidenciales para su nuevo cardenal y para el propio León XIV.

—Expresé que la lucha contra los abusos es un maratón: hay que reformar estructuras, cultivar la necesidad de la prevención y dar espacio a las víctimas para que sean protagonistas. Además, mi experiencia en algunos casos dramáticos me ha hecho ver que la reparación económica es necesaria, pero que la sanación solo llega cuando la Iglesia reconoce el dolor y escucha con humildad.

El papa Prevost no eludió este tema en la entrevista con la periodista estadounidense Elise Ann Allen que podemos leer en la biografía *León XIV: ciudadano del mundo, misionero del siglo* XXI, publicada por Debate a finales de 2025. En ella describía la situación como una «verdadera crisis» y subrayaba la necesidad de mantener una sensibilidad profunda hacia las víctimas. «Algunas heridas duran toda la vida. No basta con una compensación económica o con destituir al culpable; el acompañamiento ha de ser constante», advirtió. También admitía que muchos damnificados han optado por alejarse de la Iglesia y reclamaba respeto hacia esa decisión.

Il Dottore valora positivamente los primeros gestos de León XIV —la insistencia en una cultura de la prevención, el reconocimiento de la crisis, la defensa de los periodistas y el nombramiento de Verny— porque indican continuidad con la línea de tolerancia cero. Sin embargo, recuerda las críticas por casos mal gestionados y las demandas de transparencia de las víctimas. Confía, entre otros, en su cardenal reformista europeo y también en que los obispos latinoamericanos puedan influir en el pontífice para hacer efectivas tales promesas.

No obstante, en el fondo sabe que el futuro de la lucha contra los abusos no depende solo del papa, sino de toda la Iglesia: de los cardenales, los obispos y los fieles que se comprometen con la verdad. Y, por encima de todo, se muestra convencido de que cada historia de dolor escuchada y atendida es un paso más hacia la erradicación del abuso y hacia la construcción de una Iglesia más justa y humana.

# 14

# Gobierno colegiado. El proyecto más oculto

La palabra *colegialidad* hace décadas que resuena en los pasillos del Vaticano como un eco que viene del Concilio Vaticano II. Pero, como tantas veces, las palabras han quedado suspendidas en el aire y no se han traducido en cambios reales. Ahora, con León XIV, ese concepto recurrente parece despertar de un largo sueño. Bergoglio ya apuntó la necesidad en el marco de la sinodalidad y Prevost recoge el desafío. Diversas fuentes vaticanas señalan que el papa actual ve imprescindible redefinir el gobierno pétreo, un giro que apunte a la descentralización efectiva. No solo quiere dar más voz a las conferencias episcopales, sino también que se intercambien consultas constantes con obispos y con laicos. A instancias de la Iglesia alemana, algunos cardenales del centro de Europa han osado poner encima de la mesa una imagen insólita para el Vaticano: la de un auténtico consejo de ministros, un consejo de prefectos de los dicasterios que funcione con la regularidad de un gobierno moderno. Una idea que hasta hace poco parecía utópica y que hoy algunos describen como un posible preludio de una nueva etapa de gobierno compartido.

«León XIV —me dice un jurista experto en derecho canónico— ha recogido la propuesta, pero haciendo que sea el Colegio de Cardenales el que lleve las riendas. Por supuesto, no todo el colegio con sus doscientos cuarenta y nueve miembros, sino una especie de comisión parlamentaria con los prefectos de los dicasterios y ampliada a otros purpurados que llevaría el gobierno de la Iglesia bajo la figura central del pontífice, pero con una autoridad más compartida y en definitiva más sinodal. Una o dos veces al año se informaría al resto de los cardenales de todos los temas tratados y se pondrían en común las decisiones tomadas».

Noté un escalofrío. Entendía que aquel personaje —vinculado a algunas reformas del Código de Derecho Canónico instauradas por el papa Francisco— me acababa de hacer depositario de un secreto muy delicado. El gobierno colegiado de León XIV todavía era un fantasma, pero ya se trabajaba en él. Si algún día toma cuerpo, cambiará para siempre el rostro del papado.

Este es, en estos momentos, el proyecto más oculto de Robert Francis Prevost y también el más revolucionario: el fin de la monarquía absoluta iniciada por Bergoglio. La mayor revolución de la Iglesia católica desde el Concilio Vaticano II.

Tal como ya subrayaba el cardenal Walter Kasper en los primeros años del siglo XXI, la colegialidad no puede reducirse a un esquema de poder compartido, sino que ha de traducirse en una unidad en la diversidad. En un artículo publicado en *America Magazine* el 23 de abril de 2001, afirmaba con claridad: «El objetivo del movimiento ecuménico no es la unidad en la uniformidad, sino la existencia de una sola Iglesia que abrace pacíficamente una gran diversidad».

Esta visión se sigue citando en los debates actuales sobre el gobierno colegiado, ya que apunta a lo que el propio papa y muchos cardenales y teólogos ven como la clave del futuro: no una concentración de poder en un solo centro, sino un dinamismo vivo sostenido por el diálogo y la diversidad reconciliada.

Diversas voces afirman que León XIV quiere ir más allá de los modelos anteriores: ya no se trata solo de crear consejos consultivos, sino de dotarlos de capacidad deliberativa, como se previó en la reforma de los dicasterios de 2022.

## Los hombres clave y la resistencia subterránea

En esta tarea, el papa no actúa solo. Le acompañan figuras como el cardenal Mario Grech (secretario del Sínodo), el cardenal Jean-Claude Hollerich (relator general) y, de manera más informal pero influyente, el purpurado Matteo Zuppi. También destaca Marco

Mellino, el actual secretario del Colegio de Cardenales, que trabaja estrechamente con León XIV para articular los mecanismos jurídicos del nuevo modelo. Prevost mira lejos e insiste en que ha vivido una fase de aprendizaje. «En cuanto a la gobernanza institucional interna de la Iglesia —dijo—, solo estoy metiendo el dedo del pie en la parte menos honda de la piscina».

Pese a todo, la resistencia ya es y será iracunda. Varios miembros de la curia tradicionalista han filtrado a los medios documentos críticos que cuestionan la legitimidad de ese cambio y alertan de una deriva «asamblearia». La tensión interna se hizo evidente cuando, según filtraciones diversas, la Secretaría de Estado bloqueó temporalmente una propuesta de crear un «consejo permanente de coordinación sinodal». Temen un contrapoder, ceder competencias..., desaparecer de la centralidad que han representado hasta ahora. Un gobierno compartido los aleja de la libertad que han tenido siempre para hacer y deshacer.

## El poder compartido con mujeres y laicos

La apuesta por la colegialidad está impulsando también una revisión sobre quién ha de participar en las decisiones. Durante el pontificado de Francisco ya se incorporaron mujeres como miembros con voto al Dicasterio para los Obispos (2022) y se reactivaron las comisiones de estudio sobre el diaconato femenino, con participación equilibrada de teólogos y teólogas. En esta fase inicial del pontificado de León XIV, su posición respecto a la posibilidad de que haya mujeres diácono quedó clara en la entrevista publicada en el libro ya mencionado de Elise Ann Allen. El pontífice afirma que seguirá promoviendo que haya mujeres en puestos de responsabilidad de la institución, pero también dice: «De momento, no tengo intención de cambiar la enseñanza de la Iglesia sobre ese tema». No obstante, sabemos que los trabajos de los grupos sinodales de estudio avanzan. Entre ellos destaca especialmente el Grupo 5, encargado de evaluar la posibilidad de ampliar los ministerios abiertos a las mujeres. Deberán tener en cuenta que el papa mantiene el criterio de que es un tema complejo y de que invitar a las mujeres a clericalizarse tal vez no sea la solución, pero que seguirá escuchando. A principios de diciembre de 2025 la comisión que estudia el diaconado femenino decía un no rotundo de momento al proyecto, pero lo dejaba todo abierto de cara al futuro.

Estos pasos, muy moderados pero firmes, se pueden calificar de movimientos tectónicos en la praxis eclesiástica, ya que liberan espacio para más presencia femenina. Con la inclusión de mujeres y laicos, cambiará sustancialmente la gobernanza de la Iglesia.

Con todo, los sectores ultraconservadores no se han quedado quietos y, como era de esperar, han reaccionado con una dureza previsible. Desde *The Remnant* hasta blogs afines a Steve Bannon han llegado a definir el proyecto como un «golpe de Estado eclesiástico».

## Silencios significativos y maniobras discretas

Pese a los cambios en marcha, León XIV evita anticipar ni el más mínimo detalle. Su estilo es deliberadamente sobrio, y más en temas tan delicados. En Roma, algunos observadores señalan que el pontífice ha hecho suya una convicción aparentemente sencilla: «No es necesario hacer ruido para construir el reino». La frase resuena como una clave de lectura precisa de su estilo de gobierno.

Ahora recuerdo aquel anochecer en casa en que hojeaba las páginas de *The Tablet*, la revista inglesa de larga tradición que desde 1840 se ha ganado un prestigio como brújula intelectual del catolicismo europeo. Allí, en un artículo publicado en mayo de 2025, me topé con unas palabras que parecían escritas para anticipar los movimientos más escondidos de León XIV. El autor era Austen Ivereigh, periodista y escritor británico, profundo conocedor de Roma y biógrafo del papa Francisco. Su análisis era riguroso, casi quirúrgico: «El pontificado de León XIV será un pontificado de reforma, especialmente centrado en el gobierno, con más sinodalidad integrada en la Iglesia y con más colegialidad practicada».

Diversos vaticanistas apuntan a que la estrategia

que aplicará el pontífice será gradual, inspirada en la máxima ignaciana de que «el tiempo es superior al espacio». Eso explicaría la insistencia del papa estadounidense en crear espacios colectivos de decisión sin imponerlos desde arriba. Una maniobra inteligente, pero no exenta de peligros.

De momento, el 7 y 8 de enero de 2026 convocó su primer Consistorio de Cardenales con carácter extraordinario para ir sembrando las bases de este gobierno compartido. «Espero que podamos crecer en nuestra comunión para ofrecer un modelo de colegialidad», les dijo el papa. Y también como ya es tradicional poco antes de la Navidad de 2025 recibió en la Curia. En este caso no fue tan explícito ni duro como Francisco, que en varias ocasiones les reprobó su trabajo basado muchas veces en la ambición personal, «el alzhéimer espiritual», la soberbia, la corrupción... León XIV nunca los ha definido, como hizo su predecesor, de ser «la lepra de la Iglesia». Pero el saludo navideño contuvo un mensaje similar. Utilizando su estilo discreto y subliminal, optaba por hacer suaves críticas a los máximos responsables de los dicasterios a los que invitó a examinar sus conciencias y cambiar sus hábitos por el bien de la Iglesia.

Cuando le pregunto a Antonio Spadaro, el periodista y jesuita miembro de la curia analiza las necesidades imperiosas que ahora se detectan. «Yo creo que en este momento la exigencia que emerge con más fuerza es que los dicasterios se comuniquen entre sí.

Están trabajando en ello para que haya una comunicación más eficaz. Porque el riesgo es que cada uno trabaje independientemente del otro. A veces, se hacen las mismas cosas, no se colabora, no hay comunicación. Creo que esa es una exigencia importante de cara a la eficacia de gobierno. El papa siempre ha dicho que la Iglesia no es una democracia. El modelo democrático no es el que se adapta a la Iglesia católica, eso está muy claro. Pero todas las formas de gobierno de la Iglesia se pueden probar y después cambiar. Porque eso es sinodalidad».

Algunos cardenales electores que he consultado esperaban una continuidad más suave, pero de pronto se han encontrado con la perspectiva de una reforma a fondo a medio plazo. Otros desconocían que esta iniciativa ya estaba en fase de estudio y que marchaba a buen ritmo.

El proyecto colegiado de León XIV puede parecer invisible, pero es constante. Todo hace pensar que no solo se convertirá en su verdadero programa de gobierno, sino que será el legado para construir la Iglesia del futuro. Los riesgos son evidentes: resistencias internas, dispersión de responsabilidades, malentendidos diplomáticos. Pero las ganancias potenciales también son grandes: más corresponsabilidad, más eficacia, abertura a nuevos carismas y adaptación a los tiempos.

## ¿Revolución pausada o utopía frustrada?

De este modo, se abre paso una idea, un cambio revolucionario que divide e intriga. No es solo un concepto teológico, es una apuesta que podría sacudir los equilibrios diplomáticos de una institución con más de dos mil años de historia. Si la Iglesia se descentralizara, las nunciaturas dejarían de ser simples altavoces de Roma para convertirse en piezas de un engranaje más plural. Al mismo tiempo, las conferencias episcopales, hasta ahora subalternas, adquirirían voz propia ante Gobiernos y organismos internacionales. Una transformación que, como toda revolución vaticana, camina entre la esperanza y la sospecha.

En Estados Unidos, algunos obispos conservadores han expresado desconcierto. El cardenal Dolan declaró a EWTN pocos días después del cónclave: «Esperamos claridad sobre quien habla en nombre del papa».

Mientras tanto, en Latinoamérica, el concepto de gobierno colegiado no suena a novedad, sino a memoria compartida. Desde Medellín hasta Aparecida, los obispos han aprendido a tomar decisiones juntos, a discernir en asambleas que, pese a las tensiones, respiraban aire de comunidad. Ahora, bajo el pontificado de León XIV, esa tradición parece reencontrarse con una ambición mayor: lo que hasta ahora era práctica continental pueda convertirse en modelo universal.

El CELAM (Consejo Episcopal Latinoamericano y Caribeño), en su 40.ª Asamblea General, celebrada en

Río de Janeiro, no solo habló de pastoral y misión; también puso sobre la mesa la necesidad de «fortalecer el espíritu de colegialidad, escucha y misión». Unas palabras que, leídas a la luz de los primeros gestos del nuevo papa, adquieren una resonancia especial. Los obispos de la región parecían decir: aquí hay un terreno fértil donde la semilla de la colegialidad puede germinar con fuerza.

Cuando hablo de ello con il Dottore, este hace un gesto rápido con la mano, como si quisiera disipar el humo de una vela invisible:

—La Iglesia latinoamericana tiene la música en el cuerpo, sabe trabajar de forma coral, no únicamente sola. León XIV la conoce, lo sabe y por eso escucha. Pero en el Vaticano, donde cada cardenal se cree solista, la partitura cuesta más de dirigir.

Monseñor C., en cambio, se muestra muy contrariado:

—Una cosa es el CELAM y su pastoral de barriadas, y otra es Roma. El gobierno de la Iglesia no puede convertirse en una asamblea permanente. Eso no es democracia; es jerarquía. Si se confunde eso, la colegialidad se convierte en colisión.

Entre la sonrisa irónica del uno y la cautela del otro se alza la figura del papa estadounidense, que, discretamente, empieza a dar forma a un proyecto que muchos consideran el más arriesgado de su pontificado. Un gobierno colegiado que no implica repartir poder, sino compartir responsabilidad; que no pretende disolver el primado, sino reforzarlo con la fuerza del acuerdo.

Y así, en la calma sigilosa de los despachos vaticanos y en el ruido de las asambleas latinoamericanas, el proyecto de León XIV se mueve como una sombra que nadie quiere acabar de nombrar. No es un decreto ni un programa escrito; es una forma de respirar, de infundir en cada gesto la idea de que la autoridad no se impone sola, sino que se comparte.

Sin embargo, ese lenguaje, tan sutil, inquieta. Unos lo ven como un retorno al espíritu del Concilio Vaticano II; otros, como una peligrosa deriva hacia una democratización encubierta. Entre la fascinación y la sospecha, el papa mantiene el misterio.

Tal vez sea aquí donde conviene recordar que, al fin y al cabo, León XIV continúa jugando su partida de ajedrez: los ojos del mundo miran a la reina, pero él ya ha colocado el peón en la última casilla. El movimiento decisivo todavía no se ha visto, y quizá nunca se anuncie con fanfarrias. Como con todo lo que hace, un buen día, sin darnos cuenta, descubriremos que la jugada maestra ya se ha consumado.

# 15

# Un halcón a corazón abierto

Todavía recuerdo como si fuera ayer aquel encuentro de la primavera de 2015 en la terraza de la Antica Hostaria Romanesca, en el Campo de' Fiori. Nos habíamos sentado casi prácticamente a la sombra de la estatua de Giordano Bruno, el monje dominico al que la Inquisición quemó vivo en 1600. Era un mediodía romano, con las mesas llenas de clérigos y funcionarios de la curia que buscaban un respiro entre platos de pasta y vino blanco. Allí, un sacerdote de Comunión y Liberación, profesor de teología en la Universidad Pontificia de la Santa Cruz, me dejó helado con una frase que consigné en mi libro *Intrigas y poder en el Vaticano*: «Acabar con Lucifer no es ningún crimen».

Cuando le pregunté si hablaba del papa Francisco, no me dijo que no. Se limitó a hacer la señal de la cruz y a hacerme entender, sin palabras, que su fe radical le permitía interpretar la historia en términos de guerra apocalíptica. Aquel día comprendí que los sectores más duros de la Iglesia no solo querían echar al papa argentino, sino que estaban dispuestos a justificar cualquier medio para conseguirlo.

Han pasado diez años y muchas cosas. Francisco ya no está y el nuevo papa, León XIV, abre una etapa diferente que exige nuevas opiniones y análisis. Era mediados de noviembre de 2025 e hice todo lo posible por reencontrarme con aquel mismo personaje. Ya no es el profesor severo de la Santa Cruz que en aquellos días parecía un conspirador solitario. Ahora está jubilado, tiene más tiempo para organizar complots y se dedicaba a ello sin reservas. Con temor y respeto, se le llama il Consigliere, el equivalente en la mafia italiana del amigo y confidente del gran capo, la mano derecha del Don. Él se ríe de ese apelativo, pero creo que hasta le gusta. ¡Denota poder! Constaté que continuaba siendo, sin disimularlo, un halcón a corazón abierto.

El lugar de la cita no es casual: un caserón renacentista del centro histórico de Roma, a poca distancia de la piazza Navona. Cruzo calles estrechas, llenas de turistas y terrazas, y de repente el silencio del palacio impresiona. Los pasillos parecen no tener fin y me acompañan con pasos que retumban sobre el mármol. Noto un nudo en el estómago. Soy un periodista conocido por mi simpatía por el legado de Francisco, y estoy a punto de entrevistar a uno de los hombres más emblemáticos del sector ultra, derrotado recientemente en el cónclave.

Cuando entro en su despacho, la primera impresión me devuelve a 2015: la misma actitud afable, casi paternal. Viste una sotana impecable, las manos largas juegan con un rosario y el pelo, ahora más blanco y peinado hacia atrás, le da un aire de severidad patricia. Se levanta, me da un apretón de manos firme y me dice en un italiano impecable:

—Gracias por venir.

Me ofrece un café y se muestra cortés. Se apoya en el respaldo de la butaca, hace el gesto lento de ponerse la mano en el pecho, como si quisiera jurar sobre sí mismo, y me clava una mirada que corta el aire.

—¿Sabe por qué he aceptado esta entrevista con usted y no con otros? —me dice con una sonrisa fría, casi desafiante—. Porque ya me escuchó en 2015, cuando muchos callaban. Porque fue fiel a mis palabras, aunque no compartiera nada de lo que yo decía. Prefiero hablar con alguien que me detesta, pero que me transcribe sin disfrazarme, que con un afín que me repite como un eco.

Deja reposar la taza de café sobre la mesa y hace rodar los dedos lentamente sobre ella.

—Si les hablo solo a los míos, todo queda entre nosotros. Pero yo quiero que el mundo entero sepa que hay resistencia. No soy un ingenuo: sé que me pintarán como un demonio. Pero también sé que mis palabras quedarán. Y, cuando se escriba la historia de estos años, como mínimo quiero aparecer como un personaje que no se quedó de brazos cruzados.

## El papa, instrumento del demonio

Il Consigliere no tarda en dejar claro su propósito:

—Me han pintado como un conspirador, como un halcón radical. Y tienen razón. No me avergüenzo. Soy fiel a la tradición, a la doctrina y a la verdad. Todo lo que no encaja es error o mentira. Y un papa que juega con la doctrina es, lo quiera o no, un instrumento del demonio.

Su tono no deja lugar al matiz. El hombre que tengo delante es consciente de que ha perdido una batalla, pero no la guerra.

Il Consigliere habla con orgullo de sus inicios en Roma:

—Cuando, en 2015, se publicaron los libros de Nuzzi y Fittipaldi, el Vaticano tembló. Los datos sobre despilfarros y corrupción no eran novedad. Pero Francisco los utilizó para legitimar su poder. Los reformistas vieron en ello un arma; nosotros, un aviso. Y yo actué.

Cuando le pregunto si participó en aquellas filtraciones del llamado Vatileaks II, no duda:

—Yo era un puente. Los informes y papeles me llegaban, y yo los hacía circular. Si un órgano está enfermo, hay que demostrarlo. Callar habría sido traición. Francisco era un error histórico, y había que pararlo.

Explica que se convirtió en una especie de intermediario entre los documentos filtrados y los periodistas que lo sacarían todo a la luz:

—Los escritos no salían de mí, pero yo los analizaba, seleccionaba y transmitía. Quien crea que eso es conspirar que lo diga. Yo lo llamo defender la Iglesia.

La conversación toma un tono más oscuro cuando aparece un nombre: Steve Bannon.

—Para algunos es un demonio; para otros, un visionario. A mí me interesaba su capacidad de comunicación y su guerra cultural.

Le recuerdo las reuniones, de las que hace poco se ha tenido noticia, que mantuvo Bannon con figuras como Burke y Müller, en el hotel de Russie, en la via del Babuino, documentadas por *El País* (3 de abril de 2025).

—Físicamente no pude asistir a ellas porque estaba fuera de Italia, pero estaba con ellos. No por dinero, sino por estrategia. Ellos buscaban un plan global; yo, un bisturí local. El Vaticano no se mueve a martillazos, sino con incisiones precisas. —Y en voz baja añade—: La Casa Blanca, Davos, fundaciones norteamericanas..., todo eso estaba. No es ningún secreto. Yo participé en ello porque sabía que en el Vaticano había orejas dispuestas a escuchar. Quien diga que todo eran fantasías miente.

## Dar miedo a los reformistas

Cuando hablamos del cónclave de 2025, il Consigliere se muestra casi orgulloso:

—Es como si hubiéramos pasado del concilio a Twitter. Blogs, *influencers*, campañas digitales..., todo servía. Y sí, yo colaboré en ello. Inspiraba textos, alimentaba rumores. El miedo también es un arma legítima cuando la fe está en peligro.

Le recuerdo la cobertura del prestigioso semanario *Politico*, que hablaba de una campaña sin precedentes.

—¿Exageramos? Puede ser. Pero también hay propaganda progresista. Nuestro objetivo era claro: dar miedo a los reformistas, recordar a los cardenales que media Iglesia rechazaba a un Francisco II. Y eso lo conseguimos.

Su voz no rezuma ningún remordimiento, sino orgullo. Cuando hablamos de la noche de la fumata blanca, se le crispa la expresión.

—Sabíamos que no teníamos suficientes votos. Nuestra guerra era de alarma, no de victoria. Y perdimos. Prevost puede acabar siendo un engaño, un estafador. Estoy convencido de que el tiempo lo demostrará.

Su voz no esconde la frustración. Queda bien claro que los ultraconservadores intentaron bloquear la elección, pero no lo consiguieron.

Cuando intento que me amplíe lo que me quiere decir de León XIV, no obtengo ninguna respuesta sorprendente. Il Consigliere se apoya ligeramente en el respaldo de la butaca, deja el rosario sobre la mesa y, tras unos segundos en silencio, habla en voz baja pero firme:

—Es un hombre inteligente. Sabe moverse, escucha y disimula bien sus inclinaciones. Pero no es el que queríamos. No tiene la valentía para revertir nada, solo para endulzar lo que ya está en marcha. Es heredero de Francisco, aunque se esconda bajo casullas bordadas y procesiones más solemnes. Hará concesiones, sí..., pero no a nosotros. Él gobierna con el gesto, y los gestos engañan. En el fondo es reformista, un progresista, y tarde o temprano lo demostrará. Cada día tengo más claro que este papa es otro error grave.

Se me queda mirando fijamente, con una sonrisa fría que no me llega a los ojos, y concluye:

—Yo no espero milagros de él. Solo espero que su prudencia no se interprete como fortaleza. El tiempo nos dirá si es un pontífice... o solo un administrador de la sombra de otro.

Cuando saco a colación la palabra y el concepto sinodalidad, que continuará con Prevost, su expresión se tensa.

—El papa Francisco quería convertir la Iglesia en un parlamento. Una trampa mortal. La verdad revelada no se vota, se transmite. Yo escribí, advertí, conspiré, sí. Pero porque no podía permitir ni antes, ni tampoco ahora con León XIV, que la doctrina se reduzca a un plebiscito.

## «Acabar con Lucifer no es ningún crimen»

Le recuerdo aquello que me dijo en 2015: «Acabar con Lucifer no es ningún crimen». Ahora no me esquiva. Me clava la mirada y responde:

—Y lo repito. Cuando el enemigo es el demonio, cualquier arma es legítima. Francisco fue un instrumento del demonio. León XIV todavía puede elegir qué camino seguir. Pero, si juega contra nosotros, también será juzgado.

La pausa que impone pesa como una losa. Le pregunto si piensa continuar luchando. Sonríe fríamente.

—¿Luchar? No. Resistir. Mi misión es resistir. Trabajo con Burke, con Müller y con Bannon..., con quien convenga. No me da miedo decirlo. La Iglesia ha de ser fortaleza, no un laboratorio de ideologías. Y si eso significa conflicto, bienvenido sea.

Cuando finalmente le planteo que me diga cuáles serán las próximas batallas, se calla. No desvelará sus estrategias. Pero me consta por diversas fuentes que uno de los frentes que los adversarios de Prevost quieren abrir es su gestión durante la etapa como superior de los agustinos. Rebuscan debajo de las piedras documentos y testigos de encubrimientos, o al menos alguna ineficacia ante casos de corrupción y abusos protagonizados por miembros de la congregación. Me lo callo porque sé que no me aportará nada que se lo diga, pero me preocupa que intuya que tengo información al respecto.

Il Consigliere se queda callado unos segundos. Gira la butaca de despacho y contempla con los ojos fijos la cruz colgada detrás de su silla. Finalmente, habla con voz grave, mesurada, como quien deja caer cada palabra sabiendo muy bien cuál es su peso:

—Sabe perfectamente que no le daré nombres ni calendarios. Pero también sabe que las sombras del pasado siempre regresan. Y este papa no será una excepción. Su tiempo con los agustinos no fue tan inmaculado como algunos pretenden. Las heridas mal cerradas acaban supurando. No hace falta que yo haga nada: bastará con dejar que la verdad, poco a poco, emerja a la superficie.

Vuelve a callarse y con un leve movimiento de la mano me hace entender que el asunto está zanjado. Entonces se pone en pie, camina hasta otro crucifijo antiguo y pasa la mano por el pie de Cristo antes de volver a sentarse.

—Las batallas no se ganan en los sínodos; se ganan en los pasillos, en los encuentros y las reuniones secretas, en la paciencia. Yo hace décadas que camino por ellos. Y no pienso detenerme. Sería un traidor indigno del sagrado depósito de la fe.

## La sombra de la amenaza

Cuando ya me disponía a cerrar la libreta y a dar por terminada la entrevista, aquel hombre, ese halcón, se levantó lentamente de la butaca, se acercó a la ventana y, sin girarse, soltó unas palabras que me sonaron a aviso y me dejaron helado:

—¿Sabe, amigo mío, que usted también juega en este tablero? Escriba lo que quiera..., pero recuerde que las palabras tienen consecuencias. En el Vaticano, todo el mundo lee. Y algunos nunca olvidan quién ha escrito qué.

Se dio la vuelta, con una sonrisa casi cordial, y me tendió la mano. Estrechó la mía con la misma fuerza con que me había saludado al llegar, pero esta vez su mirada era más fría, como si quisiera dejarme una huella invisible en los dedos.

—Buen camino de vuelta. Cuídese mucho.

Salí del despacho con un peso en el pecho que jamás había sentido tras ninguna otra entrevista. El olor a col y patata procedente de alguna cocina conventual del palacio me acompañó como una bocanada pegada a la nariz. Mis pasos por los pasillos parecían grabarse en la piedra, como si quedaran registrados para siempre.

Al cruzar el portal y toparme con la luz de la tarde romana, tuve la sensación de pasar de un universo a otro. Las calles de alrededor de la piazza Navona hervían de turistas, niños que corrían y músicos ambulantes que elevaban melodías ligeras en el aire frío. Pero para mí todo quedaba atenuado: caminaba con la certeza de haber salido de un mundo oculto y helador, invisible para la mayoría.

El sol teñía las fachadas de dorado, pero dentro de mí persistía una sombra incómoda. El rostro del Consigliere continuaba persiguiéndome, y su frase —«Algunos nunca olvidan quién ha escrito qué»— se repetía en mi cabeza como una advertencia grabada a fuego. Ahora la asociaba irremisiblemente con la sentencia que me había vuelto a repetir, calcada de la de aquel ya lejano 2015:

—Cuando el enemigo es el demonio, cualquier arma es legítima.

Respiré hondo, intentando deshacer ese nudo en el estómago que sentía que me ahogaba. Entendía que, sin quererlo, aquella entrevista me había situado también dentro del relato: ya no era solo observador, sino también testigo incómodo de un juego que transcurría más allá de mí.

La experiencia con il Consigliere había sido muy diferente de los encuentros con Monseñor C. No hay duda de que coinciden en muchos aspectos de la guerra sucia contra las reformas, pero no solo los métodos son diferentes, sino también su alma.

Comprendí entonces que, en el Vaticano, la guerra jamás acaba: solo cambia de nombre, de frente y de protagonistas.

# 16

# El Prevost más desconocido

—¿Te has fijado en un detalle del que no hemos hablado? —me advirtió una tarde il Dottore en una charla telemática; él estaba en Washington, y yo, en Barcelona—. El perfil de Prevost siempre ha sido el de un hombre gris. Ahora se está produciendo un cambio. Tal vez sea un hombre de aspecto gris y reservado, pero es empático con la gente más humilde, dispuesto a escuchar a todo el mundo y no tan anodino gestionando una diócesis de una zona pobre de Perú con muchas carencias y necesidades. Alguien que se gana día a día la simpatía de la gente más sencilla y desfavorecida.

## Chiclayo de corazón

Paradójicamente, el agua es el enemigo más peligroso del desierto peruano. Era la primavera de 2023. La brisa seca del desierto del norte de Perú levantaba el polvo entre las calles de tierra de Íllimo. El sol caía vertical sobre las casas, muchas de caña. El pueblo, aislado y enfangado tras el paso del ciclón Yaku, todavía sufría la falta de aprovisionamiento de agua potable, electricidad y esperanza. Y, entonces, aquella mañana, una figura inesperada apareció por el camino de grava: un hombre alto, de cabello cano, con unas botas de agua llenas de barro y dos bolsas rojas de supermercado colgadas en las manos. Le reconocieron enseguida. Era él. El obispo. El gringo, como lo llamaban algunos.

«¡Monseñor!», gritaron desde un portal. Él sonrió. No hizo discursos, ni llevaba cámaras de televisión a su lado. Solo se sentó a repartir los paquetes —pan, leche en polvo, aspirinas, sal— y a escuchar.

Fue su última visita a la zona, ya que poco después el papa Francisco lo llamó a Roma. En ese contexto se hizo la fotografía viral de Prevost con botas y un casco en la cabeza, ayudando y bendiciendo personalmente a los damnificados. Aquella imagen era su despedida de Chiclayo, una población que casi todo el mundo desconocía antes de que ese gringo peruano se convirtiera en León XIV.

Cuando el fenómeno meteorológico de El Niño Costero golpeó Perú, entre diciembre de 2016 y mayo de 2017, al obispo ya se le había visto implicarse en la catástrofe. Chiclayo quedó en el centro de los aguaceros. Las lluvias torrenciales y el desbordamiento del río La Leche arrasaron distritos enteros; se contabilizaron más de ciento cincuenta muertos y se hablaba de cerca de doscientos mil damnificados. En medio del caos, Prevost asumió el liderazgo y se multiplicó visitando a los afectados, muchas veces a pie o a lomos de un caballo.

«Él no solo coordinaba —recuerda Sesa, la que entonces era coordinadora de Cáritas en la zona—, también persuadía a empresarios para que donaran recursos, y después se remangaba y subía él mismo a la camioneta a descargar sacos y a cargar kits de ayuda. Muchos intentaban frenarlo, pero su respuesta siempre era la misma: "Estoy aquí para ayudar, para servir"».

En 2015 había sido nombrado obispo de Chiclayo, y entonces pocos sabían qué esperar de aquel estadounidense de acento suave y mirada gacha. No venía con aires de salvador, sino con zapato plano y agendas abiertas. Los primeros meses visitó todas las parroquias de la diócesis. Caminaba por los barrios, entraba en los comedores sociales, conversaba con todo el mundo y a todo el mundo escuchaba. Sonia Arteaga, secretaria técnica de la Mesa de Concertación para la Lucha contra la Pobreza, lo explica así: «Cuando llegó a Chiclayo, nos sorprendió mucho, porque fue un cambio radical. Antes teníamos un obispo del Opus Dei; en cambio, monseñor Robert Prevost era muy cercano, participaba en las reuniones que convocábamos. Fue un cambio total respecto a lo que habíamos vivido hasta entonces. Se mostraba muy cercano a la gente, caminaba solo por la calle, llegaba puntual a las reuniones y te escuchaba sin prisa».

En el comedor popular del barrio norte, la cocinera Magaly Castillo sonríe al recordar aquel día en que el obispo bajó a la cocina a hacerse panqueques: «Era domingo, no había misa hasta mediodía, y se quiso cocinar él mismo el desayuno. Después lo compartió con los voluntarios».

En Chiclayo reforzó la organización de Cáritas con bancos de alimentos vinculados a empresas de la zona, y fundó un albergue para migrantes venezolanos, donde él mismo llevaba pollos donados para alimentar a las familias.

En 2021, el covid-19 golpeó duramente Perú. En Chiclayo, los hospitales se llenaban y el oxígeno era el oro que escaseaba. Los médicos sangraban de impotencia y las familias dormían a las puertas de los centros médicos. En aquel momento límite, Prevost no hizo una carta pastoral, sino un llamamiento. En pocos días movilizó a empresarios, ONG y fieles. Personalmente, lideró la campaña «Oxígeno para la esperanza», que recaudó cerca de cuatrocientos mil dólares. Gracias al impulso del futuro papa y de decenas de voluntarios, la ayuda llegó a los centros médicos de la región. Fue un gesto que salvó muchas vidas.

## El gringo convertido en Padre Manzana

Cuando el 8 de mayo de 2025 se anunció «Habemus papam», muchos buscaron quién era aquel nuevo León XIV. Pero en Perú todo el mundo lo sabía. Él mismo lo había dejado escrito en un papel en su despacho: «Para mí, Chiclayo no es un destino. Es casa».

Todavía hoy, en las calles de Chiclayo lo llaman monseñor Robert. El obispo que cocinaba panqueques, que jugaba al tenis con los niños, que animaba al equipo de fútbol local; el hombre que repartió oxígeno cuando faltaba el aire y, sobre todo, que escuchaba cuando nadie más lo hacía.

Con bastante sentido del humor, algunos que le trataban de cerca me han comentado que le llamaban afectuosamente el Padre Manzana, un apodo que le viene de la afición que tenía, y todavía tiene, por los productos de Apple. De hecho, su móvil solo puede ser un iPhone, su ordenador, un MacBook, y su reloj, un Apple Watch. Muchos de esos aparatos son regalos de sus amigos.

Tal vez ese sea el Prevost más desconocido. Ni el prefecto, ni el cardenal, ni tampoco el papa, sino el hombre que hizo del servicio callado una forma de resistencia. Un pastor que no solo hablaba de Cristo, sino que caminaba como Jesús, entre el polvo y los gritos de la gente que pedía auxilio y esperanza.

## Coherencia y opiniones polémicas

La trayectoria del papa más desconocido se inició tras su ordenación. A Prevost lo enviaron a la misión de Chulucanas (1985-1986), donde probó por primera vez la dureza y la belleza del trabajo pastoral en el Perú profundo. Entre 1987 y 1988, regresó a Estados Unidos por un corto tiempo para ser promotor de la pastoral vocacional y director de misiones en Olympia Fields, Illinois, pero la raíz peruana había hecho mella en él. Por tal motivo, en 1988 regresó al país andino, para servir en la misión de Trujillo, donde ejercería hasta 1998 y donde dejó una huella imborrable en comunidades y seminaristas.

Su recorrido le llevaría más arriba: en 2001, el capítulo general de los agustinos le escogió prior general, cargo en el que sería confirmado de nuevo en 2007 por un periodo de seis años más. Y cuando parecía que su trayectoria podía volver al anonimato conventual, llegó la llamada de Roma: el 3 de noviembre de 2014, el papa Francisco le nombró obispo titular de Sufar y administrador apostólico de Chiclayo. Finalmente, el 26 de septiembre de 2015, Bergoglio le designó obispo de Chiclayo, y aquel mismo año Prevost se convirtió también en ciudadano peruano, sellando con papeles el vínculo que ya había grabado con la vida.

La sorpresa le llegó en 2023, cuando desde Roma el papa Francisco le quiso cerca y le incorporó a su equipo de confianza como prefecto del Dicasterio para los Obispos, cargo que ejercería hasta ser elegido como jefe de la Iglesia católica.

Robert Francis Prevost optó por un estilo de vida austero y sencillo, como siempre había hecho en Perú. En lugar de instalarse en una residencia noble dentro de los palacios vaticanos, como le ofrecieron, escogió un pequeño apartamento dentro del Palacio del Santo Oficio, muy cerca de la Casa de Santa Marta, donde vivía el papa Francisco, con quien mantenía una comunicación fluida y regular. Esta elección reflejaba no solo su coherencia con el estilo evangélico que predicaba, sino también su voluntad de estar cerca del pueblo y de la vida comunitaria de la curia.

«La coherencia no es para él una actitud exhibida de puertas afuera, sino una manera de ser que forma parte de su carácter más íntimo», me confía una monja que le saludaba cada día. Instalado en el Palacio del Santo Oficio, compartía comedor con otros prelados, religiosos y funcionarios, y mantenía una rutina sencilla de plegaria, lectura y escritos espirituales. Su tarea diaria se desarrollaba en el Palacio de las Congregaciones, sede del Dicasterio para los Obispos, a pocos metros de la plaza de San Pedro. Desde allí gestionaba el futuro de los episcopados de todo el mundo: analizaba con meticulosidad a los candidatos, en contacto permanente con las nunciaturas e informantes, en una tarea pesada, delicada y a la vez decisiva para la transformación de la Iglesia universal. Cuando todavía ejercía ese cargo, el papa Francisco lo nombró cardenal, durante el consistorio del 30 de septiembre de 2023.

Sin embargo, en el pasado de Prevost quedaban opiniones que hoy son polémicas. En el Sínodo sobre la Nueva Evangelización convocado por Benedicto XVI en 2012, el entonces prior general de los agustinos había advertido sobre las «opciones de vida anticristianas» promovidas por los medios de comunicación occidentales, y citó el aborto, la eutanasia y el matrimonio entre personas del mismo sexo como ejemplos de ello. Francis X. Rocca, analista vaticano de la cadena conservadora EWTN, recuerda que cuando al cabo de diez años, en una entrevista, le preguntó sobre aquel discurso, la respuesta del que sería León XIV fue breve y elocuente: «Desde entonces, ha pasado mucha agua bajo el puente». El sector conservador esperaba que todavía mantuviera aquel criterio, pero el nuevo papa no ha cambiado la política de Francisco hacia el colectivo LGTBIQ+. De hecho, autorizó que el 6 de septiembre de 2025 por primera vez en la historia del Vaticano mil cuatrocientos gais, lesbianas y transexuales católicos peregrinaran a la Puerta Santa de la basílica de San Pedro en el marco del jubileo. Además, llevaron una cruz con los colores de la bandera del arcoíris, hecho que fue tildado de herético por los rigoristas más radicales.

El 7 de agosto de 2024, Prevost, entonces prefecto del Dicasterio para los Obispos, celebró misa en la iglesia agustina de San Judas, en New Lenox, en su estado natal, Illinois. Minutos antes de la celebración, y en un ambiente distendido con los feligreses, respondió en público a las preguntas improvisadas de un parroquiano llamado Frank.

—En aquel momento, nadie sospechaba que se estaba viendo, en directo, el tono pastoral del futuro papa —explica il Dottore—. Ningún escenario elegido, ningún filtro. Solo él, en su naturaleza directa y afable.

Y es precisamente esa naturalidad —humilde, próxima, pedagógica— la que ha marcado el tono inicial de su pontificado. Lo que entonces parecía una charla improvisada hoy se percibe como una confesión de identidad eclesial. Una vocación modelada en Perú, no en Roma.

Con una sonrisa tranquila, Prevost compartía con los fieles un sentimiento sincero de pertenencia: «El lugar que más ha marcado mi vida es Perú. Pasé allí veinte años como agustino, formador, profesor, rector, misionero... Cuando eres misionero, aprendes de todo: desde electrónica hasta mecánica. Pero, sobre todo, aprendes a servir».

Esa experiencia en el continente latinoamericano es, según diversos cardenales, una de las razones que le hicieron *papabile* en silencio. Su mirada no partía del mundo clerical europeo, sino del contacto con las periferias. Monseñor Clo lo resumía con contundencia: «Él no llegó a Roma desde la curia, sino desde el barro. Y eso, para muchos cardenales del sur global, fue un factor determinante. El problema es que la mayoría no sabía lo que hacía ni lo que puede acabar haciendo».

Prevost no lideró el Dicasterio para los Obispos por influencias curiales. Fue el propio papa Francisco quien le llamó, precisamente porque no formaba parte de ese engranaje. «Francisco no quería un funcionario del sistema —dijo el mismo Prevost—, quería un misionero, alguien que aportara otra mirada».

## Sin poder vertical: la huella de Francisco

Otro aspecto clave de su trayectoria como responsable del Dicasterio para los Obispos fue su papel como puente entre las Iglesias locales y la Santa Sede. Según él: «Los obispos que vienen a Roma se encuentran entre iguales. Tienen la oportunidad de rezar juntos, visitar las tumbas de Pedro y Pablo, y comprender que forman parte de una sola Iglesia. Eso es un don».

Un modelo sinodal de gobernanza que prioriza la escucha y el discernimiento colectivo, y que casa perfectamente con el impulso de Francisco. Il Dottore me lo explicaba así: «Aprendió que el poder no es la voz más alta, sino la capacidad de escuchar más voces. Y eso le ha convertido en un líder atípico dentro de la curia».

Prevost conoció a Jorge Mario Bergoglio cuando este era arzobispo de Buenos Aires. En aquella época tuvieron un desacuerdo sobre una misión agustiniana. Él mismo lo explicó con humor durante el acto de New Lenox: «Cuando le hicieron papa, pensé: "Seguro que no me recordará..., o puede que sí, ¡y no me hará obispo nunca!"».

Una anécdota simpática pero reveladora del carácter franco, transparente y con conciencia de sus límites. Pese a las diferencias puntuales, Prevost siempre ha reconocido en Francisco un modelo de inteligencia pastoral y compromiso radical con el Evangelio. «Su implicación con la justicia social y la misericordia es absoluto —dijo entonces—. Algunos creen que tendría que condenar más cosas, hablar más alto..., pero él insiste: hay demasiada condena y demasiada poca gracia. Ahora hace falta alguien que exprese perdón, cuidado y acogida. Eso es el Evangelio».

Una visión que a menudo generó incomprensión, sobre todo en ámbitos conservadores, durante los doce años de pontificado de Bergoglio. «No es que Francisco sea ambiguo —argumentaba Prevost—. Es que no todo el mundo entiende el lenguaje del amor evangélico cuando desafía las seguridades institucionales».

Monseñor C., con su habitual lucidez, lo complementa con cierta autocrítica y también con un inesperado reconocimiento a la coherencia del anterior papa: «Lo que no entienden algunos, y entre ellos muchos amigos míos de los que los periodistas calificáis de ultraconservadores y fascistas, es que Francisco no quería romper la barca, sino remover el agua para que no se encallara. Sí, muchas veces se equivocó, pero, en general, su intención era noble».

Uno de los temas centrales de la reflexión de Prevost en aquel encuentro con feligreses en Estados Unidos fue el sínodo y la necesidad de cambiar ciertas inercias institucionales. «Cuando un rector no recibe a un cura hasta pasados tres meses, o cuando a un obispo solo se le ve para confirmaciones —dijo—, quiere decir que algo no funciona. El pueblo no se siente escuchado, y la Iglesia no puede ser un espectáculo dominical».

También apuntó al hecho de que muchos medios distorsionen o manipulen los mensajes: «Hay canales que mezclan medias verdades con falsedades totales. Y sí, han hecho daño al papa Francisco. La desinformación es un arma eclesial».

Il Dottore ironizó:

—Francisco tenía muchos enemigos con incensario. Pero lo que más les inquietaba de todo era que el pueblo llano, que no aceptaba las manipulaciones, le reconociera como un pastor.

En esa misma ocasión, Prevost —todavía cardenal— lanzó un mensaje de esperanza que hoy resuena con fuerza: «Vivimos tiempos de desconcierto, pero también de oportunidad. El jubileo de 2025 nos invita a perdonar, a reconstruir. Es necesario salir del pesimismo. Volvemos a escuchar la Palabra, a vivir en comunidad. Dios no nos ha abandonado». Reflexiones que hoy, como León XIV, ha empezado a traducir en gestos concretos: consultas sinodales ampliadas, presencia activa en zonas de conflicto y una defensa firme de los más olvidados.

—Es evidente que parece que no quiere hacer revoluciones a gritos —me anticipaba Monseñor C.—, pero sí reorganizaciones profundas, paso a paso. Es su manera de reformar la Iglesia sin intención de romperla. Sin embargo, con cualquier descuido pueden surgir los problemas. Francisco apuntó algunas reformas que, si él las olvida, bueno..., todos estaremos mucho mejor.

## La vuelta al palacio

Tras su elección como papa León XIV, Prevost sorprendió a muchos de los más reformistas al decidir trasladarse al Palacio Apostólico. ¡No se lo esperaban! Los conservadores aplaudieron una decisión por la que el pontificado volvía «a donde le corresponde». Prevost, como su predecesor, consideraba que los apartamentos papales tradicionales, situados en el Palacio Apostólico, representaban una distancia simbólica respecto de la vida cotidiana del Vaticano, pero los símbolos son los símbolos, y decidió recuperar la tradición.

León XIV utiliza una parte del Palacio Apostólico para audiencias oficiales, encuentros diplomáticos y celebraciones litúrgicas. También ha mantenido el despacho papal tradicional para respetar el funcionamiento administrativo, pero su espacio vital ya no son las cámaras que ocupaba como prefecto. Los primeros días de pontificado vivió en las habitaciones donde se alojaba cuando era el responsable del Dicasterio para los Obispos, en el Palacio del Santo Oficio, y cuando pudo se trasladó al Palacio Apostólico. En él, no se instaló en el histórico apartamento pontificio, sino que se fue a otras dependencias, que no son la obsoleta y deteriorada residencia que tuvo como último inquilino a Benedicto XVI, en desuso desde hacía doce años. «Vive en un nuevo apartamento, sencillo pero más práctico, moderno y funcional, en el mismo palacio de los papas, con un ascensor directo y acceso al despacho oficial», me dicen dos confidentes que rompen el «sin comentarios» oficial sobre este aspecto de la vida cotidiana de León XIV.

Esta decisión de volver al Palacio Apostólico puede haber decepcionado a algunos miembros del sector más reformista, pero en general ha sido interpretada como un gesto de continuidad clara con la tradición y el magisterio del pontificado. Quienes conviven con él lo describen como «un hombre que no ha cambiado nada» y que continúa saludando a los conserjes por el nombre, caminando sin escolta por los pasillos y rezando cada mañana en la pequeña capilla.

Ya como papa, el 17 de agosto, durante su estancia veraniega en Castel Gandolfo —una tradición también recuperada—, organizó con los responsables de la parroquia de la población vecina de Albano una comida con los pobres de la zona. Un centenar de personas del programa de Cáritas en riesgo de exclusión compartieron mesa con León XIV en el Borgo Laudato Si', el jardín de Castel Gandolfo que Francisco ordenó convertir en un espacio de formación en ecología integral. El papa y sus acompañantes disfrutaron de un menú bien arraigado a la tradición local: entrantes típicos de los Castelli Romani, una lasaña elaborada con productos del huerto, una parmesana hecha siguiendo la receta clásica, ternera asada con hierbas aromáticas, macedonia de frutas frescas y, como colofón, un postre creado expresamente para la ocasión. Los pasteleros del pueblo lo bautizaron como *Dolce Leone*: una *mousse* de limón suave y delicada, servida como homenaje al nuevo pontífice.

Meses más tarde, el domingo 16 de noviembre, el Aula Pablo VI del Vaticano se transformó también en un gran comedor popular. Junto al papa León comieron unos mil trescientos pobres, personas sintecho, trabajadores de Cáritas y una cincuentena de transexuales que viven de la prostitución, convocados por la orden de los vicencianos (de san Vicente de Paúl). Todo ello, en el marco del jubileo de los pobres y con un recuerdo muy especial para el papa Francisco, muy aplaudido a petición de su sucesor.

El 3 de julio de 2025, durante una audiencia con estudiantes estadounidenses, el papa ya había recalcado: «La fe no se puede reducir a una herramienta ideológica. El cristianismo no defiende banderas, defiende personas». Y para él esas personas son los débiles, quienes conviven con la pobreza y la injusticia, los jóvenes sin perspectiva de futuro, los ancianos apartados por la sociedad o los obligados a abandonar sus países a causa de la miseria o la violencia. En definitiva, los mismos «descartados» de los que a menudo hablaba Bergoglio.

## Amistades discretas y apoyos fundamentales

En medio del ruido solemne de la curia, Robert Prevost mantiene un pequeño círculo que le recuerda cada día quién es en realidad. Un círculo que le permite, en el marco de los palacios del poder, sentirse acompañado y más como en casa.

Justo a su lado está su secretario personal, Edgard Iván Rimaycuna Inga, el joven sacerdote peruano de treinta y cinco años que le acompaña como una sombra ligera desde mayo de 2025.

En 2006, Rimaycuna había ingresado en el Seminario Mayor Santo Toribio de Mogrovejo, donde coincidió con el entonces sacerdote Robert Prevost, que se convirtió en su mentor y amigo. Aquella relación pastoral fue decisiva en la sólida formación que se consolidó en Roma y en la orientación de su vocación.

Él sabe cuándo hace falta interrumpir una audiencia, cuándo hay que dejar entrar aire fresco en el despacho y cuándo una alusión a Chiclayo puede romper el gesto serio del papa con una sonrisa inesperada. Comparten momentos de trabajo y los pocos que tienen de ocio. Cuando dispone de algún rato libre, juegan un partido de tenis, el deporte que fascina al papa, en la pista del Vaticano, como también habían hecho en la curia general de los agustinos de la via Paolo VI o en Castel Gandolfo. Cada martes juega también en Castel Gandolfo, donde se retira durante la jornada para descansar y hacer una pausa en el denso trabajo de la semana.

Prevost es, además, un gran aficionado al fútbol, como Francisco, y es seguidor del San Lorenzo de Almagro. En Chiclayo iba al estadio a ver al Juan Aurich, el equipo local, con el que celebró el título de liga en 2011. Ahora, en el Vaticano, con su amigo-secretario, muchas veces ven juntos por televisión los partidos de la Roma, club al que se aficionó en 2023, cuando inició su etapa en el Vaticano.

Entre ambos hombres existe una confianza que va mucho más allá de sus funciones: Rimaycuna es el hilo invisible que une al pontífice con su tierra peruana y con la sencillez de los primeros años de ministerio.

Pero si hablamos de intimidad, el mejor amigo de Prevost es Alejandro Moral Antón, prior general de los agustinos durante doce años. Hijo de La Vid, en la provincia española de Burgos, Moral se sincera al hablar del nuevo papa: «Nos conocemos desde 1982.

Ambos estudiábamos en el Colegio Santa Mónica, en Roma, así que imagínese. Me propuse llamarle "su santidad", pero de entrada no me salía».

Con él comparte lazos de fraternidad nacidos en el claustro de aquel centro y mantenidos en el tiempo. En la sesión inaugural del capítulo general de los agustinos, el 1 de septiembre de 2025, en la que se relevó a Moral como prior, una sola mirada entre él y el papa Prevost hizo evidente esa complicidad que ningún cargo puede borrar. El pontífice ya se había desplazado el 1 de junio al Colegio Santa Mónica, en la via Paolo VI, para participar como uno más en la animada comida de celebración organizada con motivo del setenta cumpleaños de su amigo.

A ese núcleo más íntimo se suma el mexicano Jairo Salas Castañeda, el discreto coordinador de los viajes apostólicos, nombrado también por el pontífice. Él es quien transforma los deseos misioneros del papa en mapas, horarios y rutas posibles. Pero no se trata solo de logística: Prevost le confía también intuiciones, temores y sueños de frontera. Salas sabe que para León XIV viajar es más que moverse: es tocar con las manos las heridas del mundo. Lo entiende y por eso el papa le confía mucho más que la planificación de un calendario.

El primer viaje internacional del nuevo papa fue a Turquía y al Líbano del 27 de noviembre al 2 de diciembre de 2025, un periplo previsto por su predecesor argentino. En Turquía presidió la celebración ecuménica del 1.700 aniversario del primer Concilio de Nicea que definió los principios de la fe y la divinidad de Jesús como hijo de Dios. El mensaje de unidad cristiana fue constante en sus homilías. En la segunda etapa en el Líbano, un país herido por la violencia y el terrorismo, León XIV instó a la paz y el diálogo. Otros viajes en el futuro lo pueden llevar a capitales europeas y latinoamericanas, sin olvidar los Estados Unidos donde nació.

Prevost ha cultivado amistades por todo el mundo, pero es en Perú donde ha dejado la huella más profunda. Uno de sus amigos más cercanos es César Piscoya, compañero desde hace más de treinta años y antiguo responsable de la pastoral en la diócesis de Chiclayo. En la actualidad trabaja en Bogotá, en el CELAM, pero mantienen un contacto estrecho. En *Vatican News*, este padre de familia definía a León XIV como un hombre profundamente humano, siempre atento a las realidades que le rodean: «Monseñor Prevost es alguien que se hace cercano, que se convierte en amigo. Si hay que llorar, llora contigo; si hay que reír, ríe contigo; si hay que soñar, también sueña contigo. Comparte incluso los momentos de desesperanza. No tiene miedo de tocar la carne del otro: acoge, abraza y se conmueve profundamente con nuestra realidad».

Pese a tener una agenda repletísima, el pontífice nunca deja de responder a los mensajes que le envían estos amigos; si es necesario, a altas horas de la noche, por WhatsApp, incluso a las tres de la madrugada. Sin embargo, antes de las seis de la mañana tiene por costumbre levantarse de la cama. Muchas veces, cuando se desvela durante la noche se pone a jugar en *Word with Friends*, un pasatiempo online de palabras cruzadas en el que muestra su habilidad.

Y aún un ejemplo más que prueba que el papa Prevost lleva Perú en el corazón. Los pasillos del Vaticano, siempre llenos de susurros, sumaron en verano de 2025 un nuevo rumor a su inagotable repertorio: Verónica Sánchez Molina, una peruana establecida desde hace años en Italia, podría convertirse en la nueva cocinera personal del pontífice.

La noticia no nació de un comunicado oficial, sino de una fotografía difundida en las redes: el santo padre, con sonrisa afable, al lado de Sánchez Molina y de su inseparable secretario personal, Rimaycuna. Una instantánea aparentemente banal, pero que en el Vaticano se ha interpretado como una clave escondida. Y es que así, discretamente, Prevost podría continuar disfrutando de los gustos que tanto le entusiasman: el cebiche, el seco, el cabrito y el arroz con pato.

Más allá de este detalle gastronómico y de los cuatro amigos ya citados, en el interior del Vaticano se alza el verdadero círculo de confianza institucional de León XIV. El cardenal Pietro Parolin, todavía secretario de Estado, aporta experiencia y equilibrio de viejo diplomático; el arzobispo venezolano Edgar Peña Parra, como sustituto de la Secretaría de Estado, hace rodar con eficacia y prudencia la maquinaria diaria; la religiosa francesa Nathalie Becquart, subsecretaria del Sínodo de los Obispos desde 2021, es la voz femenina más influyente de la Santa Sede; el arzobispo galés Paul Richard Gallagher abre ventanas al mundo con su mirada internacional y discreta, y Maximino Caballero Ledo, economista laico español nacido en Mérida, dirige desde 2022 la Secretaría para la Economía, desde donde impulsa un ambicioso proceso de transparencia, modernización y control financiero. No es que los cinco sean amigos íntimos, pero sí piezas imprescindibles para sostener el peso del gobierno pontificio.

Así se dibuja el mapa humano más cercano a León XIV: un tejido de afectos y complicidades que mezcla la calidez de los amigos íntimos con la solidez de los colaboradores institucionales. Es ese equilibrio sutil y frágil lo que le permite al papa avanzar con paso sereno en medio de las turbulencias de Roma.

# 17

# El papa desconfía de la seguridad

Una tarde de junio, en la sacristía lateral de la basílica de San Pedro, un monseñor italiano que había trabajado muchos años en la Secretaría de Estado le pidió a il Dottore cinco minutos de conversación. El hombre, ya cansado de conspiraciones de tercera fila, quería advertir a alguien que supiera escuchar sin escandalizarse.

—He visto una cosa que no te gustará —dejó caer a modo de bienvenida.

—¿Es sobre el papa? —inquirió il Dottore.

—Sí, pero no por su culpa. Hablo de un incidente que confirma que la seguridad vaticana no está tan limpia como queríamos pensar.

El monseñor le explicó que, cuatro días después de la elección, una nota manuscrita había aparecido misteriosamente sobre el escritorio de León XIV en Santa Marta. No llevaba firma alguna, ni tampoco ninguna marca. Tan solo una frase: «No toque las estructuras sin saber quién, cómo y por qué las construyó».

Lo más extraño no era el contenido amenazante, sino cómo había llegado hasta allí. Ningún miembro del personal reconocía haber entrado en la estancia aquella mañana y el sistema de videovigilancia del ala había quedado «sospechosamente inactivo» durante media hora.

—Dijeron que era por mantenimiento programado. Pero, curiosamente, solo falló esa cámara. El papa no se enteró de la amenaza. Uno de sus colaboradores cogió la nota y le escondieron la amenaza con la excusa de no preocuparle —añadió el monseñor.

La seguridad vaticana habría iniciado una investigación que no dio resultados.

Il Dottore no reaccionó enseguida, pero sabía que aquello confirmaba la intuición que hacía tiempo rondaba al propio León XIV: alguien —en realidad, una o varias personas— seguía sus movimientos desde dentro, con intenciones que no eran meramente protocolarias.

Al cabo de una semana, un nuevo golpe. Cierta mañana, il Dottore estaba en Santa María la Mayor, donde había ido a rezar ante la tumba de Francisco, como a veces hacía cuando estaba en Roma. Admiraba la figura del argentino por cómo había sacudido la Iglesia, por su visión de futuro, por las semillas de cambio que había sembrado. Allí se encontró con un sacerdote agustino alemán al que conocía desde hacía tiempo. Dos días antes, el sacerdote había recibido en el móvil una notificación con un enlace a un blog conservador inglés. Lo había comentado con un amigo de su congregación, y, casualidades de la vida, este le había dicho que en aquella información aparecían fragmentos textuales que uno de los asistentes del papa había reconocido sin dudar como apuntes privados de sus redactados inmediatamente posteriores a una conversación interna sobre el futuro de los dicasterios.

No era un discurso ni ningún documento oficial; eran ideas en crudo, comentarios sensibles, reflexiones en voz alta que se habían anotado para uso interno. Y alguien las había filtrado. Sin contexto. Con intención.

Aquel mismo día, por la tarde, tuvo que ir a Santa Marta a ver a un sacerdote peruano y pidió explicaciones directamente a la fuente que podía saber algo de aquel asunto tan preocupante. Se trataba de otro monseñor, uno de los pocos que disfrutaba de la confianza directa de León XIV.

—¿Cómo ha salido esto? —preguntó il Dottore, mostrando el texto en el móvil.

El monseñor bajó el tono inmediatamente.

—Hay una conexión indirecta con el área técnica de la Secretaría de Estado. Todavía no sabemos cómo, pero esto no ha salido de Santa Marta.

Aquella noche, il Dottore escribió una única nota que hizo llegar, sin firmar, a uno de los asistentes de la cámara privada del papa: «Hay sombras dentro de la casa. Y han aprendido a entrar sin dejar huella. Hacen falta puertas nuevas, no solo cerraduras nuevas». No sabe si el mensaje llegó al pontífice.

A la vista de todo esto, es evidente que el papa León XIV ha heredado un entorno de seguridad vaticana complejo y fragmentado, con problemas estructurales y lealtades internas que no siempre se alinean con su estilo o su visión pastoral. Aunque el Vaticano nunca publica oficialmente disputas en este ámbito, fuentes internas y periodistas especializados como Marco Politi, Gianluigi Nuzzi, Massimo Franco o yo mismo hemos documentado en pontificados anteriores —y ahora también en el de León XIV— las tensiones entre el papa y los cuerpos de seguridad, tanto en el ámbito operativo como en el estratégico. Pese a que, hasta ahora, no ha habido ninguna prueba pública que apunte a un conflicto directo entre el papa León XIV y la seguridad vaticana, hay filtraciones privadas que muestran que se trata de un asunto que le preocupa.

Un monseñor de su entorno me lo dejó claro una tarde tomando un café en la via della Conciliazione. «Desde que puso los pies en el Vaticano, en 2023, el santo padre sabe cómo van las cosas en este ámbito. Tiene motivos para desconfiar».

## Fragilidad en la fortaleza eterna

Nuestro asesor, con la mirada gris de quien ha visto demasiadas cosas, me advirtió:

—Cuando repasamos el historial de los agujeros en

la seguridad vaticana, el riesgo latente solo podemos calificarlo como muy alto. ¡Crítico!

Y seguidamente me ofreció, casi como un dosier prohibido, el relato de cómo en los últimos años las murallas del Vaticano habían dejado entrar la sombra del mundo exterior.

Todo empezó en 2012, con lo que más tarde sería conocido como Vatileaks I. Paolo Gabriele, el mayordomo personal de Benedicto XVI, se convirtió en un traidor y en antihéroe al mismo tiempo. Filtró centenares de documentos al periodista Gianluigi Nuzzi: cartas, informes y papeles que revelaban nepotismo, corrupción y luchas de poder en la curia. La gendarmería lo detuvo el 26 de mayo; en su casa encontraron una montaña de papeles secretos. Condenado a dieciocho meses de cárcel, alegó que había actuado «por amor a la Iglesia». Pero el mal ya estaba hecho. Entre los descubrimientos, como expliqué en *Intrigas y poder en el Vaticano*, se destapó la existencia de un prostíbulo dentro mismo de las murallas vaticanas. Nuestro asesor todavía hoy se echa las manos a la cabeza cada vez que le recuerdo aquel episodio. El escándalo, sumado a la oleada global de denuncias de abusos sexuales, empujó a Ratzinger a la renuncia.

Tres años después, en 2015, ya bajo el mandato de Francisco, el silencio se volvía a resquebrajar. Dos libros —*Via Crucis*, de Emiliano Fittipaldi, y *Avarizia*, de Nuzzi— exponían derroches y privilegios, gracias a documentos filtrados de la COSEA, la comisión encargada de ordenar las finanzas. El secretario Lucio Ángel Vallejo Balda y la consultora Francisca Chaouqui fueron acusados y juzgados. Pero los hechos revelados nunca se investigaron a fondo. «Se disparó contra los mensajeros», me recuerda el asesor con rabia contenida.

En 2017, el fantasma se hizo digital. Giulio y Francisca Occhionero, hermanos con una empresa de tecnología, piratearon con el programa EyePyramid miles de cuentas de correo: empresarios, banqueros y cardenales del Vaticano. La Santa Sede tuvo que reconocerlo. Por primera vez, la gendarmería se encontraba ante un ataque cibernético sofisticado y externo. Nuestro hombre ve en ello un síntoma grave:

—Falta de previsión y desidia. Absolutamente inadmisible.

En 2019, el escándalo se trasladaría a las finanzas. La gendarmería irrumpía en las oficinas de la Secretaría de Estado buscando pruebas de una inversión inmobiliaria en Londres: doscientos millones de dólares convertidos en una pesadilla. En el centro del terremoto, el cardenal Giovanni Angelo Becciu. La denuncia había llegado del propio IOR, el Instituto para las Obras de Religión. El OCCRP (siglas en inglés del Proyecto de Información sobre Crimen Organizado y Corrupción) documentaba cómo intermediarios sin escrúpulos habían desviado fondos y extorsionado a la Santa Sede. Francisco apartó a Becciu y, de rebote, perdió la confianza en Parolin, que se protegió con discreción calculada. En 2020, el agente financiero

Gianluigi Torzi era detenido y acusado de extorsión y blanqueo.

—Mafiosos con la complicidad de miembros de la curia han hecho y deshecho a voluntad —concluye el asesor.

En 2022, cayó uno de los símbolos más visibles del Vaticano. El 30 de noviembre, el portal oficial Vatican.va quedó inactivo durante unas cuantas horas. Matteo Bruni, portavoz de la Santa Sede, habló de «un número anormal de accesos». Todo indicaba un ataque tras las críticas rusas al papa por Ucrania. La Catholic News Agency recordó precedentes turcos y chinos. No hubo filtración de datos, pero sí una vulnerabilidad humillante.

—Todavía no me puedo creer que el principal altavoz de la Iglesia no tuviera cortafuegos —me escupe con incredulidad nuestro hombre.

Un año después, en 2023, los papeles del sínodo se filtraron como agua entre los dedos. *The Pillar* explicaba que listas e informes internos se podían descargar online sin contraseña. Los metadatos revelaban que procedían del mismo Secretariado Permanente del Sínodo. No se identificaron responsables ni se impusieron sanciones. «Un desastre en uno de los proyectos más importantes de Francisco. La seguridad sigue anclada en un pasado analógico», protesta indignado nuestro asesor.

Y llegamos a 2025. El cónclave que había de escoger sucesor a Francisco se presentaba como un escenario totalmente controlado. Inhibidores de señal, juramentos so pena de excomunión, funcionarios, personal de limpieza y cocineros obligados a dejar el móvil fuera. Ninguna filtración oficial. Pero il Dottore, con esa sonrisa de hombre acostumbrado a atravesar cortinajes, me suelta una verdad incómoda:

—No hay cónclave reciente sin sustos y filtraciones. Yo sé cómo comunicarme con los electores en Santa Marta…, y si yo lo sé, ellos también lo saben.

La protección del Vaticano continúa siendo frágil. Y cada episodio, desde el mayordomo traidor al *hacker* invisible, desde el cardenal caído en desgracia a las contraseñas olvidadas, dibuja unos palacios donde la seguridad es más apariencia que realidad. Detrás de las murallas, el peligro sigue latiendo y aumenta a medida que lo hace la sofisticación tecnológica para traspasar los muros más altos.

## El laberinto de las deslealtades

«Cada cuerpo de seguridad lucha por sus intereses —me dice un confidente de la Guardia Suiza jubilado desde hace años—, y algunos agentes lo hacen en beneficio propio o de quienes les controlan y tienen poder. Hay recelos y rivalidad entre departamentos, que muchas veces se han convertido en una competencia insana con escasa coordinación. Todo eso acaba debilitando el trabajo de los dicasterios y de otros organismos. Muy similar a las batallas tradicionales entre la CIA y el FBI en Estados Unidos».

La seguridad del Vaticano es un laberinto de jerarquías y lealtades que no siempre se mueven acompasadamente. Justo en el centro encontramos a la Gendarmería Vaticana, la policía de la Santa Sede, encargada de la investigación, la inteligencia interna y la protección de los edificios; comparte espacio con la Guardia Suiza Pontificia, bastante ceremonial, pero también de escolta directa del papa. A esta estructura se le añaden la Oficina de Seguridad y Vigilancia Tecnológica, que controla la videovigilancia y la ciberseguridad; y, finalmente, la llamada Santa Alianza, el servicio de inteligencia que el Vaticano esconde desde 1516 y cuya existencia nunca ha reconocido. Para acabar de liar la trama, la Santa Sede coordina operaciones con los servicios secretos italianos —AISE y AISI— y, en determinados casos, con servicios de otros países, especialmente de Estados Unidos, Israel, Gran Bretaña y también España.

Con esta arquitectura compleja, cada pontífice ha tenido que equilibrar intereses cruzados. León XIV no es ninguna excepción. Desde el comienzo de su pontificado se encuentra con un problema de lealtades internas. Algunos mandos de la gendarmería y de la Santa Alianza, vinculados con corrientes conservadoras o incluso ultras, mantienen relaciones con figuras como el cardenal Burke o el entorno de Georg Gänswein, a quienes deben favores de cuando eran personajes con gran poder en el Vaticano. Una influencia que en parte siguen manteniendo. Se trata de funcionarios que en privado se muestran críticos con las reformas que inició el papa Francisco y que ahora temen que continúe Prevost, a quien han puesto a prueba desde el primer día. Estas tensiones se traducen en fugas controladas de información confidencial, rumores sobre movimientos del papa diseminados antes de que se materialicen y filtraciones de documentos a medios ultracatólicos, como *The Pillar* o *Infovaticana*. Ante este panorama, el papa —según diversas fuentes que he consultado— ha ordenado una auditoría secreta para descubrir el origen de las filtraciones dentro de la gendarmería.

Al mismo tiempo, el Vaticano afronta otro reto importante: la debilidad de su ciberseguridad. Un informe confidencial, filtrado en marzo de 2025, advertía de que servidores clave no estaban protegidos con protocolos de cifrado actualizados, que había una dependencia excesiva de contratos con empresas italianas poco auditadas y que la Santa Sede había sido objeto de ciberataques de origen ruso y chino, especialmente durante el sínodo de 2023 y también poco después del cónclave de 2025. Ante esta situación, León XIV ha pedido reforzar la cooperación con servicios europeos e israelíes. Esta decisión ha provocado una oposición encubierta del sector más nacionalista de la gendarmería, que rechaza lo que considera una «injerencia externa».

Il Doctore concluye:

—Para más inri, Prevost ahora ya es plenamente consciente de su papel como líder espiritual y también político y ha decidido tomar medidas personales de precaución. Cuenta con fieles asesores de seguridad externos, vinculados sobre todo a la CIA estadounidense, que le aconsejan qué hacer y sobre todo de quién desconfiar.

Aun así, la forma de hacer del papa Prevost pone a prueba a cada paso los mecanismos de protección vaticanos. Al igual que Francisco antes que él, León XIV tiene la costumbre de caminar solo, hacer visitas privadas y entrar en lugares sin previo aviso. Según han publicado *La Croix* e *Il Fatto Quotidiano*, esos movimientos imprevisibles desconciertan constantemente a los equipos de seguridad, que exigen controlar todos sus desplazamientos.

## ¿Alarma en Santa Marta?

Al llegar a Roma en 2023, encargado por Francisco de dirigir el Dicasterio para los Obispos, en primera instancia, Prevost tenía que alojarse en la casa de la Curia General de los Agustinos, situada también a pocos pasos de la plaza de San Pedro; finalmente, hace unos siete meses decidió trasladarse a unas habitaciones del Palacio del Santo Oficio, situado más cerca de su despacho. Durante el cónclave, como el resto de los cardenales electores, se alojaba en la Casa de Santa Marta.

La misma tarde de la fumata blanca estalló una situación muy comprometida. Un informe de seguridad recomendaba que el nuevo papa abandonara rápidamente su habitación de Santa Marta y se trasladara al Palacio Apostólico, considerado más seguro. No he conseguido saber si fue fruto de una alarma que advertía de algún peligro, pero se hizo evidente que León XIV no haría caso de todo lo que se le pedía.

Aquella primera noche, ya investido como jefe de la Iglesia católica, abandonó Santa Marta, pero no para refugiarse en el palacio, como se le recomendaba. Después de cenar, se fue con el resto de los cardenales a pasar una velada que algunos de los presentes calificaron de «muy distendida, en la que hubo incluso momentos de risas y un brindis final». Hacia las diez y media de la noche, bajó del coche en el patio del Palacio del Santo Oficio, donde tenía su habitación.

Allí se encontró con residentes que le vitorearon y aprovecharon para hacerse fotos con él. Entonces, entre los presentes, Michela, una niña que sostenía una Biblia más grande que sus manos, se le acercó y, en voz baja, le pidió que se la bendijese y se la firmara. El papa, distraído por los comentarios que le rodeaban, no la oyó a la primera. La cría insistió.

Finalmente, Prevost cogió el libro y, con un gesto lleno de humildad e ironía, dijo: «¿Bendecir y firmar? Aún tengo que hacer pruebas con mi nueva firma [...], la antigua ya no me sirve».

Le pidió que le deletreara su nombre despacio; al

escribir la fecha, hizo otra broma, como si todavía se estuviera situando en el tiempo: «Hoy es 8 de mayo, ¿verdad?».

La multitud se rio, y aquella firma, hecha con trazo vacilante, se convirtió en el primer sello personal de un pontificado que justo acababa de empezar.

## Entre la protección y la traición

Cuando se le pregunta a León XIV si confía en sus servicios de seguridad, su respuesta no es ni sí ni no, sino un mosaico de matices.

—¡Así es él! —dice il Dottore—. El papa no se acaba de fiar de la Gendarmería Vaticana en bloque. Ha conservado el mando de ese cuerpo, pero lo ha sometido a una revisión meticulosa de los protocolos internos para detectar las costuras por donde se filtran papeles confidenciales. Tampoco le merecen confianza alguna los agentes secretos de la Santa Alianza. Con los alabarderos de la Guardia Suiza, en cambio, la actitud es más relajada: los considera leales y profesionales, y mantiene con ellos una relación respetuosa y discreta. La sorpresa es que ha reforzado el vínculo con el Dicasterio para la Comunicación; pide a sus responsables que vigilen las fugas de información con más interés que a la propia gendarmería, convencido de que las batallas de hoy también se juegan en las pantallas.

En definitiva, en el Vaticano, la seguridad es un juego de equilibrios entre cuerpos que compiten y personalidades con fidelidades ideológicas y personales que desafían las normas. León XIV ha heredado una estructura con pesadas inercias de décadas y tendrá que encontrar el punto de cohesión entre la vigilancia y la discreción que exige el pontificado, por una parte, y la institución, todo eso combinado con la transparencia que reclama la nueva era. Una vez más, la partida se juega sigilosamente, con paciencia y prudencia, y con la certeza de que, en ese pequeño Estado rodeado de muros, la seguridad es un campo de batalla tanto espiritual como terrenal.

A mediados del mes de octubre de 2025, un colaborador muy cercano al papa me soltó una frase que parece pensada para la posteridad: «El papa León XIV no sospecha de todo el mundo, pero sabe que el entorno no está limpio. Camina en terreno minado, con los ojos abiertos, pero sin paranoia».

# 18

# Retos con cara y cruz. La encíclica

León XIV quiso rendir un último homenaje a su predecesor; fue un detalle muy valorado por los escépticos, que así pudieron comprobar que el nuevo papa estaba dispuesto a madurar la herencia recibida de Francisco... y a seguir sus pasos de forma irrefutable.

El 9 de octubre de 2025 hacía pública su primera exhortación apostólica, *Dilexi te* («Te he amado»), un documento iniciado por Francisco y firmado por el papa Prevost cuatro días antes. En el texto, sitúa a los más débiles y marginados en el centro de la misión de la Iglesia. Veintiocho páginas llenas de referencias a Bergoglio y críticas al capitalismo salvaje y al populismo excluyente, sin citarlos de forma concreta. Estaban escritas en un tono menos político que el de Francisco, pero el mensaje era idéntico.

«En un mundo —certifica León XIV— donde los pobres son cada vez más numerosos, paradójicamente también vemos crecer algunas élites de ricos que viven en una burbuja muy cómoda y lujosa, casi en otro mundo respecto de la gente corriente. Eso significa que aún persiste (a veces bien enmascarada) una cultura que descarta a los otros». El pontífice enmarca tal pronóstico dentro de «una visión de la existencia basada en la acumulación de la riqueza y del éxito social a cualquier precio, que se consigue también en detrimento de los otros y que se beneficia de ideales sociales y de sistemas políticos y económicos injustos que favorecen a los más fuertes». Habla con contundencia del actual sistema económico como «estructuras de pecado que causan pobreza y desigualdades extremas», y rechaza la «falsa visión de la meritocracia en que parecería que solo tienen mérito quienes han tenido éxito en la vida». Finalmente, critica la idea de que los pobres lo son «por elección»: «Todavía hay quien se atreve a afirmarlo, mostrando ceguera y crueldad».

Un texto contundente, con un tono menos político que el de Francisco, pero con idéntico mensaje. El primer documento pontificio en espera de la primera encíclica.

Cuando la revista *Time* presentó el listado de 2025 de las voces más influyentes del mundo en el campo de la inteligencia artificial (IA), en medio de nombres conocidos como el de Jensen Huang, Elon Musk, Sam Altman o Mark Zuckerberg aparecía como pensador al que había que estar atento el de Robert Francis Prevost como jefe de la Iglesia católica. No es tan extraño como pueda parecer. En su discurso inicial a los cardenales, León XIV ya denunció los riesgos de una tecnología sin rostro ni conciencia, capaz de reducir a las personas a datos, algoritmos y perfiles comerciales.

La primera encíclica del papa León XIV se configura como el primer gran documento programático de su pontificado y muy probablemente abordará ese tema a fondo, con referencias explícitas a la doctrina de la dignidad inalienable de toda persona, al principio del bien común y a la necesidad de garantizar una gobernanza ética de las herramientas digitales.

Aprovechando su retiro estival de julio y agosto de 2025 en Castel Gandolfo, el pontífice inició una redacción que conjuga plegaria y reflexión en torno a los grandes retos de nuestro tiempo. Fuentes cercanas al priorato de los agustinos confirmaban que el papa trabajaba diariamente en la estructura y los contenidos del texto, que se prevé publicar hacia finales de año.

En contra de lo que se pueda pensar, León XIV no redacta él solo esa carta, que definirá en gran parte su pensamiento y será la guía que mostrará los temas centrales de su pontificado. Se ha consultado a expertos internacionales en IA, así como a teólogos de prestigio que ayudan a enfocar los diversos aspectos técnicos, éticos y morales de esa nueva herramienta que ya revoluciona el diseño de un nuevo mundo, las relaciones laborales y humanas, y que abre un campo todavía inexpugnable para el futuro de la humanidad.

Para el padre Spadaro, muy implicado en el diálogo sinodal en relación con las nuevas formas de comunicación, «los hombres y las mujeres de hoy en día viven en las redes sociales, y esa es una realidad incuestionable. Es muy importante para la evangelización. Hay que estar presentes».

Su mejor amigo y exprior general de los agustinos, el padre Alejandro Moral, al enterarse de que Prevost se tomaría unas vacaciones, declaró en *Il Messaggero*: «Personalmente, me puso muy contento. Sé que está trabajando mucho, y con ritmos sorprendentes. Es una persona incansable y sé que por carácter nunca se echa atrás. Pero últimamente le he visto más delgado».

## Una lectura crítica del siglo XXI

Diversas opiniones de confidentes vaticanos coinciden con lo que han publicado medios especializados como *Angelus News*, *Catholic Review* y *MondayVatican*, que han avanzado los grandes ejes temáticos de la futura encíclica. El texto girará en torno a tres líneas: la dignidad humana en la era digital (de la que ya hemos hablado), la renovación de la doctrina social de la Iglesia y el refuerzo de la sinodalidad como estilo y estructura de gobierno eclesial.

La elección del nombre «León» por parte de Robert Francis Prevost no fue en absoluto casual. El papa quiere proyectar un pontificado que, como el de León XIII a finales del siglo XIX, responda a los nuevos conflictos y desigualdades sociales con una propuesta cristiana clara, valiente y articulada. Si la *Rerum novarum* de León XIII fue la respuesta católica al capitalismo y a la cuestión obrera, León XIV quiere ofrecer una lectura espiritual y ética de un siglo XXI dominado por la guerra, los conflictos sociales, la comunicación digital, el cambio climático y los efectos preocupantes de las tecnologías emergentes y las nuevas formas de dominación económica.

En este sentido, el papa Prevost ha recordado en diversas ocasiones que la política no puede ser un artificio de intereses ni un terreno de cinismo. Es necesario que sea «una vocación noble, necesaria e insustituible para la construcción de comunidades humanas dignas». El Estado, ha dicho, «ha de proteger a los más débiles y garantizar la justicia social».

Una sección clave estará dedicada a esta cuestión, con una renovación explícita del mensaje de Pablo VI, Juan Pablo II y Francisco. Fuentes cercanas al Dicasterio para el Servicio de Desarrollo Humano Integral han indicado que el papa prepara un apartado sobre el trabajo en el siglo XXI, con referencias a las nuevas formas de precariedad, el teletrabajo, la automatización y la necesidad de un salario justo. Probablemente no falte un reconocimiento explícito a las luchas populares que defienden la tierra, el agua y la cultura ante la globalización destructiva. Una visión contemporánea y modernizada de la doctrina social de la Iglesia.

La encíclica también hará una solemne y reflexionada invocación a la paz. Siguiendo la tradición agustina, la acción política responsable ha de tender a edificar la convivencia pacífica «a partir de la verdad y el amor». «No toda paz es verdadera —ha advertido Prevost—. La auténtica es la que nace de la justicia, no la que impone el miedo». Una crítica muy directa a las dictaduras y seudodictaduras que se extienden por los cinco continentes.

## Cartografía del pensamiento contemporáneo

Al polémico tema de la sinodalidad el papa le dedicará los capítulos finales de la encíclica. Todo indica que León XIV la presentará no como un proyecto institucional, sino como una espiritualidad eclesial que exige escucha, discernimiento comunitario y reforma de las estructuras para hacerlas más acogedoras, transparentes y corresponsables. Todo apunta a que hará menciones directas a los frutos de los sínodos continentales, así como a los testimonios de laicos, mujeres y jóvenes en las nuevas formas de participación eclesial.

En el aspecto teológico, la encíclica beberá de fuentes clásicas —como la doctrina de los padres de la Iglesia y las encíclicas sociales precedentes—, pero también incorporará nuevas voces del pensamiento contemporáneo. Se prevé que autores como Yves Congar, Romano Guardini o Hannah Arendt sean citados o evocados en el texto. Eso responde al deseo del papa de elaborar un documento que dialogue con la razón moderna y la conciencia colectiva, no solo con los fieles católicos.

A lo largo del texto, la vertiente espiritual ocupará el centro de la reflexión, con el lema que ya ocupa gran parte de sus intervenciones: «Desaparecer para dejar espacio a Cristo».

Ya al día siguiente de su elección, el nuevo papa se reunió con la totalidad del Colegio de Cardenales. Cuando León XIV tomó la palabra ante la curia y el mundo, la sala pareció contener el aliento. No hubo gestos excesivos ni grandes exclamaciones. Su estilo, como ya se había intuido desde el balcón de San Pedro, era sobrio y mesurado. Sin embargo, las palabras que pronunció marcaron un punto de inflexión: anunciaban el rumbo de un pontificado que buscaba continuidad y, a la vez, un nuevo tono.

Recordó el Concilio Vaticano II como brújula ineludible y, en voz baja pero clara, evocó la exhortación apostólica de Francisco, *Evangelii gaudium*. La definió como una guía «maestra y concreta», y dejó claro que no quería borrar el legado de su predecesor, sino hacerlo fructificar.

Entonces desgranó, casi como si desplegara el guion de una obra que ya llevaba escrita en su alma, los ejes de su pontificado: «El retorno al primado de Cristo en el anuncio; la conversión misionera de toda la comunidad cristiana; el crecimiento en la colegialidad y la sinodalidad; la atención al *sensus fidei*, especialmente en sus formas más auténticas e inclusivas, como la piedad popular; el cuidado amoroso de los más pequeños y los rechazados; el diálogo valiente y confiado con el mundo contemporáneo».

La lista, aparentemente técnica, sonaba a confesión personal. Los presentes intuyeron que aquellas palabras no eran tan solo un compendio de principios, sino el avance de lo que sería esta primera encíclica, el texto que muchos en Roma y en el mundo esperan para tener donde agarrarse a la hora de alabarle o criticarle.

León XIV no quiere hacer una encíclica de tesis, sino un instrumento pastoral. Por eso el lenguaje será sencillo, las imágenes bíblicas recurrentes y los compromisos concretos.

«Los analistas —me dice un monseñor que sabe de qué habla, porque estuvo muy cerca del pontífice en Castel Gandolfo— podrán distinguir dos polos aparentemente opuestos en la encíclica: un compromiso claro con la justicia social (el legado vivo del papa León XIII) y una mirada espiritual que evocará la humildad y la interioridad como resortes del mensaje cristiano».

Sin embargo, lo que puede parecer contradicción no es sino síntesis: la carta ha de responder tanto al clamor por la dignidad humana —trabajo, comunidad, IA...— como a la necesidad de recuperar el sentido de lo trascendente en un mundo cada vez más deshumanizado.

En resumen, un documento llamado a ser una brújula moral para una Iglesia en salida, como decía Francisco, y una Iglesia extravertida, como le gusta decir a León, en medio de un mundo herido y acelerado. Muy probablemente, será la gran carta de presentación de un pontificado que quiere abrir una nueva etapa sin romper con la raíz evangélica de siempre.

## Voces divergentes

Cuando le pedí la opinión a un cardenal italiano cercano a Matteo Maria Zuppi, el presidente de la Conferencia Episcopal Italiana, no tardó en situar la nueva encíclica dentro del mapa más amplio del Vaticano: «El santo padre sabe que no puede hacer ruido con grandes proclamas. La fuerza de ese texto será su capacidad de tejer continuidades. Pero, cuidado: no es solo doctrina; es política global. Si pone el énfasis en la inteligencia artificial, es porque sabe que ese es el terreno donde la Iglesia puede volver a tener una voz de autoridad. No habrá condenas apocalípticas, sino advertencias sutiles. Es el arte de la ambigüedad, pero con consecuencias profundas».

Lo dijo con aquella media sonrisa cínica que este confidente utiliza cuando quiere recalcar que detrás de cada frase del papa hay siempre tres capas de significado: la pastoral, la política y la de poder.

En cambio, otro purpurado, en este caso de la línea conservadora, también italiano, me respondió con un tono más severo: «Todo esto de hablar de inteligencia artificial y de un nuevo humanismo digital es una distracción. El verdadero reto es volver a poner a Cristo en el centro, sin maquillajes. Los fieles no necesitan reflexiones sobre algoritmos: necesitan seguridad doctrinal. Me temo que esta encíclica querrá agradar demasiado al mundo. Y cuando la Iglesia busca ser simpática, corre el riesgo de traicionar su esencia».

El cardenal hizo una pausa y después añadió en voz baja: «Si el papa quiere recuperar la autoridad, que hable del mantenimiento del celibato, de la moral sexual trastornada por la cultura woke, del papel fuera de contexto que se quiere para la mujer. Pero calla sobre esos puntos, y, en cambio, nos habla de máquinas y datos. Tal vez el mundo aplauda, pero dentro muchos verán que se está dejando vaciar el mensaje cristiano».

Así, la futura encíclica se dibuja como un texto que, antes incluso de ser publicado, genera expectativas y sospechas. Para unos es la oportunidad de abrir la Iglesia al siglo XXI; para otros, el síntoma de una desviación peligrosa.

# 19

# La partida continúa. Escenarios de futuro

Mientras apagaba el móvil y el *smartwatch* que llevaba en la muñeca, il Dottore me dijo:

—No pienses que esto se ha acabado, amigo mío. La partida continúa y se prevé larga y llena de sobresaltos.

En otra ocasión, Monseñor C. frunció el ceño mirándome por encima de las gafas:

—Hay demasiados frentes abiertos. Y demasiados enemigos disfrazados de amigos. Este papa, solo, no podrá cambiar ciertas dinámicas que se imponen en la Iglesia y en el mundo.

De hecho, una vez olvidada la breve tregua mediática y diplomática, el papa León XIV se encuentra tras un año de pontificado en el centro de un tablero de juego mucho más complejo que el que había heredado. Mucho más peligroso. El juego de equilibrios que practicaba con una eficacia calculada ya ha quedado comprometido en algunas ocasiones y las presiones aumentan. No a todo el mundo le gusta que condene, sin dar nunca nombres, la violencia desproporcionada de Israel contra víctimas civiles en Gaza, o que rechace las políticas migratorias de la administración Trump.

Los sectores reformistas de la Iglesia también esperaban más concreciones; y los conservadores, algunas claudicaciones a las reformas iniciadas por Francisco. Todo el mundo le exige que se posicione en la Iglesia y también en la escena internacional. Él se resiste. Sabe que la Iglesia será fuerte si mantiene una voz propia de cara al mundo, diferenciada de todo y de todos. Refugiarse en el mensaje espiritual es su arma eficaz contra todo y a la vez a favor de todo. Es un espíritu libre de fuertes convicciones y sabe que el compromiso le puede atar de pies y manos. No está dispuesto a satisfacer las demandas de los unos o de los otros, pero tampoco a dejar pasar las campañas orquestadas por los rigoristas dentro de la Iglesia o los excesos inmorales y profundamente inhumanos de los nuevos dictadores que se apoderan de las democracias. Es consciente de que ese asalto al poder se consigue gracias a estrategias de guerra sucia muy calculadas y de propaganda que ofrece soluciones milagrosas a una población cansada, harta de Gobiernos ineficientes y corruptos y falta de perspectivas de futuro.

Un movimiento sorprendió a todos el 18 de diciembre de 2025. León XIV no renovaba el mandato de Timothy Dolan al frente del arzobispado de Nueva York. Para sustituirlo nombraba a Ronald Hicks, un amigo prelado de Chicago conocido por su atención a pobres e inmigrantes. Prevost hacía así un gesto de reprobación claro contra el sector más ultraconservador y trumpista del episcopado norteamericano. El influyente y todopoderoso cardenal Dolan, amigo de Trump y bastante crítico contra el nuevo papa a pesar de haberlo votado en el cónclave, era apartado sin dilación alguna. Sin esperar, como es habitual, unos años más a hacer efectiva la renuncia que todos los obispos deben presentar una vez llegados a los setenta y cinco años.

## El maestro de ajedrez

Los movimientos del papa Prevost nunca suelen ser tan evidentes y contundentes como en el caso Dolan: esconden una estrategia calculada que solo se comprende cuando la partida ya ha cambiado de signo. A ojos del mundo, puede parecer que hace retroceder una pieza, que concede una ventaja o que acepta una cesión. Pero detrás de cada gesto hay una secuencia invisible, un plan silencioso que solo él conoce. Se ha revelado como un maestro del ajedrez.

León XIV escucha a todo el mundo, y lo hace preservando cierto equilibrio en nombre de la deseada unidad. Tanto recibe un día en audiencia privada al cardenal Raymond Leo Burke, implicado en todas las batallas contra Bergoglio, o al purpurado ultraconservador guineano Robert Sarah, también muy beligerante contra el anterior pontífice, como otro día se entrevista con el cardenal reformista hondureño Óscar Andrés Rodríguez Madariaga. En clave interna, intenta la casi imposible tarea de recomponer los platos rotos de la profunda división de la Iglesia. Es algo que no solo es que forme parte de sus objetivos prioritarios, sino también de su estilo de gobierno.

Como dijo el teólogo jesuita Christoph Theobald, recogiendo las impresiones del también jesuita Antonio Spadaro en el diario *La Repubblica* del 4 de mayo de 2025: «La Iglesia, como cualquier otra realidad colectiva, ya no puede expresarse de manera uniforme y monocorde, porque eso significaría ignorar tal transformación». De manera muy sintomática, León XIV sustituye la unidad de la Iglesia por su cohesión... Una cohesión que Spadaro cree que no se puede buscar en la uniformidad, sino en la capacidad de acoger y armonizar la multiplicidad.

En cuanto a la curia que le es hostil, no la combatirá como si de un enemigo declarado se tratase, pero tampoco permanecerá sin hacer nada. Sabe que no basta con sustituir a ciertas personas: es necesario transformar maneras de hacer. Ahí es donde su formación cobra importancia. Experto en derecho y teología, actuará con la precisión de un cirujano: sin purgas ruidosas, pero con reordenamientos exactos; sin proclamas públicas, pero con decisiones que dejarán huella.

Entre los asuntos más urgentes que tiene sobre la mesa está la reforma de las constituciones del Opus Dei, que Francisco ya había rechazado por considerarlas insuficientes. Ahora es León XIV, en su doble condición de teólogo y jurista, quien tiene en las manos el futuro de una institución que continúa siendo temida e influyente, pero que hoy, desposeída de su estatus de prelatura personal, se ve reducida a la espera del veredicto. El poder se tambalea, ya que, para la Obra, este no puede basarse solo en el enorme entramado de centros educativos, entidades bancarias y financieras o empresas de todo el mundo. Tampoco en la gigantesca influencia que tiene en el campo político, en el sistema financiero o en los medios de comunicación internacionales. Ahora todo depende de la decisión del papa, que puede redirigir su destino.

Mientras tanto, entre bastidores, se empiezan a mover nuevas fichas para 2026 y para los años sucesivos en cada uno de los temas que hemos ido descubriendo. Definitivamente, una nueva partida está en marcha. Coincido con algunos compañeros vaticanistas en que el cierre del Jubileo, el 6 de enero de 2026, marca el auténtico inicio del pontificado de Prevost. Gradualmente irá dejando atrás las dos velocidades; la primera marcada aún por Bergoglio con temas que el papa argentino había dejado abiertos y la segunda que supondrá profundizar en las reformas a su estilo orientado a tomar decisiones menos en solitario. En este sentido tiene previsto conformar su equipo de gobierno que debe ayudarle en el impulso de la gestión.

Aquella tarde de finales de 2025, los dos asesores habían aceptado encontrarse de nuevo en un piso discreto del Pigneto, alejado del Vaticano y de los micrófonos. Nunca serían amigos, pero ahora se conocían mejor y al menos se mostrarían menos hostiles entre sí. En esta ocasión, ninguno de los dos lo puso difícil. No hubo exigencia alguna sobre la mesa. Empezaba a creer que con el diálogo habían aprendido a tolerarse. Son dos seres inteligentes. No obstante, he llegado a especular —quizá pueda llamárseme «malpensado»— que en aquel momento les interesaba confrontar ideas con el objetivo de controlarse mutuamente. Estar atentos a los detalles que delatan estrategias y tantearse el uno al otro de cara a las confrontaciones que se prevén a corto o largo plazo.

Sea como sea, ambos fueron amables, incluso se saludaron mirándose a los ojos y sin condescendencia. Llevaban documentos, anotaciones y se habían preparado a conciencia para el encuentro. Mi objetivo era que intentaran definirse sobre una pregunta central: ¿hacia dónde vamos y qué nos deparará el futuro inmediato?

## Entre la unidad y la cohesión

Monseñor C. jugaba con su anillo, como si quisiera ganar tiempo antes de pronunciarse sobre el tema que flotaba en el ambiente: la unidad de la Iglesia que el papa León XIV intenta consolidar. Finalmente, habló con aquella voz grave y contenida que tan bien le conocía:

—La unidad no es un lujo, es el alma de la Iglesia. León XIV confunde cohesión con dispersión: un rebaño no puede caminar en todas direcciones.

Il Dottore esbozó una media sonrisa, recostándose cómodamente en la silla, como quien espera ese momento para dar el golpe de efecto:

—Tal vez él entienda que lo importante no es que todas las ovejas miren al mismo punto, sino que no se pierdan. Su unidad es dejarlas pastar, pero bajo el control del mismo pastor.

—Así el rebaño corre el riesgo de descarriarse.

—O de sobrevivir, incluso en medio del ruido. La diferencia es que usted quiere silencio; él quiere camino. —Il Dottore prosiguió, cambiando de tema—: ¿Ha visto el movimiento en el Consejo de los Cardenales, monseñor? El papa ha empezado a consolidar un modelo de gobierno compartido.

—Con más laicos, mujeres y obispos de las periferias. Es cierto —reconoció Monseñor C.—, pero eso no es del agrado de la curia tradicional. Se sentirán apartados y menospreciados.

León XIV ha mantenido la línea de Francisco reforzando la descentralización y dando más peso a los obispos locales en temas no solo administrativos, sino también doctrinales. «Estamos ante un intento de redistribución real del poder eclesiástico», dejó dicho el profesor y jesuita Theobald.

En esta ocasión, ya no hablaremos de los retos de la crisis financiera de la Iglesia, tampoco de geopolítica, que ya tratamos. Iríamos un poco más allá. El papa Prevost ha hablado poco de lucha cultural y de cuestiones morales. Un tema resbaladizo del que hacen bandera la extrema derecha y los sectores eclesiásticos más ultraconservadores.

—Es ahí donde todo se complica, amigo mío —susurró il Dottore—. La batalla por el alma moral de la Iglesia continúa. La batalla por el mensaje que ha de darle a una sociedad que se transforma a la velocidad de un reactor.

Efectivamente, León XIV ha optado por una ambigüedad calculada. Ha mantenido el lenguaje inclusivo y de acogida de Francisco hacia los colectivos LGTBIQ+ y las mujeres, pero sin avanzar formalmente en temas doctrinales. De hecho, en la entrevista de la estadounidense Elise Ann Allen que encontramos en la biografía *León XIV: ciudadano del mundo, misionero del siglo* XXI, el papa dejó claro que no intenta seguir polarizando el debate, pero que una familia la forman hombre, mujer e hijos. Afirmó: «Me parece muy improbable, sobre todo en un futuro cercano, que la doctrina de la Iglesia, en lo referente a lo que enseña sobre la sexualidad y el matrimonio, cambie». Sí a las bendiciones para todo el mundo, pero no a los rituales de unión de parejas homosexuales, que ya se organizan en la Iglesia católica de Alemania.

Esta línea ha generado desconcierto tanto entre los reformistas como entre los ultraconservadores.

Según afirmaba *America Magazine* el 5 de julio de 2025, «el papa no quiere dar pasos atrás, pero tampoco provocar una fractura irreparable. Sabe que una palabra mal dicha puede hacer que se hunda todo el edificio».

—Hay quien dice que prepara un sínodo sobre «moral y misericordia» —apuntó Monseñor C.—. Pero sería una bomba que le estallaría en las manos.

—O puede que sea el único camino —replicó il Dottore—. El pontífice es agustino, y san Agustín es el incansable buscador de la verdad. Y la realidad de hoy es que vivimos en la posverdad. Estamos en la época de las noticias falsas constantes y de la inteligencia artificial, sobre la cual este papa ha puesto el dedo en la llaga.

Monseñor C. no tardó en responder. Retrocedió ligeramente en la silla, con las manos entrelazadas. Su voz grave sirvió de contrapeso de piedra al discurso más ligero de su interlocutor:

—Ese lenguaje inclusivo es una trampa. Si hacemos cultura woke como Francisco, estamos absolutamente perdidos. Además, si no hay cambios doctrinales, se crea frustración entre los progresistas. Y si se ven muchos, se genera alarma entre los fieles sencillos, que solo quieren seguridad y continuidad. No puedes jugar eternamente a decirlo todo sin cambiar nada. Los sínodos, amigo mío, pueden ser armas de diálogo, sí, pero también de autodestrucción. Y si se habla demasiado de misericordia, sexo inclusivo o ecología, se corre el riesgo de olvidar lo que es importante: la verdad. Y sin verdad, la Iglesia se disuelve.

## La lucha por el relato y la comunicación

—No menosprecie el poder del relato, monseñor. El Vaticano del siglo XXI es también una batalla narrativa —dijo il Dottore con aquella actitud de quien sabe que las palabras pueden ser más cortantes que cualquier decreto.

Hablaba de un reto central: cómo proyectar la imagen de un papa que no quiere quedar atrapado en la caricatura de «progresista» o «conservador». El relato es el campo de batalla, y León XIV lo sabe.

Por tal motivo, tan solo unas semanas después de su elección, encargó una revisión completa de los canales de comunicación de la Santa Sede. El papa quiere más claridad, más contacto directo con los fieles y sobre todo una nueva narrativa pastoral que rompa el marco binario de siempre: tradicionalista versus progresista.

Como explicaba Elise Ann Allen a *Crux* en junio de 2025: «Todavía estamos en la fase Rorschach del pontificado, donde cada uno ve lo que quiere. Pero pronto hará falta que León XIV defina los contornos de su imagen». La fase inicial del pontificado ya se ha superado y en un mundo que marcha a una velocidad de vértigo urge actuar.

Il Dottore añadió en tono medio pedagógico:

—Si no controla el relato, otros lo controlarán por él. Los vaticanistas, los medios hostiles, incluso sus propios cardenales. El relato es como el incienso: o lo diriges hacia el altar, o te ciega la mirada.

A su vez, Monseñor C. puso el contrapunto con una advertencia seca:

—Tanta revisión y tanta modernidad... Al final, lo que cuenta es que el papa le hable claro a la Iglesia, no al mundo. Demasiada comunicación mata el misterio, y, sin misterio, Roma pierde su aura.

Los retos son múltiples: cómo responder rápidamente en un mundo de imágenes virales, muchas generadas por IA, y noticias falsas; cómo presentar a un papa estadounidense que habla con acento de Chicago y tiene el corazón en Perú, pero que gobierna con el peso de Roma; cómo hacer convivir su liturgia más clásica con un discurso pastoral más abierto. Todo eso sin que el relato le devore.

El propio León XIV es consciente del peligro. Tiene claro que un pontífice no puede ser reducido a un titular. Pero también sabe que, si la Iglesia no aprende a hablar con la simplicidad de un titular, el mundo la ignorará: «No puede haber comunicación ni periodismo fuera del tiempo ni de la historia».

Ese es su campo de minas: encontrar el punto exacto entre el misterio de lo sagrado y la proximidad de la comunicación digital. Un equilibrio que puede definir el éxito —o el fracaso— de su pontificado.

## El enigma de la jugada oculta

Fue Monseñor C. quien se levantó primero; cogió su maletín con la calma solemne de un hombre acostumbrado a marcharse sin hacer ruido y, mirándome fijamente, soltó su última sentencia:

—¿Sabe qué pienso? Que este papa no ha mostrado aún su jugada maestra.

Il Dottore, todavía sentado, respondió con una media sonrisa, de esas que no dejan claro si esconden confianza o temor:

—Tal vez porque ni siquiera existe una jugada definitiva. A lo mejor, todo es una partida que nunca se acaba.

Al salir del piso, la luz del atardecer teñía Roma de un dorado denso, casi irreal, como si la ciudad se vistiera para un secreto. Me despedí de ellos dándoles las gracias por sus análisis y opiniones. Y les pude agradecer que ya dialogaran entre sí. Todavía me sorprende que los dejara allí hablando tan amigablemente.

Mientras caminaba hacia mi hotel, volví la cabeza y los vi caminando juntos. Los pasos de los dos hombres se alejaban por las calles del Pigneto y se desvanecían como ecos dentro de un laberinto que nadie controla del todo. Me quedé con la imagen de aquella escena mientras imaginaba, al otro lado del Tíber, al papa León XIV, solo, en una sala del Palacio Apostólico, leyendo en voz baja un versículo del Evangelio de san Juan: «El viento sopla donde quiere, y oyes su sonido, pero no sabes de dónde viene ni adónde va».

Sin embargo, aquel viento que parecía libre arrastraba en realidad una tormenta. Desde el mismo día de su elección, voces como la de Steve Bannon en Fox News le acusaron de ser «una extensión del *deep state* eclesiástico». No era un arrebato, sino un portazo calculado. La venganza se gestaba desde hacía tiempo y ahora empezaba a desplegarse con una precisión casi quirúrgica. En aquel momento, se activaba una ofensiva calculada del sector ultra del Vaticano y del catolicismo internacional con un objetivo claro: cuestionar, debilitar y condicionar el nuevo pontificado antes de que consolide reforma alguna.

## La estrategia de desgaste

El pasado invierno de 2025, intramuros vaticanos estaba en marcha el boicot contra León XIV: carpetas que no llegaban, nombramientos encallados, rumores sembrados con la frialdad de un veneno invisible. Fuera, los rituales tradicionales se convertían en armas; las homilías públicas, en manifiestos, y los panfletos contra la supuesta «traición doctrinal» del nuevo papa circulaban con una rapidez inquietante. Las pantallas amplificaban cada ataque: portales digitales le describían como un «burócrata sin alma», como un hombre preso de la «agenda woke», como un pontífice «culpable y esclavo de su silencio».

La ofensiva no se limitaba a la curia o al interior de la Iglesia más rigorista. Líderes políticos ultraconservadores de todo el mundo —Viktor Orbán, Marion Maréchal, Jair Bolsonaro, Javier Milei, Santiago Abascal, Marine Le Pen— encontraban en él el blanco perfecto para reforzar sus discursos. Y en Roma, *think tanks* y fórums vinculados a Bannon reactivaban sus redes y activaban su arsenal mediático para clamar contra el «desmantelamiento de la tradición».

«Diversos canales de YouTube como @ManosdeDios_Def, @vibramundial, @SiempreunaHistoria o @TraslasPuertasdelVaticano entre otros —me dice un compañero italiano de la Sala Stampa vaticana— han iniciado una guerra en aluvión llena de *fake news* que tienen como objetivo presentar a León XIV como un dictador que expulsa a cardenales, comete constantemente herejías y sitúa a la Iglesia en el umbral del abismo. Con él parece haber llegado el apocalipsis».

Mientras tanto, la respuesta del papa es aparentemente estoica y discreta, pero cada gesto suyo pesa como una losa. Ha rechazado la pompa, ha mantenido a figuras clave del pontificado anterior y, poco a poco, hace nombramientos y ordena la institución, con la mirada siempre puesta en dar voz a aquellos que habían sido silenciados: víctimas de abusos, supervivientes de las guerras, pobres, enfermos, damnificados de desastres naturales, inmigrantes y refugiados..., que son escuchados sin intermediarios. Como escribió un vaticanista italiano, «no hace grandes discursos, hace gestos que molestan. Y eso es lo que la oposición no soporta».

Los analistas se dividen: unos lo ven como el último aliento de un modelo agotado; otros, como el inicio de una guerra fría vaticana que puede prolongarse durante todo el pontificado. Un informe que me filtraron advertía seriamente que esa resistencia estaba bien organizada, con dinero, medios y alianzas invisibles. Es, en definitiva, una fuerza subterránea que nadie debería infravalorar.

## El desenlace inacabado

Cuando León XIV fue nombrado papa, muchos vieron en él a una figura de transición. Sin embargo, su voz sin estridencias y sus decisiones han demostrado que no será decorativo. Su pontificado se juega tanto en los despachos silenciosos como en los murmullos de los claustros, las reuniones conspiradoras, las homilías o las declaraciones públicas y los titulares que le cuestionan. Es la lucha por el alma de la Iglesia, una batalla sin vencedores definitivos.

Y así queda todo: suspendido en un punto de incertidumbre. Porque en el Vaticano, como decía il Dottore, no hay jugada final. Solo hay una partida que nunca se acaba, con piezas que se mueven entre bastidores y ventoleras que sacuden las piezas del tablero cuando menos te lo esperas.

Tal vez ese sea el verdadero mensaje subliminal de León XIV: el futuro de la Iglesia no se escribe en los discursos solemnes, sino en lo que queda oculto, en aquello que no osa decir nadie, pero que todo el mundo sospecha.

Cuando el sol se desvanecía detrás de los tejados de Roma, la ciudad parecía tragarse los secretos que el día había dejado al descubierto. Caminaba por las calles poco concurridas con la sensación de que cada sombra escondía un gesto, una palabra o un silencio cargado de intenciones.

Después de tantos años de profesión, por primera vez me invadía una incomodidad nueva, casi tangible. Los recelos que este libro despertaba —tanto en los sectores conservadores como en los reformistas— no eran una intuición exagerada, sino una realidad que se hacía evidente en miradas que me esquivaban, en llamadas que se interrumpían inesperadamente y en puertas de amigos, conocidos y confidentes que se cerraban con una prudencia inusual. Todo avanzaba a un ritmo discreto, pero constante, marcado por miedos, por desasosiegos mal interpretados y por una lectura equivocada de lo que pretendía explicar. Por debajo de todo persistía una sensación difícil de asimilar: había mucha gente que prefería que esta historia no se contara.

A todo esto hay que sumar, con pruebas conscientes,

que me siento vigilado, si bien no es fácil discernir si quienes controlan mis pasos pertenecen a alguna organización o responden ante una figura con influencia suficiente como para velar, de forma casi instintiva, por la preservación de un ecosistema que protege sus inconfesables secretos. Lo que sí que resulta difícil de ignorar —y no tiene nada de paranoico— es una percepción constante y precisa: alguien observa, escucha y anota con discreción cada movimiento que he hecho en el intento de romper este silencio que he ido acumulando con el tiempo. No es ningún presentimiento, sino una convicción. Y precisamente por eso sé que este relato es necesario, que aporta la transparencia informativa que Francisco deseaba y que León XIV también anhela. En un tiempo de ruido, de *fake news*, de manipulaciones y de silencios calculados, explicar la verdad —aunque incomode— es la única forma de disipar la oscuridad que algunos se esfuerzan por preservar. Una verdad quizá todavía parcial, seguro que incompleta, basada en lo que he podido indagar de un cónclave inmerso en el secretismo y un pontificado marcado por el silencio.

Llegado a este epílogo, entiendo también que este libro solo pone un punto seguido a unos cuantos episodios, porque la partida de ajedrez tal vez continúa en otro tablero, con piezas que se mueven con juicio y movimientos que nadie confiesa. Y como centinela inmóvil, la cúpula está ahí, vigilante, camuflando y al tiempo proyectando sus sombras sobre un futuro todavía por escribir.

Cuando acabo estas páginas, sé que ninguna verdad queda nunca del todo revelada y que toda certeza es siempre provisional dentro de este laberinto de mármoles, silencios y voluntades. Lo que he podido explicar es solo una parte de una historia que se ramifica sin fin, una trama que continúa respirando bajo los pasillos y las estancias a donde raramente llega la luz del día. El Vaticano nunca se agota: se transforma, se esconde, se reinventa.

Sin embargo, pese a la oscuridad que persiste y los interrogantes que proliferan como hierba entre las grietas, sigo creyendo que explicar lo que he visto y lo que me han confiado es una forma de honestidad con el lector y conmigo mismo. En tiempos de incertidumbres y de maniobras silenciosas, la claridad es tal vez el único gesto posible para romper la inercia del secreto.

Que el lector, al cerrar este volumen, tenga en cuenta que el relato que acaba de leer no es una conclusión, sino una puerta entreabierta. Lo que vendrá después solo el tiempo —y los silencios que aún no hemos oído— lo acabará revelando.

Este libro se acaba, pero la historia no. Las sombras bajo la cúpula, durante y también después del pontificado de León XIV, seguirán moviéndose. Los protagonistas cambiarán de cara y de nombre, y nuevas jugadas se ordenarán tras los mismos muros de piedra que han visto pasar siglos de ambiciones, miedos y esperanzas.